P. DE CROUSAZ-CRÉTET

Conseiller référendaire honoraire
à la Cour des Comptes

PARIS
SOUS LOUIS XIV

★

LA VIE PRIVÉE
ET
LA VIE PROFESSIONNELLE

PARIS

LIBRAIRIE PLON

PLON-NOURRIT et Cᵢᵉ, IMPRIMEURS-ÉDITEURS

8, RUE GARANCIÈRE - 6ᵉ

PARIS SOUS LOUIS XIV

★

LA VIE PRIVÉE
ET
LA VIE PROFESSIONNELLE

POUR PARAITRE ULTÉRIEUREMENT :

PARIS SOUS LOUIS XIV

★ ★

La Vie paroissiale et la vie charitable.

PARIS SOUS,LOUIS XIV

★ ★ ★

La Vie administrative et la vie municipale.

Les Événements parisiens.

Les Parisiens et la politique royale.

Ce volume a été déposé au ministère de l'intérieur en 1922.

P. DE CROUSAZ-CRÉTET

Conseiller référendaire honoraire
à la Cour des Comptes

PARIS
SOUS LOUIS XIV

★

LA VIE PRIVÉE
ET
LA VIE PROFESSIONNELLE

PARIS

LIBRAIRIE PLON

PLON-NOURRIT ET Cⁱᵒ, IMPRIMEURS-ÉDITEURS

8, RUE GARANCIÈRE - 6ᵉ

Tous droits réservés

AVANT-PROPOS

Écrire l'histoire de Paris et des Parisiens à partir du
moment précis où la capitale, lasse des agitations intes-
tines, inaugure une longue période de repos, poursuivre
cette étude alors que Louis XIV, désertant la ville qu'il
traite en suspecte, a fait de Versailles le centre de la
politique, des affaires et des plaisirs, n'est-ce pas com-
mettre un anachronisme ?

Ce serait une grave erreur de le croire. En dépit des
événements qui ont marqué le début du règne, Paris
n'est pas devenu une ville morte. Il n'a pas cessé d'avoir
sa vie propre, et des conditions d'existence adaptées à
ses besoins, anciens ou nouveaux, toutes de nature à
piquer notre curiosité.

Il suffira d'un rapide coup d'œil jeté sur les éléments
qui composent la société parisienne à cette époque pour
justifier notre allégation.

S'agit-il de l'aristocratie ? On pourrait croire que
le voisinage de Versailles la soustrait complètement à
l'influence de la capitale. Il n'en est rien. La résidence
magnifique créée par la volonté toute puissante de
Louis XIV, n'aura jamais qu'une existence factice. La
brillante société qui la fréquente, par ordre plus que
par goût, ne se retrouve vraiment elle-même qu'à Paris,

avec ses hôtels, ses salons, ses promenades, ses théâtres et ses cafés. Une ample moisson de détails pittoresques est promise à qui prendra la peine de rechercher comment la bonne compagnie emploie ses loisirs dans la capitale et jouit de la fortune acquise.

Du monde qui s'amuse passant au monde qui travaille, on visitera l'échoppe du commerçant, l'atelier de l'ouvrier et celui du patron. Comment, à cette époque, les humbles mènent-ils la lutte pour la vie? Quel sort leur fait le régime du travail auquel ils sont assujettis? Questions angoissantes, bien dédaignées alors, mais que nos préoccupations modernes nous incitent à éclaircir.

Les professions libérales offriront à nos regards chercheurs les types bien parisiens du commerçant, du magistrat, de l'avocat, du médecin, de l'homme de lettres. Ces juristes, ces hommes d'affaires, ces intellectuels, comment entendent-ils l'exercice de leurs fonctions? Sont-ils figés dans la routine traditionnelle de leur métier, ou se laissent-ils séduire, même sans en avoir conscience, par des idées et des influences auxquelles ils avaient résisté jusqu'alors? Une enquête sur ce sujet mérite à coup sûr d'exercer la sagacité de l'historien et celle du psychologue.

Préalablement, nous avons cru devoir tracer le cadre dans lequel se meut l'activité parisienne et reproduire la physionomie de la ville, telle que l'a faite l'apport des siècles et que l'ont modifiée les travaux faits sous Louis XIV. Il était intéressant encore de connaître comment s'alimentait la grande cité et quels étaient ses moyens de ravitaillement. Puis nous avons rencontré les problèmes de la population, de la diminution de la natalité, de l'exode de la province vers la capitale, problèmes angoissants dont notre époque cherche encore la solution.

En toute cette étude, nous avons veillé à ce que notre exposition demeurât simple, précise et lucide. Nous avons essayé en même temps de saisir sur le vif l'existence de la société parisienne. Nous nous sommes efforcé de faire revivre en un récit fidèle des hommes si différents de nous selon les apparences, et par tant de côtés si semblables à nous.

Au lecteur de dire si notre œuvre a bien rendu notre pensée.

PARIS SOUS LOUIS XIV

CHAPITRE PREMIER

PARIS, CADRE DE LA VIE PARISIENNE

I

Les grands travaux sous Louis XIV [1]

Direction générale donnée aux travaux. — Boulevards d'enceinte. — Quais. — Ponts. — Le Jardin des Tuileries; vue d'ensemble prise de la terrasse centrale. — Places publiques. — Monuments. — Rues.

Un personnage du *Menteur*, joué vers 1642, traduit l'impression ressentie par les visiteurs de la capitale en ces vers ambitieux :

Toute une ville entière, avec pompe bâtie
Semble d'un vieux fossé par miracle sortie,
Et nous fait présumer, à ses superbes toits,
Que tous ses habitants sont des dieux ou des rois.

1. Ouvrages et documents consultés : Touchard-Lafosse, *Histoire de Paris*. Felibien, *Histoire de la ville de Paris*, tome II, livre XXX. Delamare, *Traité de la police*, Livre I, titre VII. Exposition de la Bibliothèque de la Ville de Paris, R. de Sévigné, *Paris durant l'époque*

Ces éloges dithyrambiques ne s'adressaient qu'à de sompteux hôtels, qui formaient la demeure des particuliers ; mais de plan d'ensemble, il n'y en avait pas encore. L'ère des grands travaux publics ne commença qu'avec la seconde moitié du xviie siècle, sous l'énergique impulsion de Colbert, nommé surintendant des bâtiments du roi en 1664.

Désolé de voir les millions s'engloutir dans les terrassements destinés à préparer la résidence de Versailles, l'éminent Ministre voudrait que le roi couvrît sa capitale de monuments dignes de perpétuer, à moins de frais, la gloire de son nom et le souvenir de ses conquêtes.

On entrevoit tout un plan d'ensemble dans ces éloquentes et simples notes jetées par lui sur le papier, comme au hasard, en 1669 : « Plans partout à continuer — Arc de Triomphe, pour les conquêtes de terre — Observatoire, pour les cieux — Pyramides ; difficultés à l'exécution — Grandeur et Magnificence. »

En quelques mots d'une clarté saisissante, malgré leur apparente confusion, Colbert déterminait les idées qui désormais présideront à la direction des grands travaux publics de la ville de Paris. Tous tendront à servir la gloire du prince et l'embellissement de la capitale. La facilité des communications et l'assainissement des quartiers seront la conséquence de l'exécution de ces travaux. D'ores et déjà s'est affirmée la conception de la ville moderne.

<hr>

classique, XVIIe siècle (1911). Bibliothèque Nationale man. f. fr. 21.675. Bâtiments. *Mémoire de la Généralité de Paris* (1709). MM. de Villiers, *Journal d'un voyage à Paris*, 1657 et 1658.

*
* *

Les travaux les plus importants entrepris sous le règne de Louis XIV, eurent pour objet la transformation des vieux boulevards en promenades publiques. Dès 1646, on s'est mis en devoir de démolir les ouvrages élevés dans le cours des siècles [1]. Courtines, bastions, tours, vieilles portes, sont rasés et les fossés comblés sur plusieurs points.

Arrivent les troubles de la Fronde et les travaux sont suspendus. On les reprend après le triomphe de la Cour. L'appareil guerrier d'autrefois cède la place aux embellissements de la paix. Les anciens boulevards sont transformés en promenades. Rien n'est négligé pour les rendre attrayantes. Elles jouiront d'un magnifique ombrage de verdure, avec contre-allées soigneusement sablées et bancs de pierre de distance en distance.

En 1670, on commence les plantations de l'entrée de Paris à la Porte Saint-Antoine et on les pousse jusqu'à la Porte Saint-Martin.

En 1671, elles atteignent la Porte Saint-Honoré. Elles ne seront terminées qu'en 1704. Les arcs de triomphe de la Porte Saint-Martin et de la Porte Saint-Denis se dressent sur l'emplacement des anciennes portes démolies.

La rive gauche, moins favorisée que la rive droite,

1. Voir l'appendice.

garde encore sur plusieurs points la vieille enceinte de Philippe Auguste. On songe cependant à l'embellir. L'intention du Roi est de créer un cours du Midi, allant de la Porte de la Tournelle à la Porte Saint-Jacques. Mais quelle lenteur présidera à l'exécution !

Il faudra attendre jusqu'en 1761 pour voir l'achèvement du Cours dont avait été dotée officiellement la rive gauche.

* *
*

A l'intérieur de la ville, en bordure de la Seine, se poursuit une œuvre, moins grandiose que celle de l'enceinte, mais d'une utilité plus évidente ; nous voulons parler de la continuation des quais.

A la fin du xv⁰ siècle, les quais n'existaient pour ainsi dire pas. Des rues voisines, on accédait généralement à la rivière par des chemins en pente, que l'usage défonçait et que l'invasion des eaux transformait aisément en cloaques. Quelques travaux en bois ou en maçonnerie, exécutés par endroits, n'offraient qu'une défense insuffisante contre les inondations périodiques.

Sous Henri IV et sous Louis XIII, on apporta de notables améliorations à cet état de choses rudimentaire. La chaussée fut sur plusieurs points relevée en terre-plein par des constructions en pierres de taille capables de résister à la poussée des eaux. Ainsi furent édifiés les quais des Célestins, de la Grève, de la Mégisserie, du Louvre et des Tuileries.

Néanmoins, beaucoup de lacunes restaient encore dans la traversée de Paris, et laissaient le passage libre aux eaux lors des grandes crues. Les importants travaux entrepris sous Louis XIV, le long des bords de la Seine, contribuèrent largement à assurer la défense de la capitale contre les envahissements du fleuve.

Sur la rive droite de la Seine s'étendait, entre le quai de la Grève et celui de la Mégisserie, une longue bande de terrain, promptement défoncée en temps de pluie par la circulation des voitures qui accédaient à la rivière. La construction des quais de Gesvres et Le Pelletier comblèrent cette lacune. L'érection du premier fut confiée, par lettres patentes de février 1664, au marquis de Gesvres, devenu concessionnaire, à cet effet, de l'emplacement situé entre le Pont Notre-Dame et le Pont-aux-Changeurs. L'année 1675 vit terminer le quai Le Pelletier, ainsi nommé du Prévôt des Marchands alors en fonction. Son parcours allait de la place de l'Hôtel de Ville au Pont Notre-Dame.

Vers 1670, le quai Conti et le quai des Quatre Nations s'alignèrent en bordure de la rive gauche. Dans leur voisinage immédiat, l'année précédente (1669), une ordonnance avait décidé la création du quai Malaquais (soit aujourd'hui de l'Institut à la rue de Beaune). Lors de son achèvement, une inscription commomérative déclara que « le Roi l'avait fait revêtir de pierre de taille afin qu'il répondît à la dignité de l'autre rive » où s'élevait le palais du Louvre.

A partir du Pont Rouge, un peu avant l'aboutissement de la rue de Beaune, s'arrêtait la ligne des quais

pour la rive gauche. Un arrêt du Conseil du 18 octobre
1704 ordonna la construction d'un nouveau quai, en
face celui des Tuileries. La voie qui longeait la Seine en
cet endroit s'appelait La Grenouillère ; elle échangea ce
nom contre celui de quai d'Orsay, en l'honneur de
Charles Boucher, Seigneur d'Orsay, Prévôt des Marchands au début du XVIII° siècle.

Les maisons qui s'étendaient en façade devaient se
conformer à un plan approuvé par le Roi. Mais ce beau
travail ne trouvera que plus tard son achèvement, et le
chemin qui borde la Seine gardera longtemps encore
cet état marécageux que rappelait son nom primitif. '

Quoi qu'il en soit de cette lacune, l'œuvre grandiose
entreprise par Louis XIV était terminée sur tout le parcours de la Seine, dans l'intérieur de Paris.

*
* *

Sur les quais relevant les bords du fleuve en masses
solides, les ponts appuient leurs tabliers et font communiquer les deux rives entre elles. Naturellement, les
premiers ponts eurent pour objet de desservir les abords
de la Cité, centre primitif de l'organisation parisienne.
Le Petit-Pont et le Pont-Notre-Dame relièrent, en établissant le passage par l'île de ce nom, les deux tron-
çons d'une grande voie longitudinale, La Croisée, qui
traversait la capitale de la Porte Saint-Jacques à la Porte
Saint-Martin.

Un peu plus loin, le Pont Saint-Michel et le Pont-au-Change rendaient le même service aux quartiers avoisinant une voie parallèle, allant de la Porte Saint-Michel à la Porte Saint-Denis.

L'extension progressive de Paris appelait de nouveaux moyens de communication, et ce fut une grande nouveauté quand le Pont-Neuf, érigé à la pointe de la Cité, rattacha entre eux le quartier des Grands-Augustins, et celui de Saint-Germain-l'Auxerrois.

Du Pont-Neuf, c'est-à-dire de l'extrémité de l'île Notre-Dame, au Pont-Rouge, situé en face de la rue de Beaune, Paris restait sans communication d'une rive à l'autre. Encore le Pont-Rouge n'offrait-il qu'une passerelle en bois, accessible aux seuls piétons. Appelé tour à tour Pont-des-Tuileries, Pont Sainte-Anne en l'honneur d'Anne d'Autriche, et Pont-Rouge à cause de sa couleur, il fut presque entièrement détruit par un incendie en 1656. On le répara et il subsista tel quel jusqu'au jour où une débâcle de glace l'emporta, le 20 février 1684.

On comprit alors qu'il y avait, en raison du développement de la ville septentrionale et de l'importance prise par le faubourg Saint-Germain, un intérêt urgent à éviter aux carosses le long détour qu'ils étaient obligés de faire pour rejoindre le Pont-Neuf, et l'on décida de construire un pont en pierre un peu en aval, en face de la rue du Bac. Ce fut le Pont Royal, bâti en 1686.

*
* *

Quittons les bords de la Seine, et profitant du voisinage, entrons dans le Jardin des Tuileries, par la porte de la Conférence, située à l'angle gauche du jardin.

En 1665, Le Nòtre l'a remanié de fond en comble ; il a fait disparaître les constructions parasites, supprimé notamment La Volière, bâtiment situé sur le quai, près de notre pont de Solférino actuel, et détruit le jardin Renard, qui occupait l'angle gauche du jardin.

Il a édifié les terrasses du bord de l'eau et des Feuillants, qui permettent d'accéder par une double rampe en pente douce, à la terrasse centrale, appuyée sur les vieux remparts du xvie siècle, au long de notre place de la Concorde.

Arrêtons-nous un instant sur cette terrasse, dans l'axe de la grande allée du milieu, et jouissons du spectacle qui nous est offert.

A notre gauche, se profile la longue ligne des quais.

Elle aboutit à la porte de la Conférence, qui s'ouvre sur des terrains vagues, destinés à devenir un jour une grande place, sous différentes dénominations. A la suite, et longeant le cours du fleuve, notre regard rencontre le Cours de la Reine, avec trois allées ornées de quatre rangées d'ormes et flanquées de contre-allées. Une porte monumentale ferme l'extrémité de la promenade du côté de Chaillot (place actuelle de l'Alma).

A notre droite, l'immense courbe des boulevards enceint le Paris du Nord, depuis la porte Saint-Antoine jusqu'à la porte Saint-Honoré, que notre œil devine à l'extrémité du jardin, dans le prolongement du mur qui soutient la terrasse où nous nous sommes placés.

Au delà commence le faubourg Saint-Honoré, dont la fortune à peine naissante ne grandira que sous le règne suivant.

Pour le moment (1670) on ne remarque de ce côté qu'une longue file de maisons, bâties sur le même modèle, et appartenant au chapitre de Saint-Germain-l'Auxerrois.

En face de nous s'étendent, presque à perte de vue, des allées et contre-allées plantées d'arbres. Ce sont les Champs-Elysées ; on les désigne aussi sous le nom d'avenue des Tuileries ; ils forment, en effet, un ensemble inséparable de la perspective de ce jardin. Au sommet de l'avenue se dessine une vaste esplanade en forme d'étoile, sur laquelle s'élèvera un jour l'Arc de Triomphe. De là, rayonnent vingt-quatre allées. L'une d'elles, continuant l'allée principale, longe le bois de Boulogne et s'étend jusqu'à Neuilly.

A droite, trois routes plantées comme les Champs-Elysées, forment les allées du Roule, et descendent vers le faubourg Saint-Honoré, à la rencontre de ses dernières maisons.

A gauche de l'esplanade s'ouvre le chemin de Versailles.

Ainsi le jardin des Tuileries nous apparaît comme le point central où convergent et d'où partent toutes les grandes voies qui forment l'ornement de la capitale, en même temps qu'elles servent d'artères principales à la circulation.

C'en est fait désormais. Ce magnifique décor donne à Paris son aspect définitif. Par l'ampleur des proportions, par l'unité symétrique du dessin, il commande l'admiration du spectateur, en même temps qu'il s'impose à son souvenir, alors même qu'il perdrait de vue les merveilles contemplées par ailleurs. On pourra multiplier les vastes avenues, construire des quartiers neufs, on ne changera plus la belle ordonnance que le Paris central tient du génie de Louis XIV, et qui donne à Paris tout entier un caractère ineffaçable.

*
* *

Après nous être attardé sur les bords de la Seine, nous conduirons nos lecteurs dans l'intérieur de la ville, où nous leur ferons admirer d'abord l'œuvre de Louis XIV dans l'aménagement de vastes espaces libres, sous le nom de places publiques. Les travaux de ce genre correspondent à un degré supérieur de civilisation. Ils procèdent du besoin de donner à la ville plus d'air et de lumière, en même temps qu'ils témoignent d'un sens artistique plus raffiné.

Ils ont encore pour objet de perpétuer à travers les âges le souvenir des triomphes du prince, en la personne de qui se fondent ceux de la nation. Aucune pensée de cet ordre ne préside à la création des places publiques dans les premiers siècles de la monarchie. La place de Grève et la place Maubert ne répondent qu'à une destination populaire. La première ne tire sa raison d'être que du voisinage de l'Hôtel-de-Ville et d'un port sur la rivière. La seconde n'est qu'un carrefour à usage de marché.

La place Dauphine, dont le projet fut conçu vers 1607, annonce une certaine intention architecturale, mais sa forme triangulaire et son exiguïté lui donnent un aspect mesquin ; elle a trouvé cependant des admirateurs.

On n'entrevoit une intention vraiment décorative qu'avec la place Royale, dont Henri IV a prescrit l'aménagement sur l'ancien domaine des Tournelles.

Avec la place des Victoires, s'affirme la pensée de magnifier la gloire royale. Sa principale destination est d'encadrer la statue que le maréchal de La Feuillade se propose d'ériger en l'honneur du maître. Elle présente une forme circulaire, avec maisons décoratives, d'après un plan dressé par Mansard. L'inauguration ne s'en fit qu'en 1685.

La place Vendôme, la plus belle peut-être de celles qui ornent la capitale, se réclame également de la mémoire du grand Roi, bien qu'elle n'ait été achevée qu'après la mort de ce prince. Elle est due à l'initiative de Louvois, successeur de Colbert, en 1693, à la surintendance des bâtiments. Son objet était de mettre en communication les rues des Petits-Champs et Saint-Honoré par une place interposée entre ces deux voies. A cet effet, le roi avait acquis l'Hôtel de Vendôme avec ses dépendances, et comme ces immeubles n'étaient pas encore assez vastes pour répondre à leur destination, il y joignit les terrains provenant du couvent des Capucines, qu'on transféra de la rue Saint-Honoré à l'arrière de l'ancien hôtel de Vendôme.

Les travaux furent entamés, des édifices élevés. Mais, depuis lors, le roi avait conçu sous un autre aspect l'aménagement de la place qui devait porter son nom et, par une déclaration de 1699, il suspendit les travaux en cours.

Son second projet se rattachait à une combinaison financière que lui suggéra le Prévôt des Marchands. Ce magistrat avait offert de se charger de l'édification de la nouvelle place et simultanément de construire dans le faubourg Saint-Honoré, une caserne pour la deuxième compagnie des mousquetaires, si le roi consentait à céder à la ville l'emplacement resté libre de l'ancien couvent des Capucines, ainsi que les bâtiments déjà élevés et les matériaux restés sans emploi. Ces propositions furent acceptées. La ville mise en possession des terrains délaissés, les rétrocéda sous garantie à un sieur Marneuf et à ses associés, à charge de construire une nouvelle place sur l'emplacement de l'ancienne, en se conformant aux devis et plans dressés par Mansard, pour la doter d'une nouvelle façade.

Cette place ne devait pas être terminée du vivant de Louis XIV. Mais la ville fit solennellement l'inauguration de la statue du roi en août 1699, et le nom de place Louis-le-Grand fut désormais substitué à celui de place Vendôme qu'elle devait reprendre ultérieurement.

*
* *

L'hommage rendu à l'œuvre de Louis XIV serait incomplet si nous ne disions pas quelques mots des monuments élevés sous son règne.

La passion de bâtir se déchaînait chez ce prince, dès les premières années de son gouvernement. Le 6 novembre 1660, défense était faite à toute personne d'entreprendre aucun nouveau bâtiment, sans permission expresse scellée du grand sceau, et ce sous peine de dix mille livres d'amende contre le contrevenant, de la prison contre les ouvriers, et les galères en cas de récidive. Les travaux ordonnés par Sa Majesté ne doivent pas souffrir de retard par suite du manque de bras.

L'achèvement du château des Tuileries est poursuivi.

Levau, pour satisfaire à certaines exigences architecturales, modifie complètement la façade, surélève les galeries d'un étage, et place au centre une lourde coupole.

Perrault édifie la célèbre colonnade du Louvre.

Sur la rive gauche, le Val-de-Grâce, bâti par la reine Anne en acquittement d'un vœu fait par elle pour obtenir la naissance d'un fils, élève dans les airs son dôme hardi, remarquable effort de l'art religieux au xviiᵉ siècle.

L'Observatoire, commencé en 1667, et fini en 1672, offre aux investigations des savants un précieux instrument de travail. Sa construction massive, à l'instar d'une forteresse et la simplicité voulue de ses murailles, ne peuvent se réclamer d'aucune intention artistique.

L'Hôtel des Invalides est édifié pour servir d'asile aux soldats vieux et mutilés. Son dôme, œuvre de Mansard, merveille de proportion, de sveltesse et de force, ne parvient pas à lasser l'admiration des spectateurs.

*
* *

La préférence que le roi donna aux travaux d'apparât destinés à perpétuer sa gloire, ne doit pas faire oublier les louables tentatives qui furent faites sous son règne pour améliorer la viabilité et l'état sanitaire de la capitale. Des voies nouvelles furent percées, d'autres poursuivies, telles les rues Neuve-Saint-Augustin, Louis-le-Grand et d'Antin.

Derrière Saint-Roch, il s'était formé, en partie avec des gravas provenant du rescindement des dernières fortifications, une butte dominée par quelques moulins. Des entrepreneurs se chargèrent de l'aplanir, avec la permission du roi, et dotèrent de douze voies nouvelles le quartier Saint-Honoré.

On élargit les rues de la Verrerie, de la Vieille-Estrapade, de la Monnaie et de la rue Galande « à l'endroit où elle se trouve si étroite que deux voitures n'y peuvent passer ensemble ».

Ainsi, l'air et la lumière commençaient à prendre droit de cité à Paris, mais il restait encore beaucoup plus à faire qu'on ne fit alors, pour assurer la salubrité publique.

Des voies étroites, peu ou point pavées, surtout sur la rive gauche, retenaient une boue épaisse, et quelle boue ! On s'en doutera quand on saura que les Parisiens pratiquaient, avec un sans-gêne absolu, le système du « tout à la rue » et que des vidangeurs peu scrupuleux simplifiaient leur besogne en déversant les immondices qu'ils devaient conduire hors de l'enceinte, dans le ruisseau voisin, d'où elles s'acheminaient lentement vers la rivière.

II

La physionomie de la capitale.

Vue générale sur Paris au temps de Louis XIV.
Visite des quartiers.

On n'aurait qu'une idée très imparfaite du Paris au temps de Louis XIV, si l'on se bornait à considérer les travaux entrepris sous le règne de ce prince.

Il convient d'en prendre une vue d'ensemble, pour avoir sa physionomie vraie, telle que la donne l'apport des siècles.

Or, le spectacle présente une étrange confusion. M. Barrère, dans la préface qu'il a mise en tête des *Mémoires du Comte de Brienne*, dit très justement : « Malgré tant de beaux édifices dont on est redevable à Colbert, Paris était encore, même à cette époque, une fort vilaine ville. La pauvreté s'y montrait à côté de la magnificence, et des chaumières, pour ainsi dire, se trouvaient dans tous les quartiers adossées à des palais».

Le hasard, en effet, ou des raisons particulières, avaient présidé, la plupart du temps, au développement de la cité.

Eglises, couvents, hôtels, maisons bourgeoises s'étaient répandues dans toutes les directions, au gré des convenances locales ou des caprices individuels. Au milieu des somptueux édifices s'étaient faufilées, soudées à eux, nombre de constructions parasites, auberges, boutiques, échoppes, cabanes de débardeurs où grouillait, dans toute son intensité, le mouvement de la vie parisienne.

Là, aucun souci de l'alignement, aucun égard aux convenances du voisin ; on se presse, on s'écrase, on se case comme on peut. De cet enchevêtrement, fruit des siècles accumulés, naissent les effets de perspective les plus bizarres ; des saillies invraisemblables, de mystérieux recoins produisent des jeux de lumière inattendus. Les amateurs de pittoresque y trouvent une source abondante de réjouissantes surprises. Cet état chaotique subsiste encore un peu partout sous le règne de Louis XIV.

*
* *

La physionomie d'une ville ne dépend pas seulement de ses monuments et de ses habitations. Elle se révèle encore par le monde qui la peuple et lui donne sa vie quotidienne. Une rapide excursion à travers les différents quartiers de la ville, nous permettra de juger du caractère particulier de leurs habitants.

Sur la rive gauche, la succession des siècles n'a pas beaucoup modifié l'existence des citoyens. Des constructions nouvelles ont débordé l'antique enceinte de

Philippe Auguste, et créé en quelque sorte une ville nouvelle au dehors (*fovis burgum*).

Ainsi ont grandi les faubourgs Saint-Victor, Saint-Nicolas, Saint-Jacques et Saint-Michel. Les habitants de ces quartiers suburbains sont presque tous des ouvriers dont la vie misérable et régulière n'appelle aucune observation.

Au centre, enserrée par les faubourgs susnommés, l'Université constitue une ville à part, peuplée de professeurs et d'étudiants, studieuse et turbulente à la fois.

A l'extrémité du faubourg Saint-Michel, deux familles de sang royal ont élu domicile. Le palais du Luxembourg, édifié et habité par Marie de Médicis, sera successivement occupé par son fils, Gaston d'Orléans, par la veuve de ce prince et par leurs filles, dont l'une d'elles est la célèbre duchesse de Montpensier.

L'hôtel de Conti, acheté en 1612 par Anne de Bourbon, est occupé par les princes de Condé et de Bourbon. Cette résidence restera la leur jusqu'au jour où ils la quitteront pour le palais Bourbon, situé à l'extrémité du faubourg Saint-Germain.

Ce dernier est d'origine récente. Tous les établissements qui l'ont adopté datent du xviie siècle. L'aristocratie y élève de nombreux hôtels. Les étrangers y affluent, attirés par un air plus pur, et par le voisinage des maisons d'enseignement ou d'exercices physiques.

Traversons la Seine. Dans le voisinage de l'Hôtel-de-Ville, des groupements industriels et commerciaux se sont formés. Ebénistes, droguistes, orfèvres choisissent leur emplacement et s'y cantonnent. Ils y sont encore.

Derrière la rue Saint-Antoine, entre la rue des Francs-Bourgeois et la rue Vieille-du-Temple, s'étend le Marais. La noblesse et la magistrature y habitent de nombreux hôtels. Mais les jours brillants de cette partie de la ville sont comptés. Un mouvement qui ne s'arrêtera plus portera la société élégante vers la rue Saint-Honoré et le faubourg de ce nom.

En suivant cette direction, nous rencontrons la rue Saint-Denis. Saugrain la met au nombre des plus belles de la capitale. Il admire les maisons qui la bordent, bien bâties pour la plupart et *à la moderne*. C'est là que tiennent boutique les plus riches négociants de Paris. On y débite les étoffes de laine et de soie, les draps d'or et d'argent, le fer, la quincaillerie, l'épicerie, etc., etc... Ces maisons vendent partout en gros, et font leurs principales affaires avec la province et l'étranger.

Le quartier des Halles est spécialement affecté à l'alimentation parisienne.

Au quartier Saint-Eustache, qui confine au précédent, se presse une population très dense, composée pour la majeure partie de petits marchands, souvent embarrassés dans leurs affaires.

Tout différent est l'aspect du quartier Montmartre, englobant la place des Victoires, la rue des Petits-Champs, la rue Richelieu et la rue Louis-le-Grand. Là, les financiers accumulent des richesses inouïes dans les splendides hôtels qu'ils font bâtir.

En dehors de l'enceinte, à la suite de la rue Montmartre, une grande chaussée, semée de quelques misérables guinguettes, se dirige vers Clichy-la-Garenne.

C'est la future Chaussée d'Antin, où le duc de ce nom doit construire un magnifique hôtel, et qui sera un jour une des plus brillantes voies de la capitale.

Au quartier Montmartre succède celui du Palais-Royal. La rue Saint-Honoré qui le côtoie, nous conduit à la place Vendôme, où s'installent les gros financiers. La première maison construite fut celle de Crozat, la plus riche celle de Poisson de Bourvalais, l'impitoyable traitant.

Sortant de Paris par la porte Saint-Honoré, nous visitons la Pépinière et l'Orangerie royale, où l'on cultive les fleurs et les plantes de toutes les espèces, destinées à orner les résidences du souverain [1].

Le Roule, où nous parvenons, se fait remarquer par le grand nombre de ses cabarets. On s'y rend volontiers en parties de plaisir, parce que le vin, exempt de droit d'entrée, s'y paye moins cher qu'en ville, et que la pinte est d'une contenance double de celle de Paris.

Au delà de cet endroit cesse la vie citadine.

Notre visite des quartiers est terminée. Rabattons-nous sur les berges de la Seine qui, de la porte Saint-Bernard à La Grenouillère, nous offriront le spectacle d'une intense activité.

Le port et le quai Saint-Bernard reçoivent les arrivages de vins en tonneaux, qu'on entrepose à la halle voisine.

Sur la rive opposée se trouvent les Chantiers, vaste emplacement où s'accumulent les bois flottés de toute

---

1. Elles occupaient à peu près l'emplacement de la rue et de la caserne actuelles de la Pépinière.

espèce. Le public les achète au taux fixé par le Prévôt des Marchands.

Au port Saint-Paul, on décharge la chaux, le bois neuf, le charbon, le fer et les pavés.

Au quai Le Pelletier, on décharge aussi du bois et du charbon. Près du quai du Louvre se trouve le port au Foin.

Grande activité au port Saint-Nicolas, d'où partent les coches d'eau de Sens et d'Auxerre.

A la sortie de Paris, comme à l'entrée, le long de la Grenouillère, existe un vaste chantier de bois de chauffage ou de construction.

Dans tous les ports stationnent des *bachoteurs*, prêts à conduire les voyageurs dans les localités sises sur la rivière, en deçà ou au delà de la ville, où les attirent leurs affaires ou leurs plaisirs.

Sur les berges de la Grenouillère et sur celles du Gros-Caillou [1], cinq cents blanchisseuses, occupées à blanchir tout le linge de Paris, font retentir l'air du bruit de leurs battoirs. Elles ne s'installeront sur des bateaux que dans le milieu du xviiie siècle.

Les baignades en Seine sont très goûtées des Parisiens. Certains jours d'été, où la chaleur est extrême, l'affluence est extraordinaire. « Un dimanche 28 juin, jour de chaleur exceptionnelle, relate le *Journal de Paris*, de la Porte Saint-Bernard jusqu'à Auteuil, la Seine était remplie de bateaux et de monde qui se baignait. Le soir, on trouva plus de vingt personnes noyées. Le lendemain, il n'y en avait plus que dix. »

---

1. Nous dirions aujourd'hui du Pont Royal au Pont de l'Alma.

Cette nouvelle était exacte sans doute, mais elle était de nature à impressionner la population parisienne. L'autorité suspendit le journal, paru sous le titre de *Journal de Paris contenant ce qui se passe de plus mémorable pour la curiosité et l'avantage du public ;* il n'eut, en effet, que trois numéros, ceux du 27, 28 et 29 juin 1676. Autorisé à reparaître, il fut l'objet, quelques mois plus tard, d'une nouvelle interdiction, ainsi qu'il résulte d'une lettre adressée par le marquis de Seignelay à La Reynie, en date du 27 novembre 1676. « J'ai, écrit-il, rendu compte au roi du mémoire que vous avez donné à mon père, au sujet du *Journal des Affaires de Paris,* que le nommé Colletet s'est ingéré de faire imprimer. Sa Majesté m'a ordonné de vous dire que vous défendiez le débit et l'impression. » Louis XIV ne tenait pas évidemment à éveiller la curiosité des Parisiens.

III

L'aspect de la rue.

La matinée à Paris. — Paris dans l'après-midi. — Les passants. — Les marchands ambulants ; les boutiques. — Les divertissements populaires.

Etes-vous matinal, vous pourrez assister à l'approvisionnement de la grande ville. La marée arrive par la porte de la Poissonnerie, située au bout de la rue Montorgueil.

C'est aussi par le nord qu'entre le pain de Gonesse, si cher aux Parisiens que sa privation pendant la Fronde faillit hâter la reddition de la capitale aux troupes du roi.

Par toutes les portes de la circonférence, arrivent, en longues files, les voitures qui assurent la subsistance de la population.

Paris est éveillé. A la fontaine du voisinage se presse la clientèle des habitués, domestiques, ouvriers, bourgeois, mais un porteur d'eau brutal a tôt fait de bousculer les importuns qui gênent son métier, et la police devra intervenir pour réprimer les façons grossières de ces auvergnats.

Les ménagères circulent, allant chez le boulanger et

aux étaux de boucherie que les ordonnances ont multi-
pliés sur tous les points de la capitale. Il y en a même
qui, moins pressées ou plus alertes, aux jours fixés, se
rendent aux Halles, au marché au pain de la place de
Grève, au marché de la volaille, où l'on peut s'appro-
visionner à meilleur compte.

*
* *

Il est deux ou trois heures de l'après-midi. La situation se complique par l'arrivée de nombreux véhicules
d'invention récente. Autrefois, on évoluait à travers les
rues de la ville à cheval, en chaise à porteur, en litière.
Ces moyens de locomotion ne sont pas abandonnés,
mais d'autres s'y ajoutent. L'usage des carrosses, assez
restreint du temps de Louis XIII, prend une extension
considérable sous le règne de Louis XIV. Les fiacres,
les voitures de place, les omnibus font leur apparition.
Les voitures de gros charroi se multiplient, en raison
de l'extension sans cesse croissante des travaux publics.
Cavaliers, mulets pesamment chargés, crocheteurs, por-
tefaix, complètent la cohue. L'encombrement de la voie
dépasse tout ce qu'on a pu voir jusqu'alors. Les vieilles
rues, devenues trop étroites, ne répondent plus aux
exigences de la circulation nouvelle. Les trottoirs n'existent pas. L'approche des maisons est souvent défendue
par d'énormes bornes en pierre de taille, qui font une
saillie gênante sur la voie.

Le piéton, saisi d'affolement, ne sait de quel côté il
doit tourner la tête pour éviter le péril imminent. Boileau nous a conté les infortunes de ce piéton ahuri dans
l'immortelle satire que tout le monde a présente à la
mémoire. Un artiste populaire du temps, Guérard, les
traduit en une curieuse légende apposée au bas de sa
gravure. Elle invite les passants à la prudence par cet
appel, plus pressant que poétique :

Pour marcher dans Paris, ayez les yeux alertes.
Tenez de tous côtés vos oreilles ouvertes
Pour n'être pas heurté, culbuté ou blessé,
Car si vous n'écoutez, parmi le tintamarre :
Gare ! Gare ! Là-bas gare ! Rangez-vous, gare !
Pour du haut ou du bas, vous serez écrasé.

*
* *

Ces piétons, en péril de mort, sont bien curieux à
observer. Il y en a de toutes les catégories, conseillers
et principaux officiers des cours de justice en robes dont
on porte la queue, ainsi qu'à des femmes, soldats ivres,
moines aux costumes multicolores, mendiants dégue-
nillés.
Ces derniers forment la plus vilaine engeance de tout
ce monde bizarre : « La multitude des pauvres et des
misérables, dit le voyageur anglais Lister, est telle, dans
tous les quartiers de la ville, qu'en voiture, à pied, dans

une boutique, vous ne pouvez venir à bout de rien, grâce au nombre et à l'importunité des mendiants. C'est lamentable d'entendre le récit de leurs misères, et si vous donnez à l'un d'eux, immédiatement tout l'essaim fondra sur vous. »

Etes-vous dégagé de cette cohue ? Arrivez-vous à un carrefour plus spacieux ? Vous n'êtes pas quitte de vos ennuis. Votre pied heurte l'étalage d'une vendeuse de fruits, ou celui d'un savetier. Vous êtes assourdi par les apostrophes des ambulants, qui clament l'excellence de leur marchandise. Des artistes du temps ont saisi sur le vif quelques types populaires de ces « gagne-petit ». Au bas des gravures, ils ont écrit des légendes appropriées, toujours pittoresques et quelque peu comiques.

Voici le boniment de la crieuse de balais :

> Quiconque veut se garantir
> De l'amende du commissaire
> De mes balais doit se garnir.
> On ne saurait mieux faire.

Allusion à l'obligation, pour les propriétaires, de nettoyer, sous peine d'amende, le devant de leur habitation.

La vendeuse de mottes fait de l'esprit :

> C'est à bon droit que l'on méprise
> Ses drogues, vu qu'on l'estime peu
> Puisque toute sa marchandise
> N'est bonne qu'à jeter au feu.

La vinaigrière a les façons les plus engageantes :

> Mon vinaigre est bon à merveille
> Belle picarde, en voulez-vous ?
> Ou si vous aimez bien le doux
> Je remplirai votre bouteille.

On n'est pas plus aimable.

Mais voici un grand diable dont la mine ne dit rien qui vaille. Défiez-vous, il vous fait des confidences inquiétantes sur la nature de son métier :

> Quand on me voit passer, on dit : Gare, la mouche !
> Je fais la sourde oreille et n'ose ouvrir la bouche,
> Car de mon naturel, je suis un franc espion,
> Plus à craindre mille fois qu'un scorpion.
> Je crie, tout haut dans Paris :
> Lacets, rubans de fil à vendre.
> Ma marchandise, de vil prix, ne peut de la faim me défendre.
> Si je veux vivre et subsister
> Je suis contraint de rapporter,
> Chose de peu de conséquence
> Mais je gagne plus qu'on ne pense.

Les fournitures de ce vilain homme ne sont pas à votre usage, Madame. Entrez plutôt dans une boutique. Où vous pourrez faire à loisir des emplettes mieux appropriées à votre condition. La devanture n'est pas attrayante, il est vrai. La maison, étroite et haute, n'a que deux ou trois fenêtres de façade, peut-être une seule. Mais si l'aspect extérieur n'a rien de séduisant, l'intérieur est bien aménagé. Les longs tiroirs s'étagent en rangées régulières. Un vaste comptoir, destiné à recevoir le pré-

cieux étalage, traverse la boutique de part en part. En
arrière, la marchande se tient, accorte et souriante. Elle
ne sera jamais à court de paroles pour détailler les mérites de ses produits, qu'elle fait passer sous vos yeux.
Elle sait votre goût, et aura toujours ce qui vous convient. Et puis, la réputation de sa maison n'est plus à
faire. Ne reçoit-elle pas les commandes les plus flat-
teuses, de toutes les capitales étrangères ? De toutes les
cours de l'Europe, on s'adresse à elle pour se fournir
« de certaines choses galantes que des Messieurs sont
dans l'usage d'offrir aux dames » [1] et que l'on ne trouverait pas ailleurs. L'article de Paris est déjà sans rival.

Les dames ne sont pas seules à franchir le seuil de
la boutique. Une gravure du temps nous montre un élégant gentilhomme accoudé au comptoir près duquel il
a approché une chaise, et entamant avec la jolie vendeuse une conversation qui n'a l'air de déplaire ni à l'un
ni à l'autre.

*
* *

Sortie de la boutique où vous avez terminé vos affaires, le bruit de la rue vous ressaisit et, malgré tout, il
n'est pas pour déplaire aux oreilles parisiennes. Les
étrangers en ont fait la remarque : « Ces rues, dit le
voyageur anglais Lister, sont étroites et les passants
mal protégés contre la rapidité des voitures qui, lancées

---

1. Une légende, au bas d'un plan de Paris de l'époque, atteste le fait.

au grand trot sur le pavé, entre des maisons hautes et retentissantes, font une sorte de musique qui ne saurait être agréable à d'autres oreilles qu'à celles des Parisiens. »

En effet, pour le Parisien, né badaud, la rue est un spectacle, un divertissement dont il jouit largement, en dépit des petits ennuis qui l'accompagnent.

La police n'est pas là pour gêner l'expansion de la gaîté populaire. La farce s'épanouit librement, un peu partout, mais elle semble avoir fait de la rue Saint-Antoine son théâtre de prédilection, s'il faut en croire certaines gravures du temps. Elle s'attaque à des passants inoffensifs, mais elle s'en prend volontiers aux vêtements et à la coiffure des passantes. Comme on le pense bien, les choses ne se terminent pas toujours d'une manière pacifique. Telle commère, forte en gueule et à la main preste, fera repentir l'agresseur de sa témérité. Alors, des rires homériques d'éclater, et le public de se gaudir. Tous ces gens-là, aujourd'hui, risqueraient fort d'être conduits au poste du commissaire.

Si vous voulez jouir complètement des divertissements populaires, c'est au Pont-Neuf, sur le terre-plein, qu'il faut vous rendre. Du haut de son cheval de bronze, Henri IV semble présider paternellement aux divertissements de son bon peuple.

Là, vous rencontrerez les joueurs de flûte, de tambourin, de vielle, les bouffons désopilants, les marchands d'orviétan, le montreur de chiens, qui fait exécuter à ses élèves les mouvements les plus variés, au son de

son violon, enfin le grand Thomas, arracheur de dents,
en son académie d'opérations.

Un peu plus loin, sur la place Dauphine, vous assis-
terez aux farces de Mondor et de Tabarin. Vous enten-
drez débiter, sur un mode élégiaque, les chagrins
d'amour de la plaintive Isabelle, ou telle autre jolie
chanson que l'amateur paye jusqu'à un écu comptant.
Fuyez les propos séduisants ou grossiers de la Mie
Margot, de la tante Urlurette, et de la servante Ali-
zon.

Mais ne vous éloignez pas sans avoir prêté l'oreille
aux joyeux carillons de la Samaritaine, dont le petit
clocheteur, avec ses ailes et son bonnet à plumes, fait
les délices des parisiens.

En quittant le Pont-Neuf, comme en y accédant, vers
ses deux extrémités, du côté du Louvre et près des
Augustins, vous vous heurtez aux obsessions des *reven-
deresses* publiques, qui veulent vous imposer leurs louches marchandises, linges, meubles ou ustensiles, souvent volés à leurs maîtres par des laquais indélicats.
Soyez prudente, surveillez vos réponses. Si vous faites
mine de vous dérober à leurs offres, elles vous pour-
suivront, vous insulteront, et quelquefois vous maltrai-
teront, avec l'assistance des mendiants et des soldats,
qui se moquent de la police.

Maintenant, traversez encore une fois la Seine, et
vous serez vite arrivée à la Place Maubert, où s'attar-
dent volontiers les gens du peuple, et nombre de petits
marchands, vendeurs à l'étalage. Là, la verve gauloise
s'épanche en propos salés et malpropres ; la métaphore

fleurit, haute en couleur, le mot jaillit, vif et pittoresque [1].

La journée s'avance ; la nuit tombe.

Rentrez au logis, Madame. Peut-être les coupeurs de bourse, les tire-laine et les fripe-manteaux vous ont-ils déjà visitée. Mais du moins, en plein jour, ils n'opéraient que discrètement. Maintenant, ils y mettraient moins de façons, et le guet ne sera pas toujours à portée pour vous secourir.

---

1. Il nous souvient, à ce propos, d'une leçon en Sorbonne du spirituel professeur Saint-Marc Girardin, vantant le parler gras et savoureux de la place Maubert

Le chiffre de la population parisienne
et ses moyens de subsistance [1].

Bases proposées pour un dénombrement de la population pari-
sienne. — Leur peu de consistance. — Natalité et mortalité.
— L'exode vers la capitale. — Les principaux marchés d'ap-
provisionnement. — Les marchés sur les bords de la Seine.
— La halle aux vins.

Il serait intéressant de connaître le chiffre d'habitants
que représente cette population dont l'activité remplit
les rues de la capitale. Malheureusement, aucun renseignement précis ne permet de l'évaluer avec certi-
tude.

A défaut de documents authentiques, dont il n'existe
de trace nulle part, les auteurs qui soulèvent la ques-

---

1. Ouvrages et documents consultés : *Mémoire de la généralité de*
Paris, publié par M. de Boislile. Saugrain, *les Curiosités de Paris*,
MDCCXVI. Le même, *Dénombrement de royaume par généralités, élec-*
tions, paroisses et feux en 1709. Les annales de la Cour et de la Ville,
t. II. Bibliothèque Nationale M. f. fr. 21.609, *Religion*. Vauban, *la Dime*
royale. Baltard et Collet, *Monographie des villes*. Vigneau, *les Halles Cen-*
trales de Paris. Arch. Nationale, Registres des bureaux de la ville H 1.323
(1670 à 1672). Arch. Nationale G 7 H Intendance, carton 429. Bibl. Nat.
M. f. fr. 21.632 et 21.633. Collection Delamare, *Vivres, halles et marchés*,
t. I. Des Essarts, *Dictionnaire universel de police*.

tion n'offrent aucune garantie d'exactitude. On invoque la taille, la capitation, la taxe des boues, le nombre des foyers, etc. Aucun de ces moyens d'information ne peut aboutir à des résultats concluants.

En 1671, Colbert, voulant connaître le chiffre de la population française, aurait prescrit aux intendants de dénombrer les cotes de la taille pendant les cinq ou six dernières années. Mais les instructions du Ministre eussent-elles été suivies régulièrement, que l'enquête aurait manqué d'éléments essentiels, car on sait que beaucoup de personnes n'étaient pas assujetties à la taille.

On a essayé aussi d'évaluer la population en raison du nombre des feux. Cette base, plus large que la précédente, n'exclut personne. La difficulté revient alors à savoir combien d'âmes représente chaque foyer. Le chiffre de quatre a généralement été considéré comme répondant à la réalité des choses.

C'est le chiffre qu'adopte Forbonnais en 1680. « Autrefois, dit-il, on comptait les feux sur le pied de cinq, mais depuis que la corruption des mœurs et l'influence d'un luxe qui n'a point l'aisance générale pour principe, a rendu le célibat plus heureux dans la ville, depuis que le mariage est devenu une surcharge dans les campagnes, il paraît qu'on ne peut évaluer les feux à plus de quatre personnes chez les pauvres artisans, les ouvriers de campagne et les petits fermiers. »

En somme, le chiffre de quatre ne s'appuie que sur des conjectures, vraisemblables peut-être, mais qu'aucun document probant ne confirme.

Saugrain a publié, en 1709, un dénombrement du

royaume par généralités, élections, paroisses et feux. Quant à Paris, son travail est resté inachevé. Il indique 60 paroisses, et laisse en blanc le nombre des feux. Dans ces conditions, on ne s'étonnera pas que les chiffres fournis par les écrivains du xviie siècle et du xviiie siècle, au sujet de la population parisienne pendant le règne de Louis XIV, varient de 600.000 à 800.000 habitants. En 1637, les frères de Villiers, s'appropriant l'estimation de leur ambassadeur, comptent 600.000 personnes. En 1694, trente-sept ans plus tard, Vauban adopte le chiffre de 720.000 âmes. Germain Brice, qui écrit en 1727, se référant « à l'exacte recherche de plusieurs personnes versées dans ces sortes de choses », fixe au moins à 750.000 le nombre des personnes habitant Paris. Encore ne risque-t-il ce chiffre que sous les plus expresses réserves.

Tenons, comme se rapprochant le plus de la vérité, le chiffre de 720.000 indiqué par Vauban, et cela en raison de l'autorité qui s'attache à son nom, mais sans lui attribuer plus d'authenticité qu'il ne l'a fait lui-même, car il avoue qu'il n'a pu vérifier par son travail personnel des renseignements tenus de seconde main.

*
* *

Un point qui paraît acquis, c'est que la population parisienne n'a pas cessé de progresser pendant tout le règne de Louis XIV, alors que celle du royaume était en baisse et qu'à Paris même, le nombre des décès l'emportait sur celui des naissances [1].

Le relevé annuel de 1670 note 21.461 mortuaires, contre 16.810 baptêmes, soit un excédent de 4.651 mortuaires. L'auteur d'un mémoire manuscrit conservé à la bibliothèque Nationale (21.609), voulant sans doute rassurer les commerçants au sujet de leur clientèle, affirme que ces résultats n'ont rien d'alarmant, car le déficit causé par la mort est plus que comblé par les nouveaux venus.

L'argument peut être intéressant au point de vue spécial où se place l'auteur du mémoire ; mais à coup sûr, il est sans valeur contre les chiffres irrécusables qui attestent la diminution des naissances et l'augmentation des décès. Prenons-le toutefois pour ce qu'il est, et profitons des détails instructifs que le mémoire nous fournit sur les différentes catégories d'individus qu'entraîne le grand courant se dirigeant sur Paris.

1. Nous avons sous les yeux les relevés des baptêmes, mariages et mortuaires pour les époques ci-dessous relatées :

ANNÉES	BAPTÊMES	MARIAGES	MORTUAIRES
1670	16.810	3.930	21.461
1671	18.532	—	17.398
1709 à 1718	16.918	4.166	17.393

Nous avons emprunté ces renseignements à la Bibliothèque Nationale f. fr. 21.609 et au supplément du *Journal des Savants*, 1er février 1766. Leurs auteurs les avaient tirés, sans aucun doute, des relevés qui se publiaient annuellement, et qu'il était d'ailleurs facile d'établir à l'aide des registres paroissiaux.

Les nouveaux venus sont, d'une manière générale, tous ceux que l'exigence des affaires, l'amour du gain, le désir d'apprendre, la curiosité ou le plaisir amènent dans cette ville, tels les ecclésiastiques, attirés par l'appât d'un bénéfice ou d'une dignité, les gens de lettres, professeurs, régents de collèges, les nobles seigneurs, propriétaires fonciers, désireux de se pousser à la cour, l'armée des procureurs, greffiers, huissiers, nombre de compagnons et d'apprentis, presque tous les domestiques (et l'on en compte cent cinquante mille), les maçons, manœuvres, gens de journée, porteurs d'eau, crocheteurs, etc... enfin tous les étrangers.

Peut-être l'auteur du Mémoire exagère-t-il un peu, dans l'intérêt de sa thèse, l'attraction qu'exerce la capitale sur les provinciaux, mais, au fond, ses allégations sont exactes. Elles se trouvent confirmées par un document officiel, le *Mémoire sur la Généralité de Paris*, en 1709, publié par M. de Boislisle.

Entre autres causes de dépopulation de la Généralité, ce document cite l'exode de la population vers la capitale, et la Généralité de Paris n'était certes pas la seule à fournir son contingent de nouveau-venus à la grande cité [1].

Ainsi, sous le règne de Louis XIV, apparaît le fléau de la dépopulation rurale au profit des grandes agglomérations urbaines.

---

1. En ce qui concerne les étrangers, les *Annales de la Cour et de la Ville* évaluent à 16.000 vers 1697 et 1698 pour le seul faubourg Saint-Germain, ceux qu'y attirent sa réputation de salubrité et toutes les ressources que l'on y rencontre. D'après le même recueil, leur nombre, plus que doublé en peu de temps se serait élevé à 36.000.

Le xvii° siècle a légué aux générations futures la solution du problème ; elles le cherchent encore [1].

*
* *

A la cité populeuse, il faut assurer des moyens de subsistance. Les besoins créeront les organes destinés à les satisfaire.

Désirant, les uns vendre, les autres acheter, producteurs et consommateurs ont dû trouver un jour le lieu de rendez-vous, où ils pourront commodément faire leurs échanges, et voilà désormais inaugurés les marchés qui serviront au ravitaillement des habitants.

Un marché principal servit en tout temps de centre d'approvisionnement de la capitale. A cette destination répondait celui qui avait été établi sur le territoire appelé *Les Champeaux* ou *Petits Champs* (Campelli). Philippe

---

[1]. En dehors de cette question de l'émigration des campagnes vers les villes, le gouvernement d'alors se préoccupait de l'abaissement général de la natalité dans tout le royaume.

L'intendant de la Généralité de Paris écrit, dans le *Mémoire* susvisé : « Comme la plus grande force du royaume consiste autant au nombre d'hommes que dans l'abondance des richesses, on ne peut donner trop d'attention à réparer la diminution qui est survenue depuis vingt ans. » Il recherche les remèdes qu'on pourrait apporter à la situation. Le premier lui paraît le rétablissement de la paix, puis il ajoute : « On pourrait encore, par quelque privilège, exciter les jeunes gens à se marier, en les faisant jouir, à l'imitation des romains et selon les dispositions des ordonnances, des exemptions de la taille jusqu'à l'âge de vingt-deux ans, et, pour les y porter davantage, on pourrait ajouter que ceux qui auraient atteint l'âge de vingt-deux ans sans se marier, et qui feraient le commerce ou auraient acquis des droits de père ou de mère, y seraient imposés. »

Auguste contribua beaucoup à l'agrandir. « Il ordonna, dit un vieil auteur, Corrozet, qu'il serait tenu en une grande place, nommée *Champeaux*, auquel lieu furent édifiés maisons, clos, étaux, boutiques, pour y vendre toute sorte de marchandises ; il fut appelé le marché, les *halles* ou *alles*, parce qu'on y *allait*. Ce vaste ensemble de bâtiments était dès lors déjà désigné sous le nom de Halles centrales. Les marchands et artisans de tous les métiers y installaient leurs boutiques. Chaque commerce eut son quartier spécial.

Ainsi se formèrent successivement les rues de la Tissanderie, de la Ferronnerie, de la Chanvrerie, de la Cordonnerie, de la Lingerie, de la Friperie, etc...

Non loin des halles centrales, en un lieu dit la Vallée de Misère, se tenait un marché important où se vendaient la volaille, le gibier, le beurre, les œufs, les fromages et le poisson. Installé près du Grand Châtelet, sur un vaste emplacement au long de la rive droite de la Seine, il en fut expulsé vers 1690 par suite de l'établissement des bâtiments de la prison, et transféré sur la rive gauche, devant le couvent des Grands-Augustins.

On avait envisagé plusieurs fois le projet d'agrandir le marché devenu insuffisant. En 1672, notamment, le marquis de Sourches et consorts sollicitèrent la cession de terrains dans le quartier des Grandes-Halles en vue d'y installer un marché de toute sorte de volailles, faisant valoir l'avantage d'offrir aux marchands, pour leurs denrées, des abris couverts dont était dépourvue la Vallée de Misère.

Le roi, avant de délivrer des lettres patentes aux sol-liciteurs, communiqua le projet au Prévôt des Marchands et aux Echevins, afin d'avoir leur avis sur la *commodité* ou l'*incommodité* qu'il présentait.

Les notables furent également appelés à formuler leur opinion. La réponse des bourgeois fut nettement défavorable. Ils rappelèrent, notamment, la règle de police en vertu de laquelle les marchandises ne doivent pas trouver trop de commodités sur les marchés et places publiques, afin que les marchands soient obligés à s'en défaire à des prix plus modérés, pour le plus grand avantage du public.

Cette étrange théorie déconcerte complètement notre moderne conception des choses commerciales. Le projet du marquis de Souches n'eut pas de suite, et les choses restèrent en l'état.

** **

Nous devons une place, dans cette étude sur l'approvisionnement de Paris, aux marchés, qui se tenaient sur les bords de la Seine. Dans les ports où débarquaient le blé, le foin, l'avoine, et le charbon, à la Grève pour le pays d'amont, et à Saint-Nicolas pour le pays d'aval, les denrées étaient offertes sur place au public. Cette disposition favorisait à la fois les marchands auxquels elle évitait les frais de transport et le client, qui achetait à meilleur compte.

Ces petits marchés, sur lesquels nous n'avons trouvé que très peu de renseignements, échappaient, à n'en pas douter, aux règlements des marchés parisiens, et étaient administrés directement par la ville. Cette dernière, très jalouse des droits qu'elle exerçait sur les quais, l'était plus encore de ceux qui lui appartenaient sur les rives de la Seine. Les terrains qui bordaient le fleuve étaient sa propriété, et jamais elle n'aurait accepté une entreprise sur son domaine le plus anciennement reconnu.

*
* *

La vente des vins ne pouvait s'effectuer à Paris dans les mêmes conditions que celle des marchandises dont nous venons de nous occuper. On ne s'en défait pas en quelques heures, comme du beurre et de la volaille. En outre, les vins forains ne pouvaient être débarqués ni pénétrer en ville qu'après avoir été soumis à la perception des droits d'entrée [1] ; or, l'acquittement de ces droits n'avait lieu qu'après la vente, afin d'éviter aux

---

1. Le droit principal ou *gros* s'étendait à tous les vins, quelle que fût leur nature. Une déclaration du 16 avril 1663 l'avait fixé à quarante sous par muid. On l'avait accru du sou pour livre et du parisis. Le tout montait à trois livres et quelques sous par muid. Mais il fallait encore ajouter à ces taxes, les droits de rivière pour les vins transportés par eau, et c'était le plus grand nombre. Quand il avait traversé tous les intermédiaires, fermiers, sous-fermiers, arrière-fermiers, commis, sous-commis et autres employés, pour arriver du domaine des producteurs à celui des consommateurs, le vin en bouteilles arrivait à un prix exorbitant.

marchands une avance onéreuse. D'où séjour obligatoire des tonneaux sur la rivière, et pour eux danger grave d'avaries provenant d'inondations, de la rupture des glaces ou des fortes chaleurs. La ville fit de son mieux pour les protéger. Elle autorisa les marchands à déposer leurs tonneaux dans des caves situées rues de la Mortellerie et du Monceau Saint-Germain, qui étaient sa propriété personnelle. Elle leur permit même de les hospitaliser, pour les deux tiers, dans les soussols de l'Hôtel-de-Ville. Mais, avec le temps, l'insuffisance de ces locaux contraignit les pouvoirs publics à se préoccuper d'un entrepôt mieux approprié aux exigences de la situation. Finalement, on décida de construire une Halle aux Vins, sur le quai Saint-Bernard, où elle fonctionne encore aujourd'hui.

Un décret royal du 20 janvier 1656 autorisa les sieurs de Charamande et de Baas à élever des magasins sur ces emplacements, et un arrêt du Conseil fixa à tant par muid la perception des droits en leur faveur. MM. de Chamarande et de Baas n'avaient que la concession d'une exploitation industrielle. La ville demeurait propriétaire des terrains.

CHAPITRE II

LA VIE PRIVÉE DANS LA HAUTE SOCIÉTÉ

I

Vie intérieure ou familiale [1].

I. — LE LOGEMENT

*L'hôtel seigneurial ; architecture ; défaut de confortable et
d'hygiène, tentatives prématurées. — Maisons et appartements
à louer ; prix des loyers ; hôtels garnis. — Le mobilier ; formes nouvelles ; évolutions du goût ; somptuosité ; l'ameublement et les nouveaux riches.*

Après avoir parcouru la grande ville, visité ses places, ses jardins, ses marchés, pénétrons dans l'intimité
du foyer familial. Le foyer, qu'est-ce à dire ? C'est

1. OUVRAGES ET DOCUMENTS CONSULTÉS : Exposition de la Bibliothèque de
la ville de Paris, V. de Sévigné, *La grande époque classique, XVII* siècle* (1911). *Lettres de M*ᵐᵉ *de Sévigné.* Laurière, *la coutume de Paris.*.
Mémoires de Gourville. *Journal d'un voyage à Paris* de MM. de Villiers,
1657-1658. Vicomte d'Avenel, *Histoire économique de la propriété en
France. Voyage de Lister à Paris,* 1658. *Traité contre le luxe des hommes et des femmes,* 1705. Baudrillard, *L'histoire du luxe public et privé.*.
Abraham du Pradel, *Le livre commode contenant les adresses de la ville
de Paris et le trésor des Almanachs pour l'année bissextile,* 1697. Le Grand
d'Aussy, *Histoire de la vie privée des Français.* Félibien, *Histoire de la
Ville de Paris,* tome II. *Journal* de John Evelyn, 1643. Barrère, *Essai.*

proprement l'endroit où l'on fait le feu, l'âtre où brille la flamme pétillante et autour duquel se serrent les membres de la famille. Le foyer, par suite de l'extension donnée au sens primitif du mot, c'est le logement tout entier. Le logement qui abrite la famille est donc le premier objet à considérer dans l'organisation du foyer domestique.

La noblesse habite presque toujours la demeure ancestrale. L'aspect en est généralement sévère. Sur la rue se dresse une haute porte cochère, plantée dans un massif encadrement. De droite et de gauche s'ouvrent des fenêtres munies de solides grillages, en vue d'assurer la sécurité des habitants. En retrait, au fond de la cour d'honneur, se trouve le corps de logis principal. Le style de son architecture varie suivant l'époque à laquelle il appartient. L'emploi combiné de la brique, de la pierre et de l'ardoise, en usage sous Louis XIII, disparaît à la fin de son règne. La façade devenue d'un seul ton et dépouillée, ou à peu près, de ses ornements sculpturaux, satisfait l'œil par la correction des lignes et par l'unité du dessin, mais sa simplicité voulue, trop vite envisagée, laisse au spectateur une certaine impression de froide monotonie. En arrière, s'étend le

sur les mœurs et sur les usages du XVII⁰ siècle. Amédée Gabourd, *Histoire de Paris.* Alfred Franklin, *La vie privée d'autrefois, la vie privée sous Louis XIV.* Abbé Fleury, *Les devoirs des maîtres et des domestiques.* A. Babeau, *Les artisans et les domestiques d'autrefois.* Bib. de l'Arsenal. Recueil de Tralage, tome III. Fénelon, *Traité de l'éducation des Filles et Avis à une dame de qualité. Correspondance de Mᵐᵉ de Maintenon. Souvenirs de Mᵐᵉ de Caylus.* Claude Joly, *Traité des écoles épiscopales,* 1678. Henri Joly, *L'enseignement secondaire libre, hier et aujourd'hui.* Journal d'Olivier d'Ormesson. Emond, *Histoire du collège Louis-le-Grand.*

jardin du xviie siècle, avec ses charmilles, ses parterres, ses allées sablées et bordées de buis.

Un perron de quelques marches donne accès au vestibule dont la hauteur, atteignant quelquefois la toiture, saisit tout d'abord le regard. Les pièces de réception, salon, salle à manger, font également admirer leurs belles proportions. De fines sculptures encadrant les glaces, courant autour des fenêtres ou longeant les frises, se marient agréablement à l'or pour l'enchantement des yeux. Les tableaux de maîtres, accrochés au mur, perpétuent le souvenir des ancêtres avec leur armure guerrière et celui de leurs femmes en costume du temps. Un escalier monumental, ordinairement bordé de rampes en fer forgé, conduit aux étages supérieurs, où l'on retrouve, dans les chambres à coucher, la même ampleur de proportion et le même luxe décoratif. Certains possesseurs de grandes fortunes s'offriront le luxe de doubles appartements ; il y en aura des grands et des petits, pour l'hiver et pour l'été, pour le jour et pour la nuit.

Mais il ne faudrait pas croire que ces somptueux hôtels de l'ancien régime offrissent, dans toutes leurs parties, un logis agréable ou même simplement commode. Ils sont un peu comme leurs hôtes, ces brillants seigneurs aux fières allures, qui cachent au fond de leur cœur toutes les faiblesses de l'humanité. Les belles pièces dissimulent des chambres étroites et basses, les escaliers dérobés conduisant à d'obscurs réduits où logent les enfants, les domestiques et quelquefois des personnes de marque, pour un séjour passager. N'en était-il pas de même à Versailles, où les courtisants habitaient des mansardes assez misérables ? Un contemporain de Louis XIII a fait ce tableau peu flatteur des demeures de son temps :

« Songez bien que nos appartements n'étaient irréprochables que pour les rats ; plafonds plats, portes minuscules, fenêtres étroites, chambres étranglées ». On a sans doute fait mieux depuis lors, mais on n'aurait pas trouvé de somptueux hôtels où l'air et la lumière ne fussent trop parcimonieusement mesurés à quelques-uns de leurs habitants.

Et même, sous certains rapports, du temps de Louis XIV, les pièces les plus avantagées manquaient de confortable. Le froid et les vents coulis y régnaient en maîtres. On ne s'en défendait qu'en se couvrant beaucoup ; s'il faut en croire Tallemand des Réaux, Malherbe, pendant la saison rigoureuse, portait sur lui jusqu'à quatorze chemises et douze paires de bas.

Mme de Sévigné se félicite, en 1677, de s'installer à l'hôtel de Carnavalet. « J'aurai, écrivait-elle à sa fille, une belle cour, un beau jardin, un beau quartier (on n'était pas difficile à cette époque) ». Ces avantages, elle les apprécie hautement, oui, mais, ajoute-t-elle : « Comme on ne peut pas tout avoir, je me passerai de parquets et de petites cheminées. » Autrement dit, elle se résignera à souffrir du froid. Les grandes cheminées, bonnes pour ceux qu'elles abritaient du froid sous leur manteau, ne réussissaient pas, sans doute faute de tirage, à modifier la température dans le milieu de la pièce.

Mme de Maintenon, dans les splendeurs du Château

de Versailles, ne pourra se garantir du froid qu'en s'installant derrière des paravents, dans un fauteuil ou plutôt dans une sorte de niche garnie de deux oreillers [1]. L'eau et le vin, n'est-ce pas tout dire, gelèrent sur la table du grand roi.

Signalons, au point de vue du confortable, une heureuse amélioration sous le règne de Louis XIV, l'usage des sonnettes pour le service de la maison. Auparavant, une demoiselle assise sur un tabouret dans l'antichambre, attendait patiemment les ordres de sa maîtresse à l'effet d'aller quérir les gens ou de faire des commissions.

Mme de Maintenon, quand elle n'était encore que la veuve Scarron, remplit cet office à l'hôtel d'Albret. Désormais, cet intermédiaire sera supprimé. Un appel direct du coup de sonnette préviendra le serviteur dont la présence est réclamée.

*
* *

Que dirons-nous de l'hygiène ? La chose était aussi inconnue que le mot. Nous avons remarqué que le cube d'air réservé aux habitants des plus beaux hôtels trop

---

1. A propos de cheminées et de Mme de Maintenon, voici un acte curieux qu'on trouve dans la correspondance administrative de Louis XIV, publiée par M. Depping : « Aujourd'hui, dernier décembre 1674, le roi étant à Versailles, voulant gratifier et traiter favorablement dame Françoise d'Aubigné, veuve du feu sieur Scarron, Sa Majesté lui accorde et fait don du privilège et faculté de faire des âtres à des fourneaux, fours et cheminées, d'une nouvelle invention, sans pouvoir néanmoins obliger les particuliers à s'en servir, et prendre plus grande somme que celle dont il aura été convenu, ni prétendre aucun droit de visite. »

souvent ne répondait pas aux besoins de leur respiration. Mais pires encore ¡apparaissent les inconvénients du logis, quand l'air en est vicié, et presque toujours il en est ainsi faute de certaines dispositions intérieures qu'a réalisées le confort moderne. La construction de « fosses à retrait » est la première satisfaction donnée aux exigences de la salubrité publique et privée. Elles consistent en simples tranchées pratiquées dans le mur et conduisant à une fosse, quelquefois à une rivière ; une petite lucarne, à treillis de fer, éclaire ces étroits locaux. Une ordonnance de 1531, prise à la suite d'une épidémie et renouvelée en 1539, impose aux propriétaires l'obligation d'installer des retraits dans chaque maison, faute de quoi il y serait procédé avec l'argent provenant de leurs loyers. Ces prescriptions ne paraissent pas avoir été observées. Environ cent ans plus tard, le 24 septembre 1668, la police constate « qu'en la plupart des quartiers, les propriétaires des maisons se sont dispensés d'y faire des fosses et latrines, quoiqu'ils aient logé, en aucune des dites maisons jusqu'à 20 et 25 familles, ce qui cause en la plupart de si grandes puanteurs, qu'il y a lieu d'en craindre des inconvénients fâcheux ». Le service des fosses était effectué par les *maîtres des basses œuvres,* qu'on appelait ausi *vidangeurs d'aisances, puits et cloaques de la rue et du faubourg de Paris.* La négligence avec laquelle leurs ouvriers s'acquittaient de leur besogne ajoutait aux causes d'insalubrité ; afin d'éviter de porter leurs immondices à la voirie, ils employaient des tonneaux percés qui laissaient s'écouler tout leur contenu dans le ruisseau coulant au milieu de la rue. Il n'était pas rare même que faute, par le propriétaire de leur donner de l'argent ou de l'eau-de-vie, ils jetassent les matières dans son puits.

Au xvii° siècle, les retraits disparaissent peu à peu. L'odeur nauséabonde qu'ils dégagent en rend l'usage insupportable, et on les remplace par des chaises mobiles, dont on se débarrasse comme on peut, le plus souvent par la fenêtre. Si l'air est plus pur dans la maison, l'hygiène extérieure y perd encore. De cette dernière, d'ailleurs, le public ne se soucie aucunement. Les hôtels de la noblesse, comme les plus petites maisons bourgeoises, sont exposés aux outrages des passants ; et même la garde qui veille aux barrières du Louvre ne peut défendre ni les fossés qui entourent le château, ni les escaliers intérieurs contre le sans-gêne des allants et venants.

Il faudra attendre jusqu'au xviii° siècle pour lire sur les écriteaux annonçant les hôtels à louer, cette mention « privés intérieurs » qu'on appellera plus tard « lieux à l'anglaise » ; grande nouveauté d'ailleurs, et indice d'un confortable exceptionnel. Le Versailles de Louis XVI n'en possédait qu'un spécimen. Louis XV, pas plus que son aïeul, n'avait connu ce genre de luxe.

Une autre condition d'hygiène, non moins essentielle pour la santé publique que la précédente, celle de la propreté personnelle, était ignorée au xvii° siècle. Il est même curieux de constater qu'elle subit un recul notable sur la pratique des siècles précédents ; les croisés avaient rapporté d'Orient l'habitude de prendre

des bains, due à la chaleur excessive du climat. Pour
satisfaire cette exigence nouvelle, des étuves s'établi-
rent dans tous les quartiers de Paris. Le bain avait lieu
dans un baquet en bois, moyennant une modique rétribution. Les étuves publiques tombèrent en désuétude
par suite de la mauvaise réputation qu'elles s'étaient
faite, et fermèrent les unes après les autres. Au
xviie siècle, on n'en trouvait plus que deux à Paris,
une rue Marivaux, et l'autre rue du cimetière Saint-Nicolas. La propreté perdit ce que gagna la morale. La
population renonça aux bains de propreté. L'usage des
bains froids persista seul. Aux époques de grande
chaleur, tous les Parisiens se jetaient à la Seine, mais
uniquement pour se rafraîchir le sang, ou pour jouir
du plaisir de la natation, sans qu'aucun souci d'hygiène
présidât à leurs exercices aquatiques.

Cette époque, si arriérée en fait de confortable, faillit
anticiper de deux siècles sur une des inventions qui ont
le plus contribué à l'agrément de nos habitations modernes. Un sieur Villayer inventa ou tout au moins perfec-
tionna des machines dites *chaises volantes* qui, au dire
de Saint-Simon, « par des contre-poids, montent et descendent seules, entre deux murs, à l'étage qu'on veut,
en s'asseyant dedans par le seul poids du corps et s'arrêtent où l'on veut. » Les incidents désagréables auxquels
donna lieu ce mode de locomotion le fit abandonner.
Un curieux document nous édifie à cet égard. Il ré-
veille des sensation éprouvées de nos jours. On lit dans
le *Mémorial du Couvent de la Visitation,* publié par
M. de Bosc de Beaumont, ce passage relatif à l'émotion

qu'éprouva la reine d'Angleterre, veuve de Jacques II :
« La Reine va au Luxembourg ; la princesse de Condé
l'invite à monter dans sa machine, qui est une chaise
disposée avec des contrepoids si justes que, se tenant
dans son fauteuil, l'on se trouve, en tenant le cordon,
monter jusqu'au haut de la maison, et descendre ensuite jusqu'au jardin. La reine ayant vu Mme la Princesse y monter, s'y mit après elle et a avoué que, n'y
étant pas accoutumée, elle avait eu quelque frayeur se
trouvant à quelques pieds de terre, enlevée par un
trou aussi obscur. » L'idée première de l'ascenseur
était trouvée, mais devait sommeiller plus de deux siècles.

Conclusion générale de nos recherches sur l'habitation parisienne. L'aménagement du logis caractérise la
tendance de l'époque. Au xviie siècle, on recherche
ce qui est grand et beau, au siècle suivant, on aime
le joli et le gracieux ; nous autres, les modernes, nous
voulons avant tout ce qui est commode et confortable,
et tel de nos petits commerçants n'accepterait pas d'être
logé dans des conditions de bien-être qui suffisaient
aux exigences du grand roi.

*
* *

Les nobles, les financiers, les riches bourgeois, pourvus d'hôtels, ne forment que la minorité de la population parisienne. Les autres habitants, c'est-à-dire l'im-

mense majorité, doivent louer leur logis. Il y en a de
plusieurs sortes. Certains propriétaires qui, pour une
raison ou pour l'autre, n'habitent pas leur hôtel, le mettent à la disposition du public. En raison de leur importance et de leur situation, ces immeubles sont loués
à des prix exceptionnels.

Certaines maisons, par leurs proportions, par leur
composition, valent des hôtels. Une maison sise rue
Saint-Dominique, comprenant trois grands appartements, une écurie pour six chevaux, une grande cour
et un grand jardin, se loue, en 1703, 3.600 livres. Nous
lisons, dans les *Mémoires de Gourville*, qu'il a donné à
bail à M. de Puisieulx et à son frère, l'évêque de Soissons, sa maison du quai de Nesle, moyennant la somme
de 2.000 livres, et de 150 bouteilles de vin de Sillery
par an (1691).

Des prix inférieurs à ceux que nous venons de citer,
importants encore toutefois, sont fournis par M. d'Avenel, dans son *Histoire économique de la propriété*. Ce
sont les suivants :

Loyer de	350 livres.	Grande Rue de Buci	année	1650
—	1.000	— Rue de la Harpe	—	1665
—	1.600	— Faubourg Saint-Antoine	—	1689
—	650	— Rue des Petits-Champs	—	1705

Mais, ici, les éléments d'appréciation font défaut; nous
ignorons s'il y a cour, jardin et écurie. Cependant, le
chiffre de plusieurs de ces loyers nous autorise à croire
que la maison est d'importance.

Il convient de noter qu'en mainte circonstance le chiffre élevé du loyer n'exprime pas la part incombante à chacun des occupants. Voici comment les choses se passent : un immeuble est loué 1.000 à 2.000 livres, à un modeste commerçant ou à un petit officier du roi ; cela ne veut pas dire que ce dernier paie de sa bourse cette somme au propriétaire ; il n'est que le locataire principal de l'immeuble. Il s'exonère d'une partie de son loyer en le répartissant sur plusieurs preneurs. Un étage devient ainsi l'objet d'une attribution séparée, et il n'est pas rare même qu'un étage donne lieu à plusieurs sous-locations.

Évidemment, les maisons de cette catégorie, qui peuvent être d'un excellent rapport pour leurs propriétaires, ne conviennent, en tant qu'habitation, qu'aux artisans et aux petits bourgeois. Une disposition extérieure les désigne sûrement aux gens en quête de logis. Elles n'ont qu'une porte « bâtarde », donnant accès sur une allée, et cette allée n'abrite trop souvent que des usages contraires à la décence et à la salubrité publique. La « porte-cochère » s'ouvre devant les carrosses et sur une cour ; le monde qui se respecte ne voudrait pas habiter une maison sans « porte-cochère ». Elle exige la présence d'un concierge, c'est-à-dire qu'elle est à la fois plus décorative et plus sûre. Les autres se gardent à l'aventure ; elles forment l'immense majorité.

Le prix des loyers a subi diverses fluctuations sous le règne de Louis XIV. En général, il a suivi une progression constante de 1600 à 1680, puis il a fléchi pendant les vingt-cinq dernières années du règne. A ces oscilla-

tions, on peut assigner deux causes principales : la tendance de chacun à restreindre ses dépenses par suite
des calamités publiques, et la puissance de l'argent qui
s'est accrue sensiblement vers la fin du XVIIe siècle et au
commencement du siècle suivant. Il est probable que la
crise a moins sévi sur les petits loyers que sur les gros.
Les gens de condition médiocre, comme les compagnons
de métier, dont les salaires ont sensiblemet baissé depuis
1650, ont renoncé à louer une maison entière ; ils n'en
occupent plus qu'un étage, quelquefois une ou deux
chambres, et, de ce fait, la disponibilité des logis s'étant
considérablemont accrue, maintient leur prix à un taux
modéré.

Toutefois, les petites gens, les gagne-deniers, ont beaucoup de peine à s'acquitter vis-à-vis de leurs propriétaires, et il est intéressant de constater que la justice intervient pour les exonérer, sur leur requête, de tout ou
partie de leurs obligations. Nous avons relevé un arrêt
du Parlement du 12 avril 1652, déchargeant du terme
de Pâques certains habitants de Paris et des faubourgs,
et les renvoyant à se pourvoir devant la dite cour au
sujet du terme de la Saint-Jean, dont ils réclamaient également
lement l'exonération. D'autre part, la justice ne veut
pas que la crise des loyers provoque de l'agitation dans
le milieu populaire. Elle interdit sévèrement les unions
de locataires comme tendant à troubler l'ordre public.
Nous lisons en effet, dans le texte de l'arrêt susvisé,
que « défense est faite à tous locataires et sous-locatai-
res de cette ville et faubourgs de s'associer et convoquer
par billet et affiche, et s'attrouper sous prétexte de pour-

suivre la décharge des loyers, ou pour quelle cause que ce soit. »

Les étrangers et les provinciaux logent en hôtels garnis ; ces derniers sont aussi nombreux que variés. Les étrangers recherchent de préférence les hôtels du faubourg Saint-Germain, où ils trouvent toutes les ressources d'instruction et d'agrément que leur offrent les établissements de l'Université, les cafés, les billards, les voitures de louage dont ils usent pour aller au théâtre ou au bal. L'hôtel d'Antraigues, rue de Tournon, possède des appartements commodes et bien tenus. Son seul tort est d'exiger des prix trop élevés; il n'est accessible qu'aux évêques, aux étrangers de distinction et aux grands seigneurs. Citons encore, parmi les riches hôtels spécialement affectés au logement des hauts personnages, ceux de la reine Marguerite, rue de Seine, et de Bouillon, quai des Théatins.

Les bourgeois ou les étrangers de passage à Paris trouvent des prix très raisonnables dans les rues de Buci et Mazarine. Liger, voyageur allemand, descend à l'hôtel de Mouy, rue Dauphine, où il se félicite de rencontrer une bonne compagnie et des gens de société fort agréable.

Les frères de Villiers ont choisi l'hôtel de Montpellier, au centre de la ville, et en paraissent très satisfaits. La société qui s'y rassemble est quelque peu mélangée, mais sympathique. « La compagnie de notre auberge, écrivent-ils dans leur Journal, était composée d'un évêque, de son aumônier, d'un receveur provincial du clergé, d'un contrôleur des gabelles du Languedoc, et d'un officier de cavalerie. » Une franche cordialité s'établit entre ces hôtes de rencontre. Les repas pris en commun sont égayés par une conversation piquante et vive. Chacun y va de son anecdote et, s'il n'y en a pas de véridique à servir, au besoin, on en invente.

Les possesseurs de petites bourses s'accommodent d'un logis tranquille et suffisant, rue Guénégaud, à l'Hôtel de France, et rue Montmartre, à l'Hôtel de Mantoue. Les chambres y sont propres et les dîners ne se payent que quarante sous. Il y a encore des hôtels tout à fait modestes, comme ceux d'Anjou, rue du Dauphin, et du Pressoir d'Or, rue Saint-Martin. On y dîne à vingt sous. Enfin, des hôtels louches, comme le Petit-Voisin et le Chêne-Vert, abritent des gens qui font de vilains métiers, ou n'en font aucun, vagabonds, déserteurs, coupeurs de bourses ou de gorges.

*
* *

Si l'hôtel aristocratique et celui du financier, vus de de la rue, n'offrent généralement rien de bien remarquable, l'ameublement intérieur, presque toujours somptueux, émerveille les yeux du visiteur.

Un art nouveau préside à la fabrication des meubles, ou plutôt l'art ancien évolue vers des formes nouvelles. Tout en offrant encore une apparence solennelle, les lignes rigides du temps de Henri II et de la Renaissance s'assouplissent et se courbent avec une grâce jusqu'alors inconnue. Les cuivres et l'ivoire, mariés discrètement aux tons plus ternes du bois, communiquent à ce dernier le relief et l'éclat. Boulle [1] donnera son nom à cet art charmant. Le merveilleux travailleur sait plier à tous les usages du mobilier les bois de l'Inde et du Brésil. Sous son ciseau, les fruits, les fleurs s'épanouiront et les animaux prendront toutes les attitudes de la vie. Il abordera avec une égale maîtrise les sujets d'ensemble, chasses, paysages, et même les sujets historiques. Son œuvre est de celles que la mode changeante ne parviendra pas à faire oublier.

Mais l'heure de la fantaisie ne sonnera que plus tard. La personnalité des artistes ne jouit pas encore de ses coudées franches. Colbert travaille à discipliner l'art français par la création de la manufacture des Gobelins, relevant de sa surintendance et placée sous la direction du célèbre peintre Lebrun. L'article 4 de l'édit de novembre 1667 porte : « Le surintendant des bâtiments et le directeur sous lui, tiendront la manufacture remplie de bons peintres, maîtres tapissiers de haute lisse, orfèvres, fondeurs, graveurs, lapidaires, menuisiers en ébène et en bois, teinturiers et autres bons ouvriers et toutes sortes d'arts et métiers qui sont établis, et que le surintendant des bâtiments jugera nécessaire d'y établir ». Autant dire que le modèle royal offert en exemple imposera son style au goût du public et au choix des artistes.

---

1. Boulle ne fut pas sans rival. Parmi les marchands tapissiers les plus renommés pour leurs meubles magnifiques, on cite M. Le Bon, aîné, tapissier du roi, rue Tiquetonne, et M. Le Bon, cadet, tapissier de Monsieur, rue Aux Ours.

Ce que ne prévoyait pas le génie pondéré du grand ministre, c'est que le jour viendrait où le luxe qu'il encourageait, tout en prétendant l'endiguer par maintes ordonnances royales, franchirait vers la fin du règne, spécialement dans le mobilier, toute limite raisonnable. Les témoignages à cet égard sont concordants.

Lister, visitant Paris en 1698, fait une description magnifique de ce qu'il a vu dans les demeures des habitants : « On y trouve, dit-il, de riches tapisseries relevées d'or et d'argent, des lits de velours, des damas croisés ou d'étoffes d'or et d'argent, des cabinets et des bureaux d'ivoire, incrustés d'écailles d'or et d'argent, de cent façons diverses, des bras et des lustres de cristal, mais par-dessus tout des tableaux des plus rares... Tel est le goût dans cette ville et dans ses environs pour cette magnificence, que vous ne pouvez entrer dans la maison d'un particulier de quelque aisance, sans l'y voir déployé, et souvent c'est à la ruine. Quiconque peut ménager quelque chose veut un tableau ou quelque sculpture du meilleur artiste. Il en est de même pour les ornements des jardins ; aussi n'imagine-t-on pas quel plaisir cette quantité immense de jolies choses donne à l'étranger curieux». Puis, en bon Anglais qu'il est, notre voyageur conclut par cette observation pratique : « Et pourtant, il leur manque bien des ustensiles et d'autres commodités de la vie que nous possédons en Angleterre. »

Gourville, tour à tour secrétaire des grands, diplomate, financier, possesseur d'une immense fortune, peut se permettre un luxueux ameublement sans craindre de se ruiner comme les particuliers auxquels fait allusion Lister. L'inventaire, après décès, fait à son domicile en 1703 nous donne l'idée de ce que comporte le mobilier d'un personnage de cette importance. Nous y relevons, entre autres objets, une tenture de tapisserie à personnages, fabrique des gobelains, contenant six pièces (800 livres), six fauteuils et six chaises de bois, doré (80 livres), une chambre à coucher tendue tout entière de satin de Chine brodé, avec fauteuils et chaises dorées, revêtus de la même étoffe (800 livres). En réserve dans un garde-meuble : un mobilier complet en velours (1.200 livres), une tenture de tapisserie de brocatelle de Venise (500 livres), deux pièces de tapisserie des Flandres à personnages (50 livres), vaisselle d'argent (5.400 livres), une bibliothèque contenant plus de cent cinquante volumes.

L'auteur anonyme d'un *Traité contre le luxe des hommes et des femmes*, écrivant en 1705, s'indigne de la somptuosité excessive que ses contemporains montrent dans leur ameublement. Il déplore tout d'abord l'abandon par les générations nouvelles, de la simplicité qui suffisait aux aïeux. « Contents, dit-il, pour la plupart, des meubles dont nous avions hérité de nos pères, ils ne nous venait point en pensée d'en chercher de plus magnifiques. Une tapisserie simple, un lit garni proprement avec des rideaux et des cantonnières de bonne étoffe de laine, une table, quelques chaises à bon dossier couvertes de même, une glace de Venise pour miroir, d'un pié ou deux de hauteur, un feu orné de globes de cuivre, faisaient alors l'ameublement des officiers, des gens de considération. S'il y avait dans la maison, ce qui était rare, un lit de vieux velours, de satin ou d'ancienne broderie, c'était la chambre de parade et de cérémonie, destinée à recevoir des personnages de distinction. Mais les choses ont bien changé de face... Les anciens meubles qui faisaient l'ornement des appartements de nos pères, n'ont plus été regardés que comme de vieux haillons, indignes de paraître. Ce qui avait seulement dix années de service n'a pu trouver grâce. »

Résumons les doléances de notre auteur, dont nous ne pouvons citer le texte intégralement.

Les années du milieu du siècle, fait-il observer, ont vu se multiplier l'usage des étoffes de velours et de damas même, brochées d'or et d'argent. Pour faire mieux on ne put inventer de nouvelles étoffes. Alors on a relevé les étoffes connues par des franges, des galons, des festons et autres ornements plus riches et plus coûteux que les étoffes elles-mêmes. On a répandu à profusion les grands miroirs de nouvelles fabriques, les jaspes, les marbres, les lustres, les canapés, etc... La nature semble avoir épuisé ses ressources, l'art de ses combinaisons, pour satisfaire au goût des occupants.

L'auteur du traité fait remonter aux environs de l'année 1655, cette passion pour un luxe effréné. Depuis lors, elle n'a cessé de croître, et s'est affirmée particulièrement à partir de 1675. Ses promoteurs ont été les nouveaux riches. Sous cette appellation, il faut comprendre tous ceux qui, dans le commerce, dans les emplois et dans les affaires, ont édifié des fortunes aussi rapides que colossales. Les ministres, même honnêtes, entretiennent autour d'eux une clientèle sans scrupules, dont ils estiment l'activité nécessaire au succès de la politique royale. Plus que tous autres, les *partisans* abusent des exigences de la situation financière pour faire entrer dans leur bourse la majeure partie des sommes qu'ils sont chargés de percevoir au compte du trésor royal. Gratifications, pots-de-vin, exactions, telle est l'origine de la fortune de tous ces profiteurs. On dit que, soucieux d'abord de ne pas éveiller la jalousie de ceux qui les avaient employés, ils ne voulurent pas acheter des châteaux et des terres s'épanouissant au soleil, et satisfirent leur vanité en accumulant les beaux meubles dans un intérieur luxueux. Ces scrupules les abandonnèrent vite, et bientôt ils étalèrent au grand jour leur insolence de parvenus. Ils mirent même leur amour-propre à distancer leurs anciens maîtres. Leurs carrosses magnifiques roulèrent avec fracas sur le pavé de Paris et la route de Versailles. Une livrée d'invention nouvelle attira par sa singularité et par sa richesse les regards du public ébahi ; et Madame, qui naguère, le balai à la main, nettoyait le devant de sa porte, nargua du fond de son équipage, avec des airs de dédain affecté et une attitude de marquise, le vieux blason de sa maîtresse d'hier.

II. — L'ALIMENTATION

Pain ordinaire et pain de luxe ; viande ; poissons ; légumes ; pâtisseries ; fruits. — Boissons : l'eau de Seine ; vins et crus divers ; Bourgogne contre Champagne ; liqueurs ; café ; thé ; chocolat. — Les heures des repas. — Les repas pris au dehors.

La maison est garnie. Il convient maintenant de pourvoir à la nourriture de ses habitants.

Le pain, l'aliment de toutes les classes, comporte diverses qualités. Il y a d'abord un pain de ménage, mélange médiocre de farines de toute origine, assez apprécié cependant des petits consommateurs. On en fabrique dans la cour des Quinze-Vingts. Le pain ordinaire est le pain de Gonesse, qui arrive deux fois par semaine du village de ce nom ; blanc, ferme et léger à la fois, il est fait avec du levain et pèse trois livres. Les Parisiens en sont très friands ; ils le trouvent très supérieur à celui qui se fait dans l'intérieur de Paris. Les consommateurs plus raffinés, les gourmets, recherchent les pains mollets ou pains de choix, dans la composition desquels entrent le lait et le beurre. Faits d'une pâte plus lourde et plus difficile à lever, à cause de la présence de ces éléments, on se sert, pour les alléger, de la levure de bière en guise de ferment. Dès leur apparition, le public leur fit bon accueil et les boulangeries dites du « petit pain » furent très vites achalandées. Mais bientôt, une certaine réaction s'opéra ; on chercha querelle au petit pain, sous prétexte qu'il était d'une digestion pénible. Adversaires et partisans échangèrent à son sujet des raisons avec des injures. La Faculté de Médecine, prise pour juge du différend, décida, le 24 mars 1668 « que la levure de bière était contraire à la santé et préjudiciable au corps humain, à cause de son âcreté née de la pourriture de l'orge et de l'eau ». Gui-Patin accabla de ses sarcasmes les plus amers le pain mollet. Un autre médecin, Perrault, l'auteur de la fameuse colonnade, s'en fit le patron. Le Lieutenant général de police, La Reynie, dans l'intérêt de la santé publique, émit l'opinion qu'on devait proscrire la levure de bière. Mais le public, en dépit des décisions de la Faculté et des avis de la police, continua sa faveur aux petits pains. Ce que voyant, la Cour souveraine, tranchant d'autorité, en permit l'usage par un arrêt du 21 mars 1670, et ces Messieurs du Parlement furent les premiers à s'en faire du bien. Le sieur Venté, près la Madeleine-en-la-cité, devint leur fournisseur ordinaire. Nous devons ajouter que Lister, voyageant en 1698, ne partage pas l'engouement des Parisiens pour leurs petits pains. Il leur reproche un certain goût d'amertume, qu'il attribue naturellement à un emploi excessif de la levure de bière.

La viande se vend dans les boucheries régulièrement autorisées par un acte de la puissance publique ; telles par exemple les lettres du 3 avril 1661, créant un établissement de quatre étaux de boucherie au carrefour de la Croix-Rouge, faubourg Saint-Germain. Le voyageur Lister, sans doute juge compétent en sa qualité d'Anglais, trouve que le mouton et le bœuf valent ceux

de son pays. Quant au veau, dit-il, autant n'en pas
parler ; il est rouge et grossier.

La volaille se vend dans la Vallée de Misère, sur la
rive droite de la Seine.

Pendant le carême, viande et volailles disparaissent,
Elles ne se débitent plus que dans l'intérêt des malades, et les dispositions les plus sévères règlent leur
commerce. Les administrateurs de l'Hôtel-Dieu sont depuis longtemps en possession exclusive de faire vendre
la viande pendant cette période de l'année. Un arrêt du
Parlement, du 25 février 1657, porte que « les cinq boucheries de l'Hôtel-Dieu seront fournies de tout ce qui
sera nécessaire, tant pour les malades qui représente-
ront des certificats de leurs curés ou de leurs médecins,
que pour les gens de la R. P. R. qui apporteront attes-
tation de leur profession ».

Il va sans dire que pendant le carême la vente du
poisson atteint des proportions inusitées. Les arrivages
de mer ne sont encore que médiocrement organisés, en
raison de la difficulté des communications ; aussi se
fait-il une consommation prodigieuse de poisson d'eau
douce, et surtout de carpes. Lister s'étonne de la quantité de macreuses (espèce de canards de mer) qui em-
combre les marchés. Comme leur usage est permis à
l'égal de celui du poisson, elles sont très recherchées, et
malgré la senteur marécageuse qu'elles exhalent, le
public est disposé à les trouver agréables au goût.

Les légumes de choix qui figurent sur la table du
riche sont les laitues pommées, les asperges et les cham-
pignons. L'oseille et les choux n'inspirent que du mé-

pris. Les livres de jardiniers de l'époque considèrent les lentilles comme bonnes seulement à la nourriture des chevaux. Les petites fèvres se servent dans les plus grands dîners. Quant aux grosses, le Dr Hecquet, dans son *Traité des dispenses du Carême*, ne veut y voir que la pâture des misérables. Les petits pois n'apparaissent que sur les tables les plus somptueuses ; on les vend jusqu'à cinquante sous la livre. « Le chapitre des pois, écrit Mme de Maintenon le 10 mai 1696, dure toujours ; l'impatience d'en manger, le plaisir d'en avoir mangé et la joie d'en manger encore, sont les trois points que nos princes traitent depuis quatre jours ».

La pâtisserie parisienne jouit d'une réputation hors pair ; elle excelle à satisfaire les goûts les plus délicats et à construire les plus jolis édifices. Parmi ses produits courants, la brioche occupe la place d'honneur. Celles qui sortent des mains de Flechmer, le pâtissier en vogue de la rue Saint-Antoine, au coin Saint-Paul, ne connaît pas de rivales. Elles sont appréciées à la ville comme à l'église. Les belles dames qui vont au cours de Vincennes font arrêter leur carrosse devant la boutique du célèbre pâtissier pour se fournir de sa plus fine marchandise, et les marguilliers de Saint-Paul, en bons voisins, lui font leurs commandes de pain bénit. Les mauvaises langues du quartier ajoutent qu'ils ne sont pas sans avoir quelque part au profit.

L'art de La Quintinie a propagé la culture et l'usage des fruits. Un hasard a mis en vogue le plus savoureux d'entre eux, la pêche de Montreuil. Edme Girardot, créateur de la culture de la pêche en espalier, eut un jour l'idée d'adresser au roi, sous le couvert de l'anonyme, un panier de ses produits, avec cette mention : « Pour le couvert du roi ».

Une circonstance imprévue fit découvrir à Sa Majesté l'auteur de l'envoi, qui fut prié de le renouveler chaque année, avec la même mention. Dès lors, la fortune de la pêche de Montreuil fut assurée, et celle de Girardot sans doute aussi.

*
* *

De toutes les boissons, la plus commune, l'eau, est d'une qualité médiocre à Paris. Celle de la rivière de Seine n'est pas sans inconvénients, surtout pour les étrangers ; on recommande de la filtrer dans du sable. La plus potable est celle que l'aqueduc d'Auteuil amène au Château d'Eau. Cependant, l'eau de la Seine a ses défenseurs. Certains Parisiens semblent ne pouvoir s'en passer.

Forbin, entre autres, affirme dans ses Mémoires, avoir été guéri de violentes coliques par de fortes ingurgitations d'eau de Seine.

Les ressources en vin sont aussi variées qu'abondantes ; les cabaretiers pullulent dans Paris. Un observateur constate que leur nombre formerait la population d'une grande ville ; et, malgré tout, le prix du vin va sans cesse augmentant ; les impôts, c'est-à-dire les droits d'entrée, sont tels, dit Lister en 1698, qu'on paye le vin, à l'heure actuelle, trois fois plus cher qu'autrefois. « Le vin, écrit de son côté le Sicilien à un de ses amis en 1710, est à un prix médiocre quand il est aux portes de la ville, mais, d'abord qu'il est entré, il se change en or potable ».

Ces vins méritent-ils le haut prix qu'on les paye ? On en récolte aux portes de Paris, à Chaillot, à la Goutte d'Or. Tous les coteaux des environs sont garnis de vignobles. Les crus de Suresnes, de Montmorency, de Mantes, de Meulan, de Pierrefitte, d'Argenteuil sont cités dans les relations contemporaines ; et tous, il faut le dire, avec éloge. On les compare aux vins les plus réputés de France. Le vin d'Auteuil figure sur la table de Gourville, un fin connaisseur [1].

Le voyageur anglais Lister, il est vrai, témoigne moins d'enthousiasme que nos compatriotes pour les produits de cette origine. « Les vins de Paris, dit Lister, sont de fort petits vins, quoique bons dans leur genre. Ceux de Suresnes sont excellents pendant quelques années ; mais dans toutes les tavernes, on les travaille pour les faire passer pour du vin de Champagne ou de Bourgogne ».

Champagne et Bourgogne ! Voilà les deux crus qui se disputent la faveur des gourmets ; et le premier, dans sa jeune gloire, ne vise à rien moins qu'à supplanter les

1. Paris même avait son vignoble ; on citait le clos du Roy aux Faubourgs Saint-Jacques et Saint-Michel, le clos des Cordeliers dans le Faubourg Saint-Germain ; le clos Saint-Sulpice, qui occupait l'emplacement actuel du Petit Luxembourg ; le clos Férou, compris dans l'îlot formé par les rues Férou, Vaugirard, du Pot de Fer et l'impasse Férou. Tous ces clos disparaissent peu à peu devant l'envahissement de constructions nouvelles.

produits de l'antique et célèbre province. La lutte sera homérique. Le vin de Beaune reproche au vin de Reims de n'être qu'un parvenu, pis encore, de n'être qu'un composé malsain. Un étudiant s'évertue, en 1672, à soutenir devant les maîtres parisiens une thèse concluant à la prééminence du vin de Bourgogne. Quelques années plus tard, un autre étudiant, Laurenceau, développe la thèse contraire, et la termine par cette déclaration triomphante et sans réplique : *Ergo vinum vemense omnium salubervimum*. Cinquante ans s'écoulent. La querelle continue encore. En 1700, Gilles Cabotteau proclame la supériorité des vins mousseux. La Bourgogne se venge à coup d'odes retentissantes, dont la plus connue est celle de Benigne Grenain :

> Vante, Champagne ambitieux,
> L'odeur et l'éclat de ton vin,
> Dans ta sève pernicieuse,
> Dans ce brillant se cache un venin.

Les ripostes ne se font pas attendre. Tout d'abord, s'écrient les apologistes du vin de Reims, le beau tempérament des rémois proteste contre l'accusation de malfaisance. Quant aux preuves de noblesse, ils ne sont pas embarrassés pour les faire valoir contre ceux qui reprochent à leur vin de n'être qu'un parvenu ; elles remontent aux plus lointaines origines de la monarchie française. Arbinet fait observer que Saint-Rémy parle, dans son testament, de ses vignes et de ses vignerons. Donc, on a pu boire du vin de Champagne au baptême de Clovis. L'empereur Venceslas, venu à Reims, trouva le vin du pays si bon que, certain jour, il en but un peu plus qu'il ne convenait. Léon X, Charles-Quint, François Ier, Henri III d'Angleterre voulaient que leurs caves fussent toujours garnies de vin d'Ay. Henri IV se plaisait même à se faire nommer Seigneur d'Ay et de Gonesse.

Ah ! Laurenceau, Cabotteau, Arbinet et vous tous, apologistes convaincus du vin de Reims, eussiez-vous jamais pu croire que viendrait le jour où une lutte beaucoup plus âpre que celle dont vous fûtes les héros, lutte fraticide celle-là, armerait les uns contre les autres les fils de la patrie champenoise [1].

On est au dessert. C'est le moment de verser les vins les plus capiteux de France, d'Italie et d'Espagne. « On en boit hardiment » dit Lister, qui s'étonne du changement survenu dans les mœurs d'un peuple autrefois si sobre.

Le repas terminé, on apporte les liqueurs fortes : le populo, le rossolis, particulièrement le ratafia et les fenouillettes de l'île de Ré, qui ressemblent beaucoup à l'anisette.

Certaines boissons chaudes, que nous qualifions aujourd'hui de boissons hygiéniques, conquièrent peu à peu leur droit de cité, telles le café, le thé et le chocolat. Marie-Thérèse, femme de Louis XIV, introduisit ce dernier en France.

---

1. Quelle était la vraie région du vin de Champagne ? La question de la délimitation, si agitée de nos jours, commençait à poindre sous Louis XIV. Les grands seigneurs, désignés sous le nom de gourmets ou *coteaux*, ne voulaient qualifier de vins de champagne que ceux venant des coteaux de Reims.

En 1659, un arrêt du Parlement autorisa un nommé David Carliois à « faire vendre et débiter dans toutes les villes et autres lieux du royaume, *une certaine composition qui se nomme chocolat,* faite en liqueurs ou pastilles, ou toute autre manière qui lui plaira. » Trente ans plus tard, le café, le thé, les sorbets et le chocolat sont devenus d'un usage général. Un édit de janvier 1692 constate avec douleur que la consommation qu'on en fait a amené une diminution considérable dans les droits d'entrée sur les vins, et pour remédier à ce déficit, concède la vente de ces boissons à un débitant unique, qui paiera son privilège à beaux deniers comptant.

*
* *

Quelles étaient les heures de repas du temps de Louis XIV ? Le matin, vers sept heures, on prenait une légère réfection ou déjeuner pour attendre l'heure du dîner, qui était le principal repas. Le soir, quelquefois fort avant dans la nuit, on soupait.

L'heure du dîner était généralement fixée à midi. Boileau, pressant le pas pour se rendre chez un personnage qui l'avait invité, dit :

« J'y viens, midi sonnant, au sortir de la messe ».

Louis XIV dînait à midi, et cette habitude gênait les courtisans qui, voulant lui faire la cour en assistant à son dîner, étaient obligés de reculer leur repas personnel jusqu'à une heure de l'après-midi.

- Nous avons encore le témoignage de Mme de Sévigné au sujet de l'heure du repas. « Je dînais avant-hier chez M. de Chaulnes, écrivait-elle en 1672. Je vis un homme au bout de la charmille, que je crus être le maître-d'hôtel. J'allais à lui et lui dis : « Mon pauvre monsieur, faites-moi dîner ; il est une heure, je meurs de faim ». C'est encore la marquise qui écrira de Vichy, en 1677 : « Tout est réglé ; tout dîne à midi ; tout soupe à sept, tout boit à six ». Donc, à Paris comme en province, midi est l'heure du dîner adopté par l'usage du temps.

Quelquefois, les repas sont pris hors de la maison, pour une partie fine ou pour une noce. On va chez la Guerbois [1] près la Boucherie Saint-Honoré, ou chez Meunier, rue du Temple. La plus haute société fréquente en ces maisons.

Si l'on n'a pas de ménage monté, on fait apporter son dîner par le traiteur voisin. Il y en a dans tous les quartiers qui vous servent aussi magnifiquement que vous pouvez le souhaiter.

III. — LES DOMESTIQUES

Composition du personnel selon l'état de maison : l'intendant ; l'écuyer de Monsieur ; les demoiselles suivantes ; la femme de chambre ; l'écuyer de Madame ; le maître-d'hôtel ; le chef de l'office ; le valet de chambre ; les gens de livrée, suisses, laquais etc..., le cuisinier et la cuisinière ; les domestiques des domestiques. — Gages et salaires. — Les bureaux de place-

---

1. Le nom de Guerbois a survécu à nos révolutions et figure encore honorablement sur la devanture d'un pâtissier parisien.

ment. — Les vieux serviteurs d'autrefois ; symptômes d'esprit nouveau.

Logement à garder, meubles à entretenir, mets à préparer, service des maîtres de maison, tout un personnel est nécessaire pour répondre à ces diverses exigences. Ce personnel, que nos mœurs modernes ont toujours tendu à simplifier, est extrêmement nombreux au XVIIe siècle. Audiger, l'auteur de *La Maison réglée*, chef d'office du temps de Louis XIV, nous donne la liste des serviteurs dont la présence est nécessaire dans une maison de qualité pour que tout s'y fasse avec régularité et « économie » (économie, est-ce le mot propre ?). Elle comporte un intendant, un aumônier, un secrétaire, un écuyer, deux valets de chambre, un concierge ou tapissier, un maître d'hôtel, un officier d'office, un cuisinier, un garçon d'office, deux garçons de cuisine, deux pages, six ou quatre laquais, deux cochers, deux postillons, deux garçons de carrosse, quatre palefreniers, un suisse ou portier, plus quelques domestiques attachés aux officiers ci-dessus. A cette liste, ajoutons les officiers et domestiques spécialement affectés au service de Madame, écuyer, demoiselles suivantes et valet de chambre, lequel, d'ordinaire, est aussi tailleur pour femmes ou tapissier.

Quelques-uns de ces serviteurs, par leur importance, méritent de retenir notre attention.

L'intendant est un gros personnage. C'est *l'alter ego* du maître, son homme de confiance, celui de qui relève tout le personnel, non seulement à la ville, mais encore et surtout à la campagne. Il reçoit lui-même les fermages et traite directement toutes les grandes affaires de la maison. Il doit savoir résister aux offres qu'on ne manquera pas de lui faire pour obtenir ses bonnes grâces, et se contenter de ses appointements. Chose plus difficile encore, il devra faire savoir à son noble patron que certains entraînements dont il n'a pas l'air de s'apercevoir, peuvent le conduire à la ruine. Mais hélas ! le type le plus ordinaire est celui de l'intendant complaisant, toujours en fonds pour servir les caprices du maître, toujours à court d'argent quand il s'agit de régler les gages des domestiques, ainsi que les mémoires des fournisseurs.

L'écuyer de Monsieur occupe un rang distingué parmi les domestiques de la maison. Il a sous ses ordres un nombreux personnel de cochers, de postillons et de palefreniers. Il veille à ce que tous ces gens s'acquittent exactement de leur besogne, qu'ils ne s'enivrent pas, qu'ils ne vendent pas le foin ou l'avoine du maître. Il doit se connaître en chevaux et pourvoir à tout ce qui concerne le service de l'écurie. Il a aussi la haute main sur les pages et les laquais dont il assure la bonne tenue, et qu'il peut corriger ou renvoyer selon l'occurrence. Il est en un mot l'éducateur et le gouverneur des gens de livrée.

Les demoiselles suivantes sont placées près de la dame pour lui faire honneur. Leurs fonctions consistent à l'accompagner partout où elle va, à la messe, dans ses visites, quelquefois même au bal, à la comédie ou à l'opéra. Pauvres, mais souvent de bonne famille, elles répugnent au travail manuel, qu'elles considèrent comme étant au-dessous de leur condition. Volontiers, elles commandent aux femmes de chambre avec de grands airs de supériorité. Il n'est pas rare que leur maîtresse assure leur avenir par un mariage sortable.

La femme de chambre, l'ancienne chambrière, doit, suivant Audiger, l'auteur de la *Maison réglée* « savoir peigner, coiffer, habiller, ajuster une dame suivant le bon air et sa qualité. Son devoir est encore de savoir bien nouer un ruban, chausser et déchausser la dame. Elle doit aussi se connaître et savoir acheter toutes sortes de nippes comme linge, étoffes, dentelles, essences, eaux, pommades... En un mot, elle ne doit presque ignorer rien de tout ce qui regarde et concerne l'adresse, la bienséance et les divers ornements du sexe ».

L'écuyer de la dame dirige son équipage et les gens de sa livrée. Lui aussi, comme les demoiselles suivantes, il doit sans cesse être à ses côtés, pour recevoir ses ordres et les exécuter. Naturellement, il est toujours prêt à se quereller avec l'écuyer de Monsieur, car il est de bon ton de montrer une humeur fière et pointilleuse. Il attend dans l'antichambre Madame pendant qu'elle fait sa visite, et là il badine volontiers avec les demoiselles suivantes qui attendent également leur maîtresse. On devine jusqu'où peut s'égarer la conversation.

Le maître d'hôtel est en contact immédiat avec le personnel inférieur. Il veille à ce que les bas officiers ne gaspillent pas sur les biens de leur maître. Lui-même, il doit s'armer d'une vertu héroïque pour repousser la tentation. Boulangers, bouchers, marchands de vin,

épiciers, etc... lui offriront le droit de treize, c'est-à-dire
la remise d'une fourniture sur treize, sous prétexte que
c'est l'usage dans plusieurs maisons. Sa conscience, s'il
en a, ne lui permet pas de l'accepter, quand il sait que
son maître le désapprouve formellement.

Autre question délicate : une somme fixe est versée
entre ses mains pour être affectée à la nourriture des
domestiques ; celle-ci assurée, le boni, s'il en reste [1],
doit-il entrer dans la poche du maître d'hôtel, ou rentrer dans la caisse du maître de maison? Dans la caisse
de ce dernier, répond l'honnêteté la plus vulgaire ; mais
qu'il sera malaisé de se défendre contre les pernicieux
exemples donnés par le voisinage !

Il entre encore dans les obligations du maître d'hôtel
de veiller à ce que les gens de la maison fassent leur
prière du matin et celle du soir, assistent exactement à
la messe les dimanches et jours de fête, et s'approchent
des sacrements au moins une fois par an, conformément aux prescriptions de l'Eglise.

Dans l'ordre hiérarchique, le chef de l'office prend
place immédiatement après le maître d'hôtel. Les soins
de l'office s'étendent à toutes les friandises qui entrent
dans la composition d'un dessert recherché en dehors
des fruits, savoir : crèmes, compotes, confitures, pâtisseries, sirops, liqueurs, café, etc... Ici, ce qu'on appelle

1. En règle générale, dans une maison bien ordonnée, on compte par
personne une livre et demie de viande de boucherie, et une livre et demie
de pain. Si la maison fournit le vin en nature, les officiers et les cochers
reçoivent trois chopines par jour, et les autres domestiques une peinte.

Au cas où le vin se paye en argent, les premiers touchent cinq sous
par jour, les autres quatre.

vulgairement le coulage est presque impossible à éviter. Plus sont menus les objets de consommation, plus il est difficile d'en surveiller l'emploi régulier. N'est-ce pas d'ailleurs une peccadille que d'achever un pot de confitures et de vider un flacon de liqueur ? Le chef de l'office est en outre chargé de la direction de la cave, de la tenue du linge, de la surveillance de la vaisselle d'or et d'argent. Là, sa responsabilité est plus gravement engagée que tout à l'heure, et les larcins motiveraient une répression sévère.

Le valet de chambre est attaché de plus près que tout autre à la personne du maître. Il l'assiste dès son lever et l'aide à faire sa toilette. Ses fonctions, assez vite remplies, lui laissent beaucoup de loisirs, et il est à craindre qu'il ne devienne un fainéant. Souvent mêlé aux gens de qualité qui fréquentent la maison, il est porté à concevoir une très grande idée de lui-même ; il affecte d'être au courant de toutes les nouvelles de la cour et de la ville. S'il a un peu de manège, il saura se faire un brillant avenir. On a vu quelques-uns de ses semblables parvenir à une haute situation. Rappelons ici la fortune de Gourville. D'abord valet de chambre, puis secrétaire du prince de Marcillac, il passa dans la maison du prince de Condé, dont il devint l'homme de confiance. Après avoir pris part à toutes les intrigues de la Fronde, il acheva paisiblement ses jours à Paris, en compagnie de ses beaux meubles et de ses livres, honoré de la considération qui s'attache aux plus grands seigneurs. On n'atteint pas toutefois à cette hauteur sans être doué d'une certaine élévation d'idées, et d'ordinaire, les gens de la valetaille, quand ils quittent la chambre du maître pour rentrer dans la société de leurs pairs, retrouvent vite un naturel bas et grossier.

Les profits de la garde-robe appartiennent généralement au valet de chambre ; il ne doit pas cependant s'imaginer que son droit sur elle est absolu. La volonté du maître doit être sa règle. En conséquence, la plus élémentaire discrétion lui défend de s'approprier un vêtement dont celui-ci use encore, et surtout de porter son linge. La confusion entre les deux garde-robes n'était pas rare, paraît-il, au xviie siècle.

Après les valets de chambre, venaient les gens de livrée, dont ils ont souvent fait partie. On désigne sous ce nom le suisse ou portier, les laquais ou valets de pied, les cochers, les postillons et les palefreniers.

Le suisse ou portier est un personnage d'importance[1]. Aux montagnards de la Suisse appartient le privilège de monter la garde dans les édifices publics, les jardins royaux, les églises, les *palais et les grands hôtels de la* capitale. Ces derniers gardiens seuls nous intéressent en ce moment. Préposé à la réception des visites, le suisse doit être doué d'un certain flair et du don de discerner les personnes, surtout s'il veille à la porte des ministres et des gens de robe. Les solliciteurs sont innombrables. Il faut que le suisse sache distinguer les importuns de ceux qui ont une juste raison d'entrer. Accueillir les premiers, c'est livrer le maître à d'odieu-

---

1. Toute porte cochère a son portier. Dans les maisons de la bourgeoisie, le portier est cordonnier, tailleur ou écrivain ; il travaille à un métier sédentaire et n'a que le cordon à tirer. Dans les grands hôtels, le suisse est tout entier à ses fonctions.

ses obsessions ; éloigner les seconds, c'est le priver des confidences attendues. Une bonne mémoire aidera le suisse à se remettre les traits des habitués de la maison. Si des gens tout à fait inconnus s'adressent à lui, son premier mouvement sera de les évincer. On le flattera; on fera valoir des raisons, bonnes ou mauvaises, pour s'introduire dans l'hôtel. Si ces arguments le laissent insensible, une pièce de monnaie glissée dans sa main a bien des chances de vaincre sa résistance. Qui ne se rappelle le langage que tient, dans les Plaideurs, Petit-Jean, suisse ou portier du juge Dandin :

Tous les plus gros, Monsieur, me parlaient chapeau bas,
Monsieur de petit-Jean, ah ! gros comme le bras.
On avait beau heurter, et m'ôter son chapeau, .
On n'entrait pas chez nous sans graisser le marteau?
Point d'argent, point de suisse, et ma porte était close.

Il est des heures auxquelles le suisse doit tenir la porte invariablement fermée à tout venant, sans distinction; c'est quand on dit la messe, quand on fait la prière, et pendant les repas. A la fin de la journée, il remettra la liste, écrite de sa main, de tous les visiteurs qui se sont présentés et de tous ceux qui ont envoyé prendre des nouvelles de la famille.

En somme, les serviteurs de cette catégorie sont d'honnêtes gens, un peu brusques par tempérament, toujours polis, d'ailleurs, au moment des étrennes. Quand ils auront amassé un certain pécule, ils ne songeront qu'à retourner en Suisse et là, bien qu'ayant respiré longtemps l'atmosphère des gens de cour, ils redeviendront, comme ci-devant, de bons et braves républicains.

Les laquais ou valets de pied ont pour devoir d'accompagner le carrosse de Monsieur ou celui de Madame. Ils sont ordinairement plusieurs dans la maison. Ils doivent obéissance non seulement à leurs maîtres, mais encore aux principaux domestiques, pour tout ce qui concerne le service des maîtres. Dans les antichambres, ils sont en rapports continuels avec leurs camarades des autres maisons. Fidèles à leur consigne, ils devront s'abstenir de tout propos qui pourrait compromettre les intérêts de leur patron. Bien mieux, s'ils sont avisés, ils auront des oreilles pour tout entendre, des yeux pour tout voir, une langue pour tout rapporter. On leur tiendra très grand compte de ce qu'ils auront entendu, vu et retenu. Insolents, querelleurs, ils prendront fait et cause pour la livrée qu'ils portent ; et, au besoin, ils se battront en duel, car ils ont l'épée au côté, en dépit de toutes les défenses de la police. De premier mouvement, leurs maîtres les soutiendront, même quand ils ne seront pas intéressés dans leurs querelles. Du fait même que ces hommes portent leur livrée, ils se font un point d'honneur de leur donner raison. N'est-ce pas par égard pour la livrée que les grands seigneurs, d'après d'Argenson, refusent absolument de faire incarcérer leurs gens, quand ils le méritent, et n'ont de cesse qu'ils les aient fait élargir, une fois qu'ils y sont entrés.

Les laquais sont, au surplus, des gens qu'il *faut ménager*. Un important personnage, qui fut autrefois un des leurs, La Bazinçère, intervenant dans une dispute de ses gens avec ceux du Président de Mesmes, rappelle ce dernier aux sentiments des convenances : « Modérez-vous, lui crie-t-il, si ce n'est pas pour vous-même, que ce soit au moins pour mes laquais ; ils sont du bois dont on fait les trésoriers de l'épargne. »

Il avait raison, l'effronté parvenu, qui ne rougissait pas de rappeler la bassesse de son origine. Un laquais docile, bien stylé, quelque peu malin, peut prétendre un jour marcher de pair avec ses anciens maîtres. Et ce n'est pas seulement dans leur intimité que pénètrent ces domestiques de troisième ordre. Ils font entrer leurs enfants dans la famille même de ceux dont ils étaient les serviteurs. Crozat, un des leurs, devenu marquis du Châtel, donne sa fille en mariage au comte d'Evreux, fils du duc de Bouillon (1707). Il avait débuté comme laquais chez Pennautier, caissier des Etats du Langue-doc ; puis, il était devenu son commis, puis son associé ; il devait amasser une fortune laissant beaucoup der-rière elle celle de son maître. Combien d'autres exem-ples pourrait-on citer, de gentilhommes redorant leurs blasons par des alliances plus que roturières !

La Bruyère a fixé, sous les traits de Sosie, le type du laquais parvenu. Sosie était métayer : il a commencé par porter la livrée ; c'était un homme rouge ou feuille-morte. De la livrée, il a passé par une petite recette ; il est de-venu partisan, noble seigneur et marguillier.

Ne témoignait-il pas de quelque naïveté le bon abbé Fleury, invitant les serviteurs de ce rang à se conten-ter de quelques modestes fonctions, pour le temps qui suivra leur mise à la retraite, par exemple boulangers, cordonniers, et autres métiers de la sorte.

Terminons par le cuisinier et la cuisinière cette nomenclature des serviteurs ordinaires de la maison. Les hautes classes n'admettaient à leur service que des cuisiniers. La noblesse peu aisée se contenta de cuisinières ; la magistrature les employait exclusivement. Elles passaient pour ne pas négliger les petits profits ; la reddition de leur compte leur en fournissait une facile occasion. Ne sachant pas écrire, elles faisaient marquer leurs dépenses par le maître d'hôtel ou, à son défaut, par un laquais lettré. Un poète du temps leur donne ces conseils fâcheux, auxquels elles ne résisteront guère :

Revenant du marché

Ayez toujours un air inquiet et fâché,
Accoutumez-vous bien à faire la pleureuse,
Ah ! Mon Dieu ! direz-vous, que je suis malheureuse.
Il faut qu'en calculant madame se mécompte
Ou qu'au marché on manque à me rendre mon compte.
Chacun de votre sort aura compassion.
Et le laquais chargé d'inscrire les dépenses,
Pourvu qu'il ait de vous la moindre récompense
Et qu'en l'art de compter un maître l'ait instruit
Daignera par bonté d'un zéro faire un huit.

Cela s'appellera, dans le langage du temps « ferrer la mule » ; nous disons maintenant « faire danser l'anse du panier ».

Vers la fin du XVIIe siècle ou au commencement du siècle suivant, on voit apparaître dans le personnel de la domesticité seigneuriale, un contingent louche dont la présence expose au plus grave péril la sécurité intérieure. Nous voulons parler des domestiques de domestiques.

Le Lieutenant général de police d'Argenson nous édifie pleinement sur le compte de ces nouveaux venus, à propos d'un vol important commis dans l'hôtel de Rohan. « Le principal soupçon, dit le rapport qu'il adresse à cette occasion au contrôleur général Pontchartrain, tombe sur le nommé Blandin, qui entrait familièrement dans l'hôtel à toute heure, sous prétexte de servir les autres valets ; nouveau genre de domestiques que le luxe, la débauche et la vanité des gens de livrée (qui dédaignent de se servir eux-mêmes) a malheureusement introduit dans ces derniers temps ; ce que je remarque de plus en plus être la source des vols ordinaires qui se commettent dans l'intérieur des maisons. Ainsi, j'ose dire que les maîtres qui aiment leur propre sécurité, ne devaient pas souffrir chez eux de vagabonds de cette espèce, qui n'ont probablement aucun domicile certain, mais qui, protégés par les autres laquais, dont ils favorisent le libertinage et la fainéantise, ne subsistent que des pillages qu'ils peuvent faire à la faveur de cette protection. »

*
* *

Une maison montée sur le pied que recommandait Audiger, c'est-à-dire une maison de première qualité, impose de lourdes charges aux maîtres. Elle comprend, au bas mot, vingt-quatre personnes. Nous ne sommes pas en mesure de préciser les salaires alloués à chacune d'elles. On a cependant produit des chiffres qui nous aideront à nous former une idée approximative de la dépense. Nous emprunterons à M. Babeau ceux qu'il donne pour certains domestiques de grande maison, en l'an 1700, et nous les compléterons, pour ceux qu'il ne nous donne pas, par voie d'analogie.

Sont rétribués comme suit, les serviteurs ci-après dénommés :

Maître d'hôtel	500 livres
Ecuyer.	400 —
Cuisinier	300 —
Deux valets de chambre à 200. . . .	400 —
Aumônier.	200 —
Quatre laquais à 60	240 —
Un garçon d'office.	60 —
Deux garçons de cuisine à 60	120 —
Deux pages à 60.00	120 —
Deux cochers à 60	120 —
Deux postillons à 60.	120 —
Un concierge	120 —

Auxquels il convient d'ajouter, pour la maison de Madame :

Un écuyer	400 livres
Deux servantes à 50	120 —
Total.	3.700 livres

Aux gages que nous appellerons normaux, s'ajoutent certains avantages qui se produisent fréquemment, et qui ne sont pas à dédaigner. Telles. les gratifications données par les étrangers ; elles étaient plus importantes que celles en usage aujourd'hui, parce que les étrangers de passage faisaient un plus long séjour chez leurs parents et amis que nos hôtes actuels, en raison de la difficulté des communications. Il n'était pas rare, enfin, que de vieux et fidèles serviteurs eussent une part dans les libéralités testamentaires de leurs maîtres.

Le train de maison que nous venons d'examiner suppose une fortune considérable. Comme exemple de situation moyenne, nous pourrons citer celle de M. et de Mme d'Aubigné, frère et belle-sœur de Mme de Maintenon. Cette dernière, dans les conseils qu'elle leur donne au sujet de leur établissement, leur attribue dix serviteurs, savoir : trois femmes, quatre laquais, deux cochers, un valet de chambre, dont elle évalue la dépense, habits compris, à près de mille livres.

Si nous contrôlons cette somme à l'aide des chiffres qui nous ont servi plus haut, nous obtenons les résultats suivants :

<pre>
    Trois femmes à 60 l. . . . . . .   180 livres.
    Quatre laquais à 60 l.   240   —
    Deux cochers à 60 l   120   —
    Un valet de chambre   400   —
                   Total. . .   940 livres.
</pre>

Il restera donc soixante livres pour habiller les dix domestiques, ce qui est notoirement insuffisant. Il est probable que Mme de Maintenon a voulu modérer ses évaluations pour inspirer des idées d'économie au jeune ménage, qui n'en avait guère souci.

On peut au surplus imaginer toutes sortes de combinaisons de personnel en raison de la proportion décrois-

sante des fortunes. Certaines fonctions disparaîtront.
Un même serviteur les cumulera en sa personne, etc...

Dans les maisons de la bourgeoisie moyenne, la situation est encore plus simplifiée. Il n'y aura comme serviteur qu'un homme, qu'on décorera du titre de laquais.
Là, il faut travailler dur et être peu rémunéré. Aussi
les laquais de cette condition ont-ils un état d'esprit qui
n'a rien de commun avec celui de leurs brillants confrères, fainéants pour la plupart qui, engagés au service
de la noblesse, portent l'épée au côté et se gonflent de
toute l'importance du maître.

Les doléances d'un des leurs nous sont parvenues
sous la forme d'un petit poème, intitulé : *L'état de servitude ou la misère des domestiques*. L'auteur anonyme,
parlant au nom de ses semblables (peut-être est-il leur
confident, sans être laquais lui-même), nous expose les
ennuis du métier.

Il nous peint d'abord son entrée dans la maison, et
la mise au courant du service par Monsieur et Madame,
tous deux tatillons et prétentieux. Parlant de Monsieur :

L'on dirait à son ton, à son geste, à son air
Qu'il est issu d'un prince ou fils d'un duc ou pair,
Il n'est coin ni recoin par lequel il ne passe
Et de chaque ustensile il vous marque la place.

Voici le portrait de Madame :

Bon, ce n'est rien encore. Madame dont la langue
De l'emporter partout se fait un point d'honneur
Vient, pour vous sermonner, succéder à Monsieur
. . . .

Et passant du précepte à l'application
Elle a soin de vous faire entrer en action,
Vous donnant à frotter trois chambres parquetées
Qui depuis quinze jours n'ont pas été frottées.
Lorsqu'enfin chaque chambre est bien propre et bien nette]

Au tour de la servante :

Pour surcroir à vos maux, une fière soubrette
Vous donne à nettoyer un jupon tout crotté,
Avalant à longs traits une épaisse poussière.
Vous le frottez bien, par devant, par derrière.
Cela fait, Bourguignon, décrottez ces souliers,
Ensuite vous irez frotter les escaliers.

La suite du poème nous montre le laquais accompagnant Madame, de grand matin, au marché où elle va faire quelques emplettes, et portant ses paquets. Puis, vers midi, il mettra le couvert. Si l'on reçoit quelque invité de marque, la plus sévère minutie présidera à l'ordonnance du service. Troublé par le regard des maîtres, le malheureux casse un verre ou une assiette ; on en retiendra le prix sur ses gages. Dans la journée, il accompagne Madame en visite ou à la promenade, la suivant pas à pas, portant son sac ou le petit Monsieur dans ses bras. A son retour, il trouvera quatre lits à faire.

Si bien qu'on n'y voit aucun creux, aucun pli.

Après le repas, il devra reconduire à son domicile une dame invitée. Lui arrive-t-il de s'absenter, sa maî-

tresse le grondera et lui reprochera d'aller faire la cour
à la ravaudeuse voisine. Enfin, la journée est finie. Il va
prendre un court repos

Dans un grenier qui n'a ni porte ni serrure
Où pendant tout l'hiver pénètre la froidure.

Le pauvre hère a du moins la nourriture et le logement assurés. Il y a une catégorie de laquais plus à
plaindre encore que la sienne, celle des laquais qu'on
loue à la journée, quand on veut se donner une belle
apparence, et qui, chaque matin, offrent leurs services
sur les marches de l'escalier, près la petite porte du
Palais.

Finalement, en descendant de degré en degré, on
arrive à la situation de ce bourgeois qui, s'exonérant
de toute l'engeance domestique, se met en pension et
ne prend qu'un valet de chambre, auquel il donne dix
livres par mois, avec le concours d'un frotteur, gratifié
d'une livre mensuelle, quand il s'agit de remettre sa
chambre en couleur.

Les gages des domestiques subissaient-ils, du temps
de Louis XIV, cette tendance à la hausse dont les maîtres se plaignent si volontiers de nos jours ? Il convient
de distinguer. Les salaires des domestiques de luxe,
s'ils n'augmentèrent pas, se maintinrent du moins à un
taux élevé. Il faut attribuer cette circonstance, d'une
part, à la nature de leurs services, qui exigeait un personnel d'élite et, d'autre part, aux difficultés de leur
recrutement, motivées par l'abondance des emplois qui

s'offraient à eux par ailleurs. Cependant, aux époques de crises, ces mêmes salaires étaient exposés à une diminution notable. Ainsi en advint-il pendant les dernières années du règne de Louis XIV. Tel gentilhomme qui payait ses cochers 660 livres en 1700, ne leur donnait plus que 250 livres en 1709, l'année de la grande famine. On cite encore tel valet, qui recevait de son maître 400 livres de 1704 à 1706, et qui consentit à rentrer à son service pour 200 livres en cette même année 1709.

Si nous considérons maintenant les salaires que donnent la bourgeoisie, les marchands, le bas clergé, nous constatons, avec les auteurs compétents, une diminution d'un tiers ou même de moitié sur ceux des siècles antérieurs. Le phénomène peut s'expliquer par la règle économique d'application générale, selon laquelle les concurrents étant devenus plus nombreux, c'est-à-dire que l'offre étant supérieure à la demande, les prix ont dû forcément fléchir. Il est notoire que la province envoie à Paris un nombre toujours plus considérable de gens désirant se placer en maison. A ce fait il est juste d'attacher une importance d'autant plus décisive qu'une autre loi économique devait agir en sens absolument inverse sur le taux des salaires. En effet, l'abondance du numéraire en Europe depuis la découverte de l'Amérique, tend à affaiblir son pouvoir et fait par conséquent qu'on exige une plus grande quantité de métal pour payer les choses ou les services rendus. Néanmoins, les domestiques mâles de la catégorie qui nous occupe, ne reçoivent que 75 à 160 livres par an depuis l'an 1550 jusqu'à 1789 au lieu de 120 à 200 livres qu'ils touchaient pendant les siècles précédents.

Nous avons parlé plus haut de l'exode des gens de la campagne vers Paris. Dès les temps antérieurs au règne de Louis XIV, les émigrants qui venaient dans la capitale pour se mettre en condition, contribuaient dans une large mesure à l'extension du fléau. Louis XIII fit rendre, le 13 août 1636, un arrêt du Conseil qui prescrivit aux maîtres de congédier leurs serviteurs inutiles. La mesure eut pour effet de mettre sur le pavé de Paris vingt mille domestiques mâles que le roi enrôla dans son armée. Cet exemple salutaire, mais brutal, ne fut pas renouvelé. On songea, comme remède nouveau, à mettre un impôt sur les domestiques. Le projet n'eut pas de suite, et le mouvement d'émigration vers Paris, un moment arrêté, reprit sa marche ascendante. Saugrain compte, au début du xviiie siècle, deux cent cinquante mille domestiques, hommes et femmes, dans Paris, ce qui représenterait presqu'un tiers de la population parisienne du temps. Bien que le chiffre nous paraisse exagéré, il n'en reste pas moins que l'affluence progressive des gens de service à Paris est un fait indéniable.

Un procédé nouveau dans le recrutement du personnel domestique, favorisait l'attrait que les villes exercent naturellement sur les campagnes. Nous voulons parler du bureau de placement. Jadis, les nobles faisaient venir de leurs propriétés rurales les serviteurs qu'ils voulaient employer à la ville, et sur la fidélité desquels ils savaient pouvoir compter. Plus tard, des agences se proposèrent comme intermédiaires entre

maîtres et domestiques. La chose parut avantageuse
aux châtelains, qui n'auraient plus à faire venir de loin
et à grands frais leurs serviteurs de campagne. La bourgeoisie, pour des raisons différentes, accueillit avec
faveur les nouveaux établissements. N'ayant pas de maison aux champs, elle se procurait jusqu'alors ses serviteurs sur place, venant de familles connues ou pris chez
des étrangers, après une enquête plus ou moins appro-
fondie. Le bureau de placement lui épargnait la peine
de faire une série de démarches ennuyeuses.

Le premier établissement de cette nature dérive du
privilège accordé en 1630 par Louis XIII à son médecin
Théophraste Renaudot pour l'exploitation d'un « Bureau d'adresses et de serviteurs. » L'objet de ce dernier,
comme l'indique son titre, ne se limitait pas au seul
placement des domestiques. Il avait la prétention de
rendre au public tous les services qui facilitent les relations sociales. Un prospectus rédigé en 1630 portait à
la connaissance des intéressés l'« Inventaire des adresses du bureau de rencontre, où chacun peut donner et
recevoir avis de toutes les nécessités et commodités de
la vie et société humaine ». Les fascicules ultérieurs, qui
parurent à des époques indéterminées, annonçaient des
terres à louer ou à vendre, proposaient des emprunts
sous bonne garantie, des atlas à céder, etc... Elles répondaient assez exactement à nos *Petites Affiches* modernes. Les registres du bureau d'adresses étaient
ouverts moyennant une faible rétribution, à quiconque
espérait pouvoir y trouver un renseignement utile. Pour
trois sous on pouvait y faire inscrire toute espèce

d'offres ou de demandes. Pour la même somme, l'intéressé qui en exprimait le désir recevait un extrait dudit
registre. Un secret rigoureux devait être observé sur
tous les renseignements fournis.

La section de cette agence quasi universelle d'informations qui s'occupait spécialement du placement des
domestiques, sous le nom de « Bureau de confiance et
de sûreté » n'avait pas seulement pour but de satisfaire
aux offres et aux demandes d'emploi en ce genre ; elle
était encore ou devint avec le temps, une auxiliaire obligatoire de la police. Tous les gens de condition servile
étaient tenus de s'y faire inscrire, en vertu des règlements de 1639 et de 1640. Le privilège fut renouvelé
en 1679 au profit et à la requête du sieur Eusèbe Renaudot, fils de Théophraste. Le caractère policier de
l'institution semble avoir disparu graduellement. Le
titre de « Bureau de confiance et de sûreté » fait place
à celui de « Bureau d'adresses établi pour les maîtres
qui cherchent des serviteurs et les serviteurs qui cherchent des maîtres ». Les plus grandes facilités, dit ce
prospectus, seront offertes aux requérants. Tous les maîtres, de quelque qualité et condition qu'ils soient, rencontreront toute sorte d'officiers et de serviteurs, depuis les plus hauts, comme aumôniers, gentilhommes,
écuyers, pages, intendants, etc... jusqu'aux moindres
comme sommeliers, cuisiniers, cochers, postillons, etc...
Les serviteurs n'auront qu'à verser quinze sous pour
droit d'enregistrement ; le bureau se chargera de les
prévenir à ses frais, en quelque endroit qu'ils se trouvent. Ceux qui n'auront pas payé le droit d'enregistre

ment, n'en seront pas moins inscrits, mais ils seront tenus de passer au bureau pour s'informer de ce qui les
concerne. »

L'établissement des Renaudot disparut en 1704, faute
de ressources ; mais d'autres le remplacèrent. On trouvait un bureau d'adresses pour les valets au Marché-
Neuf, et un pour les cuisiniers et garçons de cabaret à
la Grève. Sans doute d'autres existaient encore.

Les femmes qui voulaient se mettre en condition
s'adressaient originairement au bureau des « recomman-
deresses ». Mais peu à peu, ces dernières cessèrent de
s'occuper des servantes pour limiter leur industrie au
signalement des nourrices qui venaient chercher à Paris
des enfants à allaiter. Une sentence du Châtelet nous
apprend qu'elles existaient encore en 1711. Quant aux
servantes, il est probable que, comprises sous la dési-
gnation générale de serviteurs, elles faisaient passer
leurs demandes par les bureaux de placement. Ajoutons
que les revendeuses et les blanchisseuses leur servaient
souvent d'intermédiaires pour se mettre en condition.

Il n'est pas besoin d'insister longuement pour faire
comprendre que les garanties de probité et de savoir-
faire fournies par le bureau de placement, n'équivalaient
pas à la connaissance personnelle qu'avaient les maîtres
des serviteurs appelés de leur campagne à la ville, et il
est probable que, malgré les promesses alléchantes du
bureau, les grandes familles continuèrent à prélever sur
leur domaine les domestiques de confiance, mais il n'est
pas moins à croire que l'obligation d'entretenir un nombre de serviteurs considérable, les induisit à choisir ceux

d'un rang inférieur, palefreniers, cochers, garçons d'écurie, sur les indications données par les agences de placement.

Quant à la bourgeoisie, elle ne pouvait guère chercher ailleurs le modeste personnel qu'elle employait; on peut conclure de cette intervention des agences qu'elle amena une dépression notable dans le niveau moral des gens de service.

A cette cause s'en ajoutait une autre, non moins regrettable, pour perdre ceux dont la conduite, avant leur arrivée à Paris, n'avait jamais rien laissé à désirer. Jadis, les domestiques étaient soumis à une étroite surveillance ; logés autant que possible dans le voisinage des maîtres, ils agissaient et causaient sous leur regard immédiat. « Votre cuisine, disait Olivier de Serres, sera exposée au premier étage de la maison, près de votre salle et de votre chambre ; car ainsi ceux qui sont dans la cuisine, par l'approche de la salle et de la chambre, se trouvent contrôlés, et se trouvent réprimés les paresseux ». Ces dispositions primitives ne cadrent plus avec les habitudes de vie du milieu du XVIIe siècle. La noblesse, attirée et retenue à Versailles ou à Paris par la volonté de Louis XIV, case ses serviteurs, comme elle peut, dans les combles, à l'écurie ou dans des bâtiments séparés. Cet isolement produit les résultats les plus fâcheux. Le moindre est de faciliter les bavardages des serviteurs sur le compte des maîtres. « Les domestiques, dit Mme de Maintenon, n'ont point d'autre conversation, dès qu'ils sont seuls, que leurs maîtres et maîtresses, et pour peu qu'il y ait du mal à dire d'eux, il est

7

bientôt divulgué, ainsi que ce qu'ils remarquent sur eux ».

Cependant, à tout prendre, on peut affirmer que les maîtres ont le sentiment de la responsabilité qui leur incombe vis-à-vis de leurs domestiques. Ils veillent à ce qu'ils accomplissent exactement leurs devoirs religieux. Souvent la prière se fait en commun. Aucun d'eux ne mourra sans avoir reçu les sacrements. Bourdaloue voudrait que, plus scrupuleux encore, les maîtres assurassent à leurs serviteurs ce qu'il appelle « la sainte liberté du jeûne » en maintenant l'exactitude dans l'heure de leurs propres repas. Cet avertissement n'était pas superflu, car dans ce temps où la loi de jeûne était strictement observée, le retard du repas des maîtres entraînant celui des domestiques, et le reculant jusqu'à trois ou quatre heures de l'après-midi, plaçait en quelque sorte ces pauvres gens dans l'impossibilité physique de se conformer aux lois de l'église. Ce détail n'était pas à négliger, mais avant tout, l'illustre prédicateur recommandait aux maîtres de donner par leur conduite de bons exemples à leurs serviteurs. L'exemple, hélas ! n'était pas toujours ce qu'ils avaient de meilleur à leur offrir.

IV. — LA MAITRESSE DE MAISON CHEZ ELLE

Les travaux à l'aiguille. — Les arts d'agrément. — La correspondance. — La lecture. — Livres de piété, romans, mauvais livres, catalogues suggestifs.

Entourée de serviteurs aux multiples offices, la maîtresse de maison ne connaîtra pas le souci de vaquer elle-même aux besoins du ménage. Mais ne sentirat-elle pas du moins la nécessité de surveiller de près un personnel d'autant moins enclin à travailler qu'il est plus nombreux ? Oui, il y aura des femmes, plus peut-être qu'on ne le suppose, pour croire avec Fénelon que « ce sont elles qui ruinent ou soutiennent les maisons, qui règlent tout le détail des choses domestiques, et qui par conséquent décident de ce qui touche le plus près à tout le genre humain. »

On trouvera donc des mères de famille qui, sans se douter qu'elles collaborent au bonheur de l'humanité, sauront, dans l'intérêt de leurs enfants, établir l'ordre et l'économie à l'intérieur de leur maison. Elles s'appliqueront à régler leurs dépenses, soigneuses et attentives au détail, ménagères d'un bien que leur mari n'est que trop souvent porté à dissiper. On citera même les noms d'illustres dames qui, leur mari disparu, tutrices de leurs enfants mineurs, géreront le domaine patrimonial avec une remarquable intelligence des affaires. Il convient de rendre hommage à ces vaillantes. Mais à côté d'elles, combien d'autres, le plus grand nombre sans doute, se donneront tout au plus la peine de jeter un coup d'œil distrait et ennuyé sur le compte de leur maître d'hôtel !

Alors on se demande quelle occupation, quel attrait peuvent retenir au logis la dame si peu soigneuse de son ménage. Sera-ce le travail à l'aiguille ? C'était bon pour les châtelaines du moyen âge, enfermées avec leurs servantes dans un donjon solitaire, pendant que le mari guerroyait au dehors. Les mains ne resteront cependant pas complètement inoccupées ; des ouvrages de tapisserie rempliront les moments perdus. Quelquefois, on

se mettra au clavecin, ou bien on fera un peu de peinture ; mais, en somme, les arts d'agrément n'occuperont
qu'une médiocre partie du temps de ces dames. Elles
ont trouvé mieux à faire au xvii⁰ siècle. Elles écriront ;
elles se mettront en relations épistolaires avec leurs parents et leurs amis. La correspondance, au temps de
Louis XIV, devient une distraction, une ressource, presque une nécessité. On y prend un goût extrême, la chose
est évidente. Correspondre, n'est-ce pas déjà sortir de
chez soi ? Et ce besoin de communiquer avec le dehors,
de dire aux autres ce que l'on pense, ce que l'on sent,
ce que l'on sait, fera s'épanouir toute une littérature
féminine d'un naturel charmant. La lettre dégagée de
ses formes un peu lourdes, de ses tournures archaïques,
de ses compliments embarrassés, saisira sur le vif les
personnes et les choses, avec toutes les grâces d'une
simplicité aisée. Ces dames écriront, sans s'en douter,
les plus jolies pages de la prose française.

Les livres auront leur tour. Il n'est pas douteux que
le goût de la lecture ne se soit développé, comme celui
de la correspondance, pendant le cours du xvii⁰ siècle.
Dans les appartements, on trouvera beaucoup plus de
bibliothèques qu'autrefois. Elles attestent chez les collectionneurs une estime plus grande du savoir humain,
en même temps qu'elles satisfont la vanité et la curiosité du maître.

Mais les trésors d'érudition renfermés dans de précieux dépôts, ne sont guère à l'usage des dames. Quelles
seront donc leurs lectures favorites ? En leurs mains,
il ne sera pas rare de trouver des livres de sage et so-

lide piété. *L'Introduction à la vie dévote* de saint François de Sales restera justement appréciée. Mᵐᵉ de Sévigné ne craindra pas d'aborder des lectures d'ordre plus sévère. Elle fera ses délices des *Essais de morale* de Nicole. A Coulange, elle recommande de lire la *Vérité de la religion* « de notre père saint Augustin. A sa fille elle écrira : « Ma très chère, lisez donc saint Paul et saint Augustin. Voilà de bons ouvriers pour établir la souveraine volonté de Dieu ».

Puis, quand la lectrice aura satisfait son goût ou libéré sa conscience par une lecture de piété, peut-être quotidienne, elle s'empresse de donner à son imagination, avec la lecture des romans, une jouissance que le tour d'esprit de son époque rend de plus en plus attrayante. Sous ce rapport, les œuvres de Mᵐᵉ de la Fayette et de Mˡˡᵉ de Scudéry seront toujours les bienvenues.

. Rentrant ensuite dans le cadre de la vie réelle, revenant au milieu de ses contemporains, notre lectrice s'éprendra d'une certaine littérature mondaine, faite de ces mille futilités parisiennes qui revêtent tant d'importance aux yeux des gens du monde. A ce point de vue, le catalogue d'un libraire parisien, publié en 1693, fournit des titres singulièrement suggestifs. On remarquera que les signatures de ces petits écrits appartiennent tous à la haute société. Voici les titres :

Méthode courte et facile pour gagner le cœur du monde, par le Premier Président de HARLAY.

Le portrait d'un bon danseur, par M. le duc de BRANCAS.

La manière d'éviter les désordres du bal, par la Présidente TALON.

L'art de plaire à la Cour, par Mlle DE CROISSY.

La consolation des veuves, par Mme DE TURENNE.

Le portrait des maîtresses fidèles, par Mlle DE QUINTIN.

Nouvelle manière de se faire épouser, par la même.

Traité des minauderies et des bons airs, par la même.

Manière de prendre du tabac, qui tient lieu d'esprit, par M. le Comte de GUICHE.

Jusqu'à présent, tout cela n'est pas bien méchant, et trop morose serait le censeur qui prétendrait interdire la lecture de ces petites publications mondaines au nom de la morale offensée. Inoffensives, le sont-elles cependant autant qu'on pourrait le supposer? Plusieurs frisent le scandale et acheminent doucement la curiosité mise en éveil vers la lecture d'ouvrages où la licence de l'auteur se donne libre cours. La pente est insensible, mais on pourrait la dire irrésistible, est le siècle vers son déclin se laissera choir jusqu'au bas. Tout d'abord, les libraires se garderont bien de choquer le goût du public par l'annonce d'œuvres manifestement immorales. Ils dissimuleront, sous d'alléchants euphémismes, le livre qu'ils veulent écouler. Nous apprenons par la correspondance de Chapelain que, vers 1661, les publications les plus immondes se débitent sous le nom de *Narrations agréables* et de *Jeux d'innocents esprits.*

Plus tard, les libraires n'y mettront pas tant de façons, car le public s'effarouche beaucoup moins que jadis des annonces scandaleuses. Ce même catalogue de 1693 que nous avons cité tout à l'heure, à propos des lectures frivoles, beaucoup moins pudibonds que ceux de 1661, contient certains titres d'une crudité tellement révoltante qu'il nous est impossible de les reproduire ici. Et ces livres seront lus. La chaire chrétienne dénonce avec vigueur l'engouement du public pour ces élucubrations malsaines. « Paraît-il, s'écrie Bourdaloue, un livre diabolique qui révèle ces mystères d'iniquité, c'est celui que l'on recherche, celui que l'on dévore avec tout l'empressement d'une avide curiosité. C'est le livre du temps, celui qu'il faut avoir lu sans égard au péril qui s'y rencontre ». Le livre est à la mode ; on aurait quelque honte à paraître l'ignorer ; il faut être de son temps et pouvoir causer d'un ouvrage dont tout le monde parle ; on est prémuni, du moins on s'en flatte, contre les séductions qu'il peut exercer sur des esprits faibles. Sous le bénéfice de ce raisonnement, des chrétiennes avérées, alors comme de nos jours, font un indulgent accueil à l'ouvrage immoral. Mme de Sévigné, pourtant femme croyante et pratiquante, qui s'enthousiasme volontiers pour les pères de l'Eglise et pour les moralistes sérieux, écrira à sa fille le 4 mars 1672 : « Je vous prépare Bajazet et les contes de La Fontaine pour vous divertir ». Evidemment, ces derniers sont de trop sur la table d'une honnête femme, mais simplement histoire de s'amuser quelques instants.

V. — LES ENFANTS

Naissances. — Les premiers soins donnés à l'enfant. — L'éducation des filles ; ce que pense le XVIIe *siècle de l'instruction à leur donner ; trois autorités, Molière, Fénelon, Mme de Maintenon. — L'éducation des garçons ; le gouverneur, les petites*

écoles ; les pensionnats ; les collèges ; l'Université et l'ensei-
gnement libre. — Le mariage, le cœur et la raison ; triom-
phe de la raison. — La mort du chef de famille ; l'héritier.

S'il est une affaire qui doive tenir la première place
dans les occupations ou parmi les soucis des pères et
mères, c'est à coup sûr celle de l'éducation de leurs
enfants. Il est temps d'examiner comment les parents,
au xvii⁰ siècle, entendent leurs fonctions d'éducateurs,
quelle part ils se réservent et quelle ils délèguent à des
personnes investies de leur confiance.

Une naissance est attendue. Si c'est un garçon qui
vient au monde, il aura tous les sourires ; c'est l'héritier désiré. Si c'est une fille, on lui fera grise mine,
mais les espérances se reporteront sur la naissance
à venir. Au xvii⁰ siècle, la fécondité est encore un honneur. On a beaucoup d'enfants ; on en a même quelquefois trop.

Rarement, dans les hautes classes, la mère allaitera
le nouveau-né. On l'enverra à la campagne, où il sera
confié aux soins d'une mercenaire. Plus souvent, on
fera venir à Paris la femme retenue d'avance. Quelquefois on la demande au bureau de la « recomman-
deresse » mais cet usage n'est guère pratiqué que dans
la bourgeoisie. Où qu'on la prenne, elle montrera une
exigence croissante ; elle se fera donner par ses maîtres
de beaux vêtements, et témoignera de la volonté bien
arrêtée de ne faire que le moins possible de besogne.
On lui adjoindra comme auxiliaire, sans doute pour
ménager son lait, une gouvernante ou « teneuse » char-

gée de promener l'enfant en l'aidant à marcher au moyen d'une bretelle passée sous ses bras.

Après le temps de l'allaitement, les premières années de l'enfant sont confiées aux soins des serviteurs de la maison. Ce petit être n'a que peu d'occasions de voir ses parents, et quand il s'en rapproche, on le tient à l'écart par l'attitude de respect qu'on lui impose. A table, il doit garder le silence et ne s'asseoir que quand on lui en aura donné la permission. Il ne restera pas dans la salle à manger jusqu'à la fin du repas. Tant qu'il n'aura pas atteint l'âge de dix ans, il devra se retirer dans sa chambre à sept heures du soir.

Le moment arrive où il faut s'occuper de l'éducation proprement dite. Celle des garçons échappe complètement à la mère. Qu'adviendra-t-il de celle des filles ?

La question de l'éducation féminine, dont le dernier mot n'est peut-être pas encore dit, atteint déjà un certain degré d'acuité dans les controverses du xvıı⁰ siè-. cle. Comme toujours, elle présente une double face : l'éducation proprement dite et l'instruction ou la part de savoir qu'il convient de donner aux jeunes filles.

Molière proclame hautement ses principes en la matière par la bouche du bonhomme Chrysale :

Il n'est pas bien honnête et pour beaucoup de causes,
Qu'une femme étudie et sache tant de choses.
Former aux bonnes mœurs l'esprit de ses enfants,
Faire aller son ménage, avoir l'œil sur ses gens
Et régler la dépense avec économie
Doit être son étude et sa philosophie.

Clitandre, plus jeune et d'esprit plus ouvert, n'interdit pas aux femmes certaines connaissances, mais il en bannit l'excès :

Les femmes docteurs ne sont point de mon goût,
Je consens qu'une femme ait des clartés de tout,
Mais je ne lui veux pas la passion choquante
De se rendre savante afin d'être savante.

Les modernes partisans de l'instruction intégrale de la femme, ennuyés d'avoir contre eux le bon sens et l'esprit de Molière, allèguent qu'il a bien plus songé à faire une comédie qu'à soutenir une thèse ; c'est possible, mais il n'en reste pas moins qu'il s'est fait l'interprète de son temps en réaction évidente contre les préciosités ridicules de l'Hôtel de Rambouillet.

Fénelon, dans son *Traité de l'éducation des filles* et son *Avis à une dame de qualité*, prend position entre les opinions extrêmes. L'éminent prélat, qu'on a pu justement qualifier d'esprit chimérique en certaines de ses conceptions, fait preuve, comme conseiller des mères de famille, d'un bon sens égal à l'élévation des idées. Il se plaint d'abord de la difficulté de trouver une bonne gouvernante. Il n'en allait pas du temps de Louis XIV comme de nos jours où l'institutrice, complètement formée au sortir de maisons spéciales, se présente dans la famille à laquelle elle vient offrir ses services, munie de son bagage moral, littéraire et scientifique. On se fera aisément une idée de la peine qu'on devait avoir à trouver un sujet convenable, quand on aura lu ces lignes de Fénelon :

« ... Choisissez donc dans votre maison ou dans vos terres, ou chez vos amis, ou dans les communautés bien réglées, quelque fille que vous croirez capable d'être formée ; songez de bonne heure à la former pour cet emploi, et tenez la quelque temps auprès de vous, pour l'éprouver, avant de lui confier une chose si précieuse. » Ainsi, la future gouvernante, sortie du plus humble milieu, aura tout à apprendre. Fénelon sent lui-même l'insuffisance de ce stage préparatoire, et il voudrait que cinq ou six gouvernantes, formées de cette manière, fussent bientôt en état d'en former un grand nombre d'autres. Mais ne seraient-elles pas encore des aveugles conduisant d'autres aveugles ? Aussi bien Fénelon ne s'illusionne-t-il pas sur la valeur du procédé qu'il conseille, et il aimerait beaucoup mieux voir les communautés religieuses préparer dans les règles de leur institut quelques unes de leurs maîtresses de pensionnaires, et quelques maîtresses d'école, en vue d'entrer dans de bonnes maisons. Cette institution aurait répondu à peu près à nos modernes écoles normales d'institutrices. Mais rien de pareil n'existe au XVIIe siècle, et par la force des circonstances, par suite de leurs obligations mondaines, les parents inclinent presque toujours à choisir pour leurs filles l'éducation du couvent. Elle n'est pourtant pas sans danger, car toutes ces maisons n'offrent pas une régularité exemplaire.

Si la mère est résolue à remplir tous ses devoirs, Fénelon est convaincu qu'elle fera mieux que personne pour élever ses filles. Encore croit-il devoir la prémunir contre certain écueil que les femmes n'aperçoivent pas aisément, et qui pourrait faire dévier dans un sens fâcheux la direction qu'elle donnera à son enfant. Cet écueil tient essentiellement à la nature féminine. « Les femmes, dit-il, sont d'ordinaire encore plus passionnées pour la parure de l'esprit que pour celle du corps. Celles qui sont capables d'étude et qui espèrent se distinguer par là ont encore plus d'empressement pour leurs livres que pour leur ajustement. Elles cachent un peu de leur science, mais elles ne le cachent qu'à demi pour avoir le mérite de la modestie avec celui de la capacité ».

A lire ce passage, on pourrait croire que l'éminent prélat concluant dans le même sens que Molière, proscrit chez la femme la culture intellectuelle pour en prévenir l'abus. Ce serait une erreur complète. Le *Traité de l'éducation des filles* est conçu dans l'esprit le plus large. L'éducation proprement dite tient la première place dans sa pensée ; elle saisit l'enfant dès le plus bas âge et, à mesure que ses lumières augmentent, elle appelle à son secours la religion et la raison pour diriger et redresser les inclinations de la nature. Puis, l'évêque invite l'éducatrice, quand l'enfant est devenue jeune fille, à faire un choix judicieux des connaissances qu'il importe d'inculquer à son élève. Il veut qu'elle attire tout d'abord son attention sur le côté pratique de la vie, qu'elle l'accoutume de bonne heure au gouvernement domestique. Ensuite, il trace le programme sommaire des notions qu'il sied à des demoiselles de posséder.

Elles devront apprendre les quatre règles de l'arithmétique. Il est bon qu'elles connaissent les principes du droit, qu'elles sachent distinguer un testament d'une donation, ce que c'est qu'un contrat, une substitution, un partage entre cohéritiers, etc... Si l'évêque croit ne méconnaître aucune des convenances du sexe féminin en imposant ce genre d'éducation aux jeunes filles, à coup sûr il n'entend pas faire d'elles des doctoresses, encore moins des avocates. Tout au contraire, il recommande qu'on leur inspire l'horreur de la chicane, qu'on leur montre la longueur et les frais des procès, la fureur des partis et la ruine des familles.

Après ces instructions, auxquelles il donne la première place, le prélat aborde la question délicate des lectures. On dirait, au choix discret de ses expressions, qu'il sent le besoin de s'excuser devant ses contemporains de quelques hardiesses qu'il va se permettre. « Je crois, dit-il, qu'il n'est pas inutile de laisser aux filles, selon leur loisir et la portée de leur esprit, la lecture des livres profanes qui n'ont rien de dangereux pour la passion ; c'est même le moyen de les dégoûter des comédies et des romans ». Elles liront donc avec fruit les historiens grecs et romains ; elles ne doivent pas ignorer l'histoire de France et celle des pays voisins. « Tout cela sert à agrandir l'esprit et à élever l'âme à de grands sentiments. « La connaissance de l'italien et de l'espagnol ne leur apporterait que peu de profit, mais celle du latin serait très désirable, car c'est la langue de l'Eglise. Elles ne doivent pas non plus rester étrangères aux chefs d'œuvre de l'éloquence et de la poésie. Les arts d'agrément, la musique et le dessin, auront leur temps marqué. Toutes ces occupations appellent d'ailleurs de la part de l'évêque des réserves que justifient les conditions sociales, le caractère particulier de la jeune fille ou les défauts ordinaires à son sexe. Qui pourrait douter que la jeune fille formée sur le modèle préparé par Fénelon, ne puisse devenir une femme accomplie dans la famille et dans le monde?

Interrogeons une autre compétence, Mme de Maintenon. Elevée aux Ursulines du faubourg Saint-Jacques [1], de onze à treize ans, elle paraît se souvenir avec une certaine rancune de son ancien couvent. « Nous étions, dit-elle, avec des *gredines* (c'est-à-dire avec des filles de petite condition). Encore, pour peu qu'elles donnent quelques sous de plus, on se les voit préférer en tout; elles ont toujours ce qu'il y a de meilleur et ont le pas devant toutes les autres ». A certains autres couvents, on aurait pu reprocher des torts d'un ordre différent, non moins graves peut-être. Mme de Maintenon juge les gouvernantes du temps avec la même sévérité que Fénelon. Voulant faire apprécier à ses demoiselles de Saint-Cyr le bonheur qu'elles ont eu d'être placées dans cette maison, elle leur fait envisager l'éducation qu'elles auraient reçue sans doute si elles étaient restées dans leur famille. « Votre mère aurait au plus deux femmes de chambre, dont l'une serait votre gouvernante. Quelle éducation pensez-vous qu'une telle fille vous donnerait? Ce sont ordinairement des paysannes, ou tout au plus

1. Les principales communautés religieuses s'occupant de l'éducation des jeunes filles, étaient celles de l'abbaye de Port-Royal, faubourg Saint-Jacques, de l'Abbaye de Pantemont, rue de Grenelle, de l'Abbaye-aux-Bois, rue du Bac, des dames de Sainte-Marie de la Visitation, rue Saint-Jacques. La moyenne du prix de pension y variait de 500 à 600 livres.

de petites bourgeoises qui ne savent que faire tenir
droites, bien tirer la busquière et montrer à bien faire
la révérence... Cette gouvernante a bien soin de vous
parer pour aller en compagnie où il faut que vous soyez
comme une petite poupée. La plus habile est celle qui
sait quelques lignes de vers, quelque quatrain de Pibrac,
qu'elles font dire en toute occasion, et qu'on récite
comme un petit perroquet ».

A juste titre, Mme de Maintenon veut faire de ses jeunes filles, avant tout, de bonnes ménagères ; il faut
qu'elles sachent, dans leur intérieur, faire tous les métiers, qu'elles ne soient embarrassées de rien pour n'être
jamais embarrassantes, qu'elles sachent faire un mémoire, choisir une jupe, acheter une paire de gants.
Surtout, il est nécessaire que leurs mains ne restent
jamais inoccupées. « Faites-vous, leur dit-elle, un devoir
de remplir vos journées et de travailler soit pour votre
entretien, soit pour les pauvres, soit pour l'Eglise, et si
vous n'étiez pas assez heureuses pour le faire pour toutes
ces sortes de bonnes œuvres, faites-le du moins pour
votre amusement innocent, et pour le plaisir de voir
votre ouvrage. « Ainsi toujours et quand même, l'aiguille à la main, c'est une distraction en même temps
qu'une nécessité. Nous savons que la célèbre éducatrice s'adresse à des jeunes filles peu fortunées, qui devront entretenir elles-mêmes leur linge et leurs vêtements, mais on peut trouver néanmoins qu'elle donne
une trop grande importance à cette partie des occupations féminines.

Sur le chapitre des lectures, elle se montre d'un rigorisme implacable. « Ne lisez que pour vous édifier, écrit-elle à une demoiselle qui sortait de Saint-Cyr, et non pour satisfaire la curiosité ni pour paraître savante ; n'oubliez jamais ce qu'on vous a dit à Saint-Cyr là-dessus ». Et ailleurs : « Il y a des livres mauvais par eux-mêmes, tels que sont les romans, parce qu'ils ne parlent que de vice et de passion ; il y en a d'autres qui, sans l'être autant, ne laissent pas d'être dangereux aux jeunes personnes, en ce qu'ils peuvent les dégoûter des livres de piété, par exemple l'histoire romaine et l'histoire universelle, du moins celle des temps fabuleux ». Donc, le chef-d'œuvre de Bossuet trouverait à peine grâce devant la grande dame.

Conclusion finale, les jeunes filles ne doivent lire que des livres de piété. Comme nous voilà loin de Fénelon !

Est-ce à dire que Mme de Maintenon proscrive tous les exercices intellectuels ? Non, mais elle les enferme dans un cercle soigneusement restreint. Les souvenirs de Mme de Caylus nous font savoir comment elle les comprend : « Pour moi, écrit-elle, on m'élevait avec un soin dont on ne saurait trop louer Mme de Maintenon. Ma journée était remplie par des maîtres, la lecture et les amusements honnêtes et réglés ; on cultivait ma mémoire par des vers qu'on me faisait apprendre par cœur, et la nécessité de rendre compte de ma lecture ou d'un sermon, si j'en avais entendu, me forçait à y donner attention. Il fallait que j'écrive tous les jours une lettre à quelqu'un de ma famille ou à tel autre que je voudrais choisir, et que je la portasse le jour à Mme de Maintenon, qui l'approuvait ou la corrigeait, selon qu'elle était bien ou mal ». La méthode était excellente, et aurait été bien mieux faite pour cultiver l'intelligence de la jeune fille, si on l'avait étendue aux sujets variés que comportent l'histoire et la littérature.

On a peine à comprendre que Mme de Maintenon, avec ses éminentes qualités d'éducatrice, ait laissé subsister une lacune aussi grave dans son enseignement. Faut-il reprocher à cette femme d'un si ferme bon sens, une certaine sécheresse d'esprit qui se prête mal à la compréhension des lettres humaines ? Peut-être bien ; mais il faut surtout voir en elle l'idée bien arrêtée de combattre chez ses élèves l'esprit de curiosité qui les porte à vouloir tout savoir et la recherche de ce monde où elles ont tant hâte d'entrer. Le soin qu'elle a pris de fermer le plus strictement possible les portes de Saint-Cyr, ne justifie-t-il pas cette opinion. Les demoiselles ne sortent jamais, et les parents ne peuvent les voir que quatre fois par an. Cette précaution rigoureuse a-t-elle du moins réussi à empêcher le souffle mondain de pénétrer à travers les grilles ? Ecoutons l'aveu de Mme de Maintenon : « Il me revient de tous côtés, dit-elle en date de 1707, dans une de ses causeries familières, que vous êtes engouées du monde, que vous n'avez presque point d'autres entretiens. Vous dites que vous irez au bal, à la comédie... » Pour réprimer un empressement si marqué, il ne suffit donc pas de fermer à la jeune fille toutes les vues sur le dehors. Il faut encore la garder au dedans. Mme de Maintenon croit avoir paré au danger en n'autorisant que les lectures tendant à former la piété de la jeune fille, afin qu'elle soit munie

d'une armure invincible pour le jour où elle affrontera
le péril extérieur. Calcul qui pourrait bien être déçu,
car la jeune fille, libérée d'une surveillance claustrale,
et séduite par des parfums enivrants, mordra avec
ardeur au fruit défendu, et passera vite de la littérature pieuse aux lectures coupables. Puis, quelle figure
fera-t-elle dans la société ? Elle n'aura pas même cette
instruction superficielle, ces *clartés de tout* dont se con-
tente Molière, et sans lesquelles elle risque de se faire
surprendre en flagrant délit d'ignorance. Fénelon reste,
à nos yeux, le conseiller le mieux avisé du xviie siècle
sur le genre d'éducation qu'il convient de donner aux
jeunes filles ; tout en tenant compte de la différence des
temps, nous aurions encore profit à relire ses instructions sur un sujet aussi délicat.

*
* *

Pour les garçons, les parents ont toutes les facilités
d'éducation qu'ils peuvent désirer. S'ils veulent élever
le jeune homme sous leurs yeux, et le cas sera fréquent
dans les grandes familles, ils lui donneront un précepteur qui sera toujours choisi parmi les ecclésiastiques. Ce
dernier non seulement se chargera des différentes branches d'instruction qui peuvent être de sa compétence,
religion, histoire, philosophie, mais aussi il surveillera
les maîtres spéciaux qui donneront l'enseignement en
dehors de son ressort ; il travaillera tous les jours à la

formation morale de son élève, dont il assume la responsabilité vis-à-vis des parents auxquels il rendra compte de ses observations.

Les parents qui ne peuvent pas s'offrir le luxe d'un précepteur ou qui n'ont pas le loisir de le surveiller, les bourgeois en grande majorité, feront donner l'instruction primaire à leurs fils dans les *petites écoles* et l'instruction secondaire dans les collèges de la capitale.

Les petites écoles sont répandues dans tous les quartiers de Paris au nombre de près de trois cents. Leur origine est très ancienne. Claude Joly, grand chantre de Notre-Dame, dans son *Traité historique des écoles épiscopales* (1677), la fait remonter à Saint-Germain, dédaignant l'opinion de ceux qui privent ces établissements de deux cents ans d'existence, en les faisant commencer avec l'école du Palais de Charlemagne. Quoi qu'il en soit de cette hypothèse, les petites écoles traversent tout le moyen âge et arrivent au siècle de Louis XIV, reconnues et approuvées par les ordonnances des évêques et par les arrêts du Parlement.

A Paris, le Grand-Chantre de Notre-Dame est leur chef suprême. Ce haut dignitaire doit son pouvoir à l'enseignement du chant que les jeunes élèves recevaient autrefois sous sa direction dans l'église métropolitaine. De cette fonction, malgré son titre, il ne garde plus rien [1], mais il a conservé l'instruction de la jeunesse.

La petite école est payante ; elle impose un prix d'éco-

1. Il n'existe pas d'écoles cantorales au sens propre du mot ; cette expression a été employée plusieurs fois à tort, pour désigner les *petites écoles* ou écoles de grammaire.

lage qui se perçoit au profit du maître. Son objet est d'enseigner la lecture, l'écriture, le calcul, la grammaire et les premiers principes du latin.

Le Grand-Chantre a la haute main sur tout son personnel enseignant. Il confère aux maîtres l'autorisation d'exercer leurs fonctions en vertu de lettres de provision, qu'il leur délivre d'ailleurs gratuitement. Ces lettres n'étant valables que pour un an, il se réserve la faculté de garder ou de congédier les maîtres qu'il a choisis, selon leur mérite, dont il est le seul juge. Autant que possible, pour se conformer aux arrêts du Parlement, il doit recruter son personnel parmi les maîtres-ès-arts.

Son souci constant est d'écarter tous ceux qui s'ingèrent indûment dans l'enseignement des matières réservées aux petites écoles, tels les écrivains et les maîtres des écoles de charité fondées par les paroisses au profit de leurs pauvres.

Mais ses visées tendent plus haut. Non content d'écarter les concurrents dans le domaine qui lui appartient, il cherche à empiéter sur le domaine universitaire en s'attribuant le droit de donner l'enseignement secondaire aux élèves de ses écoles. Ses arguments sont des plus spécieux. Tout d'abord, il s'en prend à la fausse opinion que l'appellation de *petites écoles* fait naître dans l'esprit du public. Les *petites écoles*, fait-il observer, sont des écoles de grammaire. Grammaire vient du mot grec qui signifie, en latin, *littérature*. La grammaire n'est donc pas seulement l'art d'apprendre à parler et à écrire correctement ; elle consiste encore à formuler des préceptes pour l'application des auteurs et par cette voie, elle ouvre des vues sur toutes les lettres humaines, depuis l'enseignement de l'orthographe jusqu'à celui de la philosophie.

Ensuite, l'obligation qu'on fait au Grand Chantre de mettre à la tête de ses écoles des maîtres ès-arts est bien significative. N'implique-t-elle pas le droit en leur faveur d'enseigner tout ce qui est de leur ressort ?

L'Université et le Grand Chantre batailleront longuement sur les limites de leur compétence respective. Le Parlement invoqué laissera la question en suspens. Il semble qu'en fait les maîtres de quartiers se soient confinés dans le programme des matières réservées à l'enseignement primaire. Toutefois, par exception, certains établissements se constituèrent en pensionnats où furent professés tous les cours en usage dans l'Université. Il s'agit ici de maisons ouvertes et tenues par des bourgeois, situées entre cour et jardin dans les faubourgs de Paris, et qui, bien aérées, répondaient aux vœux des familles. Les directeurs qui savaient combien ces avantages étaient appréciés, sollicitèrent du Grand Chantre la régularisation de leur enseignement et celui-ci s'empressa de la leur accorder à titre de *permissionnaires*, heureux à la fois d'étendre son action et de faire pièce à l'Université.

L'enfant a atteint ses neuf ans ; c'est communément l'âge où il quitte la petite école. Il peut alors, soit entrer dans un des collèges de l'Université, dont les statuts d'ailleurs ne lui ouvriraient pas l'accès avant neuf ans révolus, soit, si ses parents le préfèrent, dans un collège libre.

« Deux sortes d'écoles existent dans notre pays, dit l'édit de février 1703, les unes gouvernées par l'Université sous son impulsion et discipline, soumises à ses lois et à ses statuts ; les autres subsistant chacune par son propre établissement et dispersées par tout le royaume. Nous devons à toutes également notre protection et notre attention particulière. »

Le gouvernement ne marque pas plus de faveur aux unes qu'aux autres ; il les considère toutes avec une égale bienveillance, et le père de famille n'a pas à redouter son mécontentement en choisissant l'une plutôt que l'autre.

L'Université comprend les Facultés de théologie, de droit, de médecine et des arts. Cette dernière distribue à ses auditeurs l'enseignement secondaire et l'enseignement primaire dans quelques rares classes. Elle est de toutes la plus suivie parce qu'elle s'adresse aux jeunes gens qui n'ont pas une vocation spéciale, et ce sont les plus nombreux ; elle les conduit successivement aux grades de bachelier, de licencié, de maître-ès-arts, ou professeur agrégé, et finalement au doctorat.

La Faculté des lettres de Paris est la mère de toutes les autres. Le recteur de l'Université est toujours pris dans son sein. Un long passé de gloire et de triomphes illustre son enseignement ; elle possède des établissements magnifiques, dont la réputation n'est plus à faire, les collèges d'Harcourt, du Cardinal-Le-Moine, de Lisieux, des Grassins, de Mazarin ou des Quatre-Nations.

Au temps de Louis XIV, la vénérable Alma mater est toujours en possession de distribuer à ses enfants l'aliment substantiel de la littérature classique ; mais elle vit un peu sur son ancienne réputation. On lui reproche de se traîner dans les ornières de la routine, d'attacher trop d'importance à des méthodes surannées, d'épuiser l'intelligence des élèves en d'interminables argumentations. De fait, elle demeure étrangère aux progrès qui font évoluer les différentes branches intellectuelles. Le grand mouvement des esprits qui fit de la Renaissance une époque de rénovation littéraire, semble l'avoir laissée indifférente. C'est hors de son sein qu'il faut chercher les productions qui honorent le plus le génie humain en tous les genres, éloquence, poésie, législation, sciences. A certains jours cependant, elle semble jeter un dernier éclat, quand, en de solennelles assises, elle convoque aux soutenances de thèses une brillante assistance, composée de parents et d'amis, qui viennent applaudir au triomphe des jeunes aspirants aux grades de la Faculté. Par ailleurs, il faut bien reconnaître qu'elle n'est plus de son temps. La vie se retire d'un organisme vieilli.

A côté de l'enseignement universitaire s'avance, pour le devancer bientôt, l'enseignement des maisons religieuses. L'Université suit d'un œil particulièrement jaloux les progrès des Pères Jésuites. Déjà ils ont réussi à faire passer entre leurs mains, malgré une vive opposition, un de ses collèges, celui de ¡Marmoutiers. Maintenant, ils viennent de s'installer au collège de Clermont, qui bientôt prendra le nom de collège Louis-le-Grand.

On compare dans le public les deux méthodes. Celle des Pères paraît plus moderne, plus prenante. Mieux que tous les autres éducateurs, ils savent captiver la jeunesse dont ils veulent former le cœur en même temps que l'esprit. Tandis que le maître-ès-arts apparaît quelque peu figé dans la majesté solennelle de sa chaire, d'où il ne sait pas descendre quelques instants, déposant sa toge, pour se mêler familièrement à la jeunesse qu'il est chargé d'instruire, le professeur, dans les internats de jésuites, ne néglige aucune occasion de prendre contact avec son élève. Il l'aborde dans la cour de récréation et se mêle même à ses jeux ; il l'appelle au jardin botanique pour analyser des fleurs avec lui ; il l'accompagne dans les bibliothèques, où il guide le choix de ses lectures. Chaque élève, d'ailleurs, adopte un Père auquel il donne sa confiance et qui le soutient aux heures de dégoût et de découragement, inévitables même à cet âge. En classe, l'enseignement du professeur, tout en restant fidèle aux lettres anciennes, plus vivant, est mieux apprécié que celui des maîtres de la vieille Université. Hors des classes, des Académies réunissent les meilleurs élèves avec président et secrétaire élus par eux. On s'y exerce à la parole. A certains jours solennels, les langues mortes raniment en des combats homériques le monde ancien qui paraît un peu froid vu dans le recul des siècles : et ces luttes s'achèvent par la glorieuse victoire des uns et la défaite honorable des autres. Les parents ne restent pas insensibles à ce système d'éducation. Ils sont flattés de voir leurs fils, dans le cours de l'année, devenir *équites, senatores, legati* et mieux

encore : « Le mercredi 10 août, à la tragédie des Jésuites,
écrit d'Ormesson dans ses Mémoires, Fanchon (c'est le
petit nom d'amitié qu'il donne à son fils François) eut
le prix de vers, le premier accessit de prose latine et
le premier accessit de prose grecque ; et il fait bien à
présent, ayant été deux fois le *premier empereur* et à
présent il est *dictateur* ». L'heureux père !

Décidément, les Jésuites sont à la mode ; leur succès
va grandissant chaque jour. Les fils des grands seigneurs,
des principaux magistrats, des riches bourgeois, affluent
dans leurs maisons. Ils y coudoient les plus humbles
écoliers. Poquelin de Molière, le fils du tapissier de la
Cour, devient le camarade d'Armand de Bourbon, prince
de Condé, frère du grand Condé. Et que d'autres noms
on pourrait citer : les Bouillon, les Rohan, les Soubise,
les Luxembourg, les Villars, les Montmorency, les Brancas, les Grammont, les Boufflers, les Richelieu, etc...
On comprend que les Pères, avec ces belles relations,
se fassent une plus juste idée du monde, de ses aspirations, de ses besoins, que des Universitaires inaccessi-
bles aux idées nouvelles.

D'autres religieux s'occupent aussi de la jeunesse.
L'enseignement des Oratoriens, des Doctrinaires, des
Bénédictins, des Barnabites, est très recherché.

Les maisons d'éducation se multiplient d'ailleurs, avec
une étonnante facilité. Il suffisait alors de se munir de
lettres patentes pour avoir le droit d'ouvrir un établissement. Encore ne semblent-elles pas avoir été toujours
exigées. On s'installe d'abord ; on est autorisé ensuite ;
la permission préalable n'est pas nécessaire. Si quelque

difficulté judiciaire vient à surgir, ce sera au Parlement d'apprécier les titres dont la maison peut justifier pour établir son droit à l'existence. La plupart du temps, la fondation projetée s'organise par l'accord des autorités civiles avec les autorités religieuses.

N'oublions pas de rappeler que l'Université conservait le privilège d'examiner les candidats au titre de maître-es-arts et de leur conférer les grades. De ce chef, elle possédait un avantage marqué sur l'enseignement religieux.

Au sortir de ces établissements, et quelquefois même sans y avoir été élevés, les jeunes gentilhommes font volontiers un stage dans les Académies de manège, destinées à les préparer au métier des armes. On les y exerce aux sciences et arts qui leur conviennent, c'est-à-dire aux mathématiques, aux armes, à l'équitation et à la danse [1]. M. Pluvinel, qui apprit à Louis XIII à monter à cheval, est le premier qui ait tenu un établissement de ce genre ; il eut un continuateur distingué, M. Benjamin, qui compta parmi ses élèves le duc d'Enghien et Cinq Mars. Nous citerons encore les Académies de Forestier, rue de la Sorbonne, de Delcamp, rue du Vieux

---

1. Mémoire pour un gentilhomme dans l'Académie du roi tenue par M. de la Guérinière, rue de Vaugirard :

Pour un gentilhomme par an.	1.400 livres
un gouverneur.	700 —
un valet de chambre.	500 —
un laquais	400 —
Pour entrée (une fois payé)	200 —
Pour le premier mois . . . . , . . .	100 —
les autres mois.	60 —

Le tapissier fournit des meubles, des draps, des serviettes et des couverts à ceux qui n'en ont pas, moyennant 120 livres par an.

Colombier, de Vandeuil, rue de Seine-Saint-Germain. Tous ces établissements étaient situés sur la rive gauche.

Désormais, au sortir de ces maisons, la carrière militaire s'ouvre pour le jeune noble, quelquefois même plus tôt encore, car on a vu des officiers, pères de famille, conduire à la guerre leurs fils âgés de quatorze et même de douze ans. La vie d'homme a commencé.

*
* *

Nous sommes arrivés à l'heure où l'établissement des enfants devient le souci principal des parents. Toutes les intrigues seront mises en jeu pour trouver à l'héritier du nom une grande et riche alliance. Il ne s'agit pas seulement de ne pas déchoir ; il faut monter toujours plus haut : naissance, crédit, fortune, on poursuit tous les avantages à la fois, mais, s'il faut faire le sacrifice de l'un d'eux, il portera, c'est vraisemblable, sur la naissance.

Les grosses fortunes se font rares dans la noblesse. La bourgeoisie, la finance lui offrent leurs riches héritières. Elles seront les bienvenues. Avec le coffre-fort du beau-père, on sauvegardera la situation du fils aîné dans le monde. Les autres se tireront d'affaire comme ils pourront. L'armée et l'Eglise sont destinées à les recevoir. Si un jeune homme est disgracié physiquement, il a une vocation ecclésiastique certaine, ou tout au moins il y a dans ce fait une indication de la nature dont il faut tenir compte. Ce qui ne veut pas dire que les abbés nobles soient tous contrefaits. Il y en a de fort bien tournés, et qui savent faire valoir leurs avantages. Beaucoup d'abbés gentilhommes n'iront pas au delà du petit collet qui leur permet d'aspirer à tous les succès mondains.

Mais dans cette noble jeunesse, il y aura des ecclésiastiques qui suivront jusqu'au bout leur vocation, et dont le nom aristocratique figurera parmi les gloires de l'Eglise de France. La famille ne les abandonnera pas non plus. Pour eux seront les abbayes bien rentées, les grosses prébendes et les évêchés fructueux. Il y va de l'intérêt et de l'honneur du nom.

Et les filles, quel sera leur sort ? On mariera l'aînée, sans doute, les autres si l'on peut, c'est-à-dire si la dot ne doit pas trop diminuer la patrimoine familial. Autrement, le couvent s'ouvrira pour elles. Cependant, il en est bien quelqu'une qu'un tendre sentiment retiendrait dans le monde. Tout ce qu'on peut lui dire sur la convenance de se faire religieuse ne la persuade pas ; car le cœur a ses raisons que la raison ne comprend pas. Il y a donc ici deux raisons qui se contredisent l'une l'autre ; oui, et la raison du plus fort est toujours la meilleure ; et le plus fort, en cette occasion, c'est l'instinct de la race qui réclame sa victime. La pauvrette cédera, et les portes du couvent se refermeront sur elle ; mais on n'entend pas sacrifier ses intérêts mondains. L'intrigue en fera une puissante abbesse, pourvue de beaux bénéfices, et ce sera encore travailler à la grandeur de la famille.

Celles qui se marieront suivront-elles du moins l'inclination de leur cœur ? C'est peu probable, car nombreux sont les obstacles dont elles devront triompher. Il y a d'abord et toujours l'honneur du nom, qu'il faut soutenir et, dans la pensée du père, cette considération prévaut sur les sentiments de la nature. Il y a ensuite l'intervention du prince. Un seigneur de la Cour de Louis XIV ne mariera jamais sa fille sans lui faire part de son projet et s'assurer de son agrément. Quelquefois, le prince se bornera à donner un conseil : « Madame, votre fille est bien jeune, dit-il à la duchesse de la Ferté. Il est vrai, Sire ; mais cela presse parce que je veux M. de Mirepoix et que, dans dix ans, quand Votre Majesté connaîtra son mérite et qu'elle l'aura récompensé, il ne voudra plus de nous. » Le roi n'insista pas. Au duc d'Elbeuf, qui veut se marier malgré ses soixante-quatre ans, le prince fait observer qu'il est trop vieux. « Sire, répond celui-ci, je suis amoureux ». La réplique paraît décisive, et le surlendemain le duc d'Elbeuf épouse Mlle de Navaille. Mais, en certaines circonstances, le roi commande et veut être obéi : « Mon cousin, écrit Louis XIV au duc de Chaulnes, j'ai conclu le mariage du sieur de Chevreuse avec la fille aînée du sieur Colbert, et comme j'y attache par ce moyen le chef et le seul héritier mâle de votre maison à celle d'un homme qui me sert dans mes plus importantes affaires... j'ai voulu vous donner moi-même avis de cette alliance ». La voilà bien la raison d'Etat dans toute sa crudité ! C'est elle encore qui intervient quand le marquis de Gesvres veut épouser la

fille du lieutenant civil Le Camus ; le roi s'empresse
de lui donner son consentement, nonobstant le refus
des parents, et le mariage se fait ; et il devait se faire,
car il entrait trop bien dans les vues du monarque,
s'attachant à fortifier par de belles alliances le crédit
de ses fonctionnaires bourgeois.

Quelquefois encore le vœu de la jeune fille se heurte
à la raison administrative. Bardin, commis de l'Epargne,
remercie son ministre de ne l'avoir pas « obligé de marier sa fille contre son gré. » C'est donc que l'obligation
de prendre son consentement s'imposait d'ordinaire.

Il y a enfin la raison judiciaire contre la liberté des
mariages, car le Parlement intervenait pour lever ou
valider des oppositions, fût-ce en dehors de toute considération juridique. Mme de Pibrac songe à convoler en
septièmes noces. « Ah ! non, lui répondent ces Messieurs,
vous vous couvririez de ridicule ».

En somme la raison, sous quelle forme qu'elle s'impose, préside trop souvent aux unions matrimoniales.
Faudra-t-il alors s'étonner si trop souvent des époux
mal assortis cherchent en dehors du mariage des satisfactions de cœur que n'est pas capable de leur donner
l'union légitime ?

*
* *

Les enfants sont établis. Les années s'écoulent. Vient
un jour où la cour de l'hôtel se tend de draperies noires.
La grande porte, tournant sur ses gonds, s'ouvre à deux

battants. C'est le chef de famille qui franchit une dernière fois le seuil pour être conduit au champ de l'éternel repos. Pendant un temps, les fêtes et les réceptions seront suspendues. Une brillante société ne remplira plus les magnifiques appartements. Le deuil occupe toute la maison. Cependant, la tradition de cette maison ne subit pas d'arrêt. Le jeune homme, en pleine possession de l'existence, chef de famille depuis quelques heures, la représente désormais ; car il était l'héritier. Rien n'a été négligé pour préparer son avenir ; aucune peine n'a coûté pour l'assurer, démarches, sollicitations, intrigues, Ce qu'on a fait pour lui, il le fera pour ce petit enfant dont l'aïeul avait accueilli la naissance avec des transports de joie, et qui grandit en ce moment sous l'œil maternel, objet des plus doux rêves et des plus belles espérances. Lui, dès maintenant, il est aussi l'héritier.

Depuis plusieurs générations peut-être, sur le même théâtre, avec des acteurs différents, se renouvellent les mêmes scènes, dont les trois principaux actes sont la naissance, le mariage et la mort. Et de ce perpétuel recommencement est sorti ce qu'on appelle la tradition de la famille. Saluons avec respect ce foyer domestique où s'est transmis, d'âge en âge, tout un patrimoine d'honneur, de loyauté et de vertus, en dépit des passions humaines qui ont pu l'agiter. Honorons d'un pieux souvenir, avant de le quitter, le vieil hôtel de l'aristocratie dont les hôtes, en se vouant au service du roi, ont été les bons serviteurs de la France qu'ils ont travaillé à rendre plus puissante et plus belle.

II

Vie extérieure ou mondaine [1].

*I. — Toilettes et modes.— La coiffure des dames ; ses variations.
— Les robes ; les fournisseurs en vogue ; comment on lance
une étoffe à la cour du roi Louis XIV. — La requête des
dames de la cour, présentée à M. Colbert, contre le luxe des
bourgeoises, réplique des marchands et autres bourgeoises de
Paris : leur factum.— Les grands couturiers.— Les caprices
de la mode ; les édits contre le luxe ; leur impuissance. La
toilette masculine ; le rhingrave ; le justaucorps ; la perruque. — Conclusion psychologique.*

A tout bien considérer, cette vie, que, dans les pages
précédentes, nous avons qualifiée d'intérieure, loin d'im-
pliquer aucune idée de recueillement, ne semble avoir été

1. Ouvrages et documénts consultés. Exposition de la bibliothèque de
la ville de Paris, R. de Sévigné (1911). Estampes, Bibliothèque de l'Arsenal Mis. 6544. Recueil de Tralage, tome IV. *Lettres de Mme de Sévigné.*
Quicherat, *Histoire du costume en France.* Le Mercure galant, *passim.*Mo_
lière, *L'école des maris,* Arch. Nat., C. 7 carton 438. Legrand d'Aussy,
Histoire de la vie privée des Français. MM. de Villiers, *Journal d'un voyage
à Paris.* Exposition de la Bibliothèque de la Ville de Paris, R. de Sévigné (1913), *Promenades et jardins de Paris depuis le XVe siècle jusqu'en
1830.* E. de Barthélemy, *Les correspondants de la marquise de Belleroy.*
Victor Cousin, *Mme de Sablé.* Delamare, *Traité de la police,* livre III, titre IV. Les jeux. Maurice Donnay, *Conférences sur Molière,* Revue heb-
domadaire du 4 février 1911. Louis Moland, *Nouvelle édition des œuvres
de Molière.* Samuel Chappuzeau, *Le théâtre français,* 1674. Touchard La-
fosse, *Histoire de Paris.* Abraham du Prédel, *Le livre commode contenant
les adresses de Paris,* 1692. Widor,*La musique italienne à Paris.* Corres-

combinée, avec son luxe et ses multiples serviteurs, qu'en vue de mieux préparer le passage à la vie du dehors.

Une fois leurs occupations épuisées, on n'imagine pas qu'au XVIIe siècle, mari et femme, épris des douceurs de la vie conjugale, veuillent prolonger indéfiniment un tête-à-tête quotidien ; ils ne prennent même pas toujours leurs repas en commun. Alors, on se répandra au dehors ; c'est à cette époque la suprême jouissance, l'enchantement que chaque jour ramène.

Donc, l'heure de paraître dans le monde a sonné pour la Parisienne, dame de qualité. La promenade, les visites, le théâtre, toutes les distractions que peut offrir la capitale, réclament désormais son temps. Mais, avant de franchir le seuil de son hôtel, encore faut-il qu'elle soit sûre de se produire avec tous ses avantages. La toilette appelle sa plus minutieuse attention, et l'affaire est d'importance, car elle doit à la fois ne pas donner prétexte aux critiques des personnes de son sexe, et attirer les regards des brillants cavaliers.

Madame est à sa toilette. Le cabinet est orné de meubles riches et recherchés, car, dit une ancienne relation des usages du temps : « La toilette est le théâtre de la gloire du beau sexe ; c'est à ce moment que les dames y admettent les spectateurs, et il faut bien que les temples de ces divinités soient décorés magnifiquement et avec goût. »

pondant du 25 décembre 1910. E. Despois, *Le Théâtre français sous Louis XIV*. E. Compardon, *Les spectacles de la foire*. Lister, *Voyage à Paris*, 1698. Franklin, *La vie privée d'autrefois*. Edouard Fournier, *Les cafés sous Louis XIV*. *Lettres de M*[me] *de Sévigné*. *Entretien de M*[me] *de Maintenon sur l'éducation des filles*.

Sur le marbre, la femme de chambre a étalé la poudre de Chypre, les pommades de Florence ou de Rome, la cire d'Espagne, les essences de Nice et de Gênes, le lait virginal, l'eau de mille fleurs, les cassolettes, enfin ces mille brimborions dont parle Molière, futiles d'apparence, mais dont le visage et les mains de la dame ne sauraient se passer. Toutefois, si elle doit se rendre à la cour, elle n'usera de parfums qu'avec discrétion, car on sait que le roi n'aime pas les odeurs capiteuses.

Après tous les soins qu'exige la propreté, il convient d'embellir la figure, ou tout au moins de corriger ce qu'elle peut avoir de défectueux. Madame s'arme de son pinceau et le trempe dans ses godets ; brune, elle met du blanc ; pâle, elle s'applique du rouge. Le blanc de céruse, le vermillon, la poudre servent merveilleusement son dessein. Si ses yeux sont petits, enfoncés ou peu fendus, d'un trait noir elle allonge la ligne des sourcils et fait saillir, avec une teinte sombre, les paupières et les cils.

Que sera-ce s'il s'agit de réparer des ans l'irréparable outrage ? La vieille plâtrera ses rides avec le talc et la céruse ; elle prendra un tour blond pour cacher ses cheveux blancs ; peine perdue, d'ailleurs ; la nature trahira ses soins inutiles, et la risée publique fera justice de ses prétentions mensongères.

Le moment le plus solennel est arrivé ; c'est celui de la coiffure. Pour élever le galant édifice, la Martin est sans rivale ; c'est elle qu'on ne manque pas d'appeler dans les grandes occasions. Voici comment Mme de Sévigné la juge à l'œuvre : « 18 mars 1671 — Mme la marquise de Nevers y vint (chez le roi), coiffée à fait rire ; il faut m'en croire, car vous savez comme j'aime la mode excessive. La Martin l'avait *brétaudée* par plaisir, comme un patron de mode ; elle avait donc tous les cheveux coupés sur la tête, et frisés *naturellement* par cent papillotes, qui lui font souffrir mort et passion toute la nuit. Cela fait une petite tête de chou rond, sans que rien accompagne les côtés... Elle n'avait point de coiffe, mais encore passe, elle est jeune et jolie, mais toutes ces femmes de Saint-Germain, et cette La Motte surtout, se font *testonner* par la Martin ; cela est au point que le roi et toutes les dames sensées s'en pâment de rire ».

Vers la même époque, une autre coiffure en faveur, *l'hurluberlu*, divertit beaucoup la marquise. « Il y en a (de ces dames) dit-elle, qu'on voudrait souffleter ».

La fin du XVIIe siècle voit apparaître une forme complètement inédite. Imaginez un bonnet garni de sortes de rayons qui pointent vers le ciel ; sur le front des cheveux dressés en étages, et se confondant dans un pêle-mêle aimable, des boucles, des touffes et des tortillons ; vous aurez la Fontanges, nom gracieux, plus gracieux peut-être que la chose.

On nous dispensera de suivre l'art capillaire pour dames en toutes- ses évolutions. Bornons-nous à une simple nomenclature qui, d'ailleurs, parle d'elle-même. Il y eut les *chóux*, les *tignons*, les *passages*, la *favorite*, les *cruches*, les *confidentes*, *les crève-cœur*, les *meurtriers*, les *souris*, les *firmaments*, *l'appui*, la *palis-*

sade, les *monte-là-haut,* la *culbute.* Nous en passons ; nous n'osons dire des meilleurs.

Une mouche, prise chez la bonne faiseuse, rue Saint-Denis, *à la perle des mouches,* est appliquée délicatement sur le visage[1], à l'endroit le plus seyant, et le joli minois ne laisse plus rien à désirer,

*
* *

Après ces préliminaires, la camériste apporte les riches vêtements. Les étoffes de soie brodées d'or et d'argent sortent des ateliers de M. Gautier ou de M. Regnault, rue des Bourdonnais. Le premier est le plus en vogue ; on ne compte plus les maris qu'il a ruinés. Songez que le damas se paye de 20 à 25 livres l'aune, selon la couleur; le velours violet, à fond d'or, 24 livres ; le velours noir de 10 à 15 livres ; le velours rouge cramoisi 24 livres ; le velours de Gênes 20 livres ; le satin de Lyon, de 5 à 6 livres. A quel prix doit monter la robe confectionnée ? Mme de Maintenon, et c'est de notoriété qu'elle visait à l'économie, paye, en 1679, pour sa belle-sœur, Mme d'Aubigné :

Une jupe de satin noir violet en broderie. .	330 livres
Une robe de moire, couleur de rose. . . .	94 —
Un habit à fond blanc	211 —
Une jupe de satin jaune.	227 —
Un corps (corsage) couleur de feu . . , .	38 —

1. Posée près de l'œil, la mouche s'appelait *la passionnée* ; au coin de la bouche, la *baiseuse* ; sur les lèvres, la *coquette* ; sur le nez, l'*effrontée* : au milieu de la joue, la *galante.*

Il faut, sans hésiter, majorer tous ces prix pour la clientèle qui dépense sans compter.

La mode avait ses organes. Le *Mercure Galant* lui réservait quelques articles ; un artiste de talent, le sieur de Saint-Jean, répandait ses dernières nouvelles partout en France, et même dans toute l'Europe. On recherchait ses dessins pour leur habile exécution et la grâce séduisante qu'il savait donner à ses figurines. Mais le meilleur moyen d'accréditer une étoffe nouvelle, avec la façon de s'en servir, était de la présenter à la cour du grand roi. Deux documents d'un piquant intérêt donnent à cet égard de curieux renseignements. Il s'agit de la *Requête des Dames de la Cour, présentée à M. Colbert, surintendant de la réforme du royaume de France, sur le luxe des bourgeoises de Paris,* 1671, et du *Factum des marchandes et autres bourgeoises de Paris, contenant leurs réponses à tous les griefs à la requête des Dames de la Cour et l'inutilité de leurs demandes.*

Ces deux documents inédits font partie des manuscrits de la Bibliothèque de l'Arsenal (n° 6544). *Recueil de Tralage,* tome VI.

On nous excusera de leur faire de larges emprunts. La querelle vaut d'être contée ; elle dépasse en intérêt une simple question de mode.

Donc, très vexées du luxe déployé par les petites bourgeoises de Paris, les Dames de la Cour prient, somment M. Colbert, grand justicier en cette occurrence, de mettre fin à de scandaleux abus. Sans doute estiment-elles que la réforme visée est beaucoup plus urgente

que celle du *Code Criminel*, opérée l'année précédente.
De la nécessité de maintenir le luxe au profit de la Cour,
elles ne sont pas loin de faire une question d'Etat,
attendu : « qu'elle est le lieu principal où doit éclater
leur magnificence. De sa splendeur ou de son obscurité,
les princes tirent des conséquences de la force ou de
la faiblesse du royaume... Néanmoins, il est advenu
qu'au préjudice général de tout le royaume, et particulièrement des dames, les choses dont elles se doivent
parer, et qu'elles ont droit seules de porter, se trouvent
tellement enchéries par l'usurpation hardie et les entreprises des bourgeoises de Paris, qu'il leur est impossible, après la dépense que leurs maris et enfants sont
obligés de faire, de pouvoir paraître au jour des plus
grandes cérémonies et plus importantes, à l'honneur de
Leurs Majestés, en habits aussi somptueux que les petites
courtaudes, lorsqu'elles se mettent en leurs moindres
déshabillés, d'où il arrive ordinairement que la marchande, par un petit crédit qu'elle fait, se servant du
crédit de nos courtisans, pour être conduites et ad-
mises aux assemblées du Bal et de la Comédie, ou
autres divertissements qui se font à la Cour, s'y fait
voir si brillante et avec une façon si étudiée pour con-
trefaire la dame d'importance, qu'elle semble défier
toute la Cour et même la Reine, d'entrer en comparaison avec elles. Et comme les divertissements du Bal ou
de la Comédie ne permettent pas qu'on s'informe si
particulièrement de la condition des personnes qui y
assistent, on apprend le lendemain que celle dont l'éclat
et l'ajustement avaient attiré presque tous les yeux de

la Cour, et qui, ne regardant les Duchesses et les Marquises que du coin de l'œil, n'avait pas eu honte de
prendre le dessus ou le devant dans les rencontres,
était une fripière d'un médiocre débit en sa boutique
et une assez petite marchande de marée. Cela donna
cent fois matière de risée à la Cour et aux Dames un
chagrin particulier de se voir si souvent effacées par
ces marionnettes et de ne pouvoir tout au moins les
égaler en la riche curiosité de leurs vêtements, l'or et
la soie étant en si peu d'estime chez elles qu'elles en
parent leurs nourrices et leurs servantes, pour en tirer
vanité ; et si les étoffes n'ont quelque chose de très
rare, elles les laissent, disent-elles, aux Dames de la
Cour, et la bourgeoise n'en veut point. Mais s'il s'en
découvre d'une manufacture extraordinairement belle,
il en faut céder à quelque prix que ce soit, et n'y en
ayant que pour la centième partie de celles qui en
demandent, les prix s'y en élèvent si haut, que les
Dames et les Demoiselles de la Cour n'y peuvent atteindre. Les bourgeoises en font de même de tous les
autres ajustements du sexe, et sont parvenues à cet
excès d'ambition que, pour mieux trancher des Dames
et se rendre plus méconnaissables parmi celles de qualité, elles se font depuis peu suivre par des valets, et
l'on n'entend plus parler que des laquais de Mlles les
bourgeoises, qui en deviennent si glorieuses qu'elles
ne sauraient dire trois mots sans mêler un trait par
lequel on apprend qu'elles ont des laquais ; comme par
exemple : « Je vous enverrai mon laquais — Je ne sais
pas ce qu'est devenu mon laquais » et autres paroles

à cette fin qu'elles font sonner haut, afin qu'elles soient toujours ouïes des passants et recueillies de ceux qui sont auprès d'elles, et l'on dit que, depuis l'église Saint-Honoré jusqu'à celle des Innocents, l'on compte plus de quatre cents laquais des bourgeoises en boutique, ce qui déroge entièrement à la réforme dont vous avez la surintendance. Et considérez, Monseigneur, que vous avez connaissance des dépenses où l'honneur et la condition engagent les Dames et Demoiselles de la Cour, que vous n'ignorez pas les conséquences d'une ambition effrénée pareille à celle de ces petites bourgeoises, et le tort qui est fait au roi et au royaume par le peu d'éclat de la Cour, les banqueroutes ordinaires et nécessaires des maris dont les femmes manient la bourse, la profusion de l'argent à payer au quadruple les marchandises par leurs enchères, l'insupportable confusion des conditions qui ne peuvent être discernées par ce dérèglement.

« Il vous plaira ordonner que M. de La Reynie, intendant de la police de Paris, travaillera nécessairement de découvrir les moyens de faire cesser ce désordre, et vous ferez bien.

« Les Dames et Demoiselles de la Cour de France ».

Orgueil, dépit, impuissance, tous ces sentiments gonflent la requête dans un amusant pêle-mêle.

Les marchandes vont répondre de bonne encre. Adroitement, elles conviennent de la nécessité d'une Cour brillante et rendent hommage aux mérites de ces Dames.

« Elles ont, disent-elles, atteint la dernière perfection

de se parer et passent aujourd'hui pour quelque chose entre l'humain et le divin ; aussi demeurons-nous d'accord qu'elles sont, comme elles doivent être, les plus celles parties de la Cour, et qu'il n'y a rien à ajouter à leur gentillesse.

« Pour répondre au grief de renchérissement, il ne faut que voir la Cour une fois ou regarder un des banquets qui s'y font, et incontinent on en conclura que les Dames ont peu judicieusement inséré dans leur requête, qu'elles ne peuvent fournir à la dépense nécessaire pour la conservation des places qu'elles occupent dans la Cour de France, parce que, nous autres marchandes, courant aux nouveautés, les mettons hors de prix, car elles sont si superbement (nous ne dirons pas dissolument) habillées que, à ne les pas connaître, on les prendrait pour autant d'impératrices et de reines ; d'où nous tirons cette conséquence aisée, que ce n'est qu'une petite jalousie de voir les bourgeoises se prendre un peu plus de soin d'elles, qu'elles n'ont fait autrefois. Et, si nous portons les premières les manufactures nouvelles, à quelque prix qu'elles se montent, nous les prenons dans nos boutiques et dans celles de nos amies, pour en faciliter la vente.

« C'est un avantage qu'elles ne nous peuvent pas disputer, et qui ne peut pas nous être interdit sans notre propre préjudice. Car ce n'est que par la vue de nos marchandises, ou par les rapports qui leur en est fait, qu'elles peuvent avoir le dessein d'en venir ou d'en envoyer lever. Et, à l'exemple des tailleurs de Cour, qui ajoutent à leurs habits quelque chose d'extraordinaire, pour en introduire la nouveauté, il est important aux marchandes de porter en leurs vêtements les manufactures plus riches et plus précieuses, afin d'en faire concevoir l'envie et de débiter plus promptement les pièces entières à la vente desquelles elles sacrifient ces portions.

« C'est pourquoi notre nombre étant grand dans Paris, qui travaille avec une soigneuse curiosité et une émulation incroyable, à rechercher et à faire aimer ce qu'il y a de plus beau, pour en emplir nos magasins, nous donnons toutes, selon notre appétit, sur les pièces que nous croyons les plus riches, et prenons l'assortiment chez les marchandes qui vendent les manufactures d'une autre nature et qui, en échange, prennent les nôtres pour assortir les leurs, ce qui fait que ce que l'on appelle luxe, mais qui est un raisonnable luxe, éclate dans nos boutiques, dans les églises et dans tout Paris, non pas au dommage de ces Dames, du public et du royaume, mais à leur intérêt particulier, à l'honneur du roi et à la gloire de toute la France.

« Et supposez que ces Dames fassent les achats avec peine, à cause de leurs autres dépenses et de la difficulté de recouvrer de l'argent, il faut qu'elles considèrent que nos bonneries sont la marque de nos besoins, et que nous n'exposerions si souvent en vue les riches fragments de nos ouvrages, si nous ne voulions en précipiter la vente, afin d'en tirer au plus tôt de l'argent, le fripier seul en profitant et faisant valoir ses boutiques de ce que nous n'avons porté qu'une fois ou deux, qui les distribue aux autres bourgeoises, ou bien aux Demoi-

selles qui ont plus de courage que de force, ou moins
de richesse que de naissance.

« Pour en venir au quatrième grief, nous disons, sauf
le respect de nos adversaires, que ces Dames font des
chimères afin de donner lieu d'entendre leurs plaintes ;
que si elles disent que par le crédit d'un courtisan à nous
faisant crédit, nous avons place à quelque assemblée du
divertissement qu'on prend à la Cour, bien loin de passer pour duchesses ou pour marquises, l'air bourgeois
domine si fort sur notre contenance, que nous entendons
sourdement dire autour de nous : c'est une bourgeoise.
On y ajoute quelquefois une jolie bourgeoise, de bonne
façon, et qui porte la mine d'une princesse. Mais, l'air
bourgeois couvrant tout, on conclut toujours que c'est
une bourgeoise, et si le lendemain on en fait une rail-
lerie, c'est au désavantage des sots de la Cour, qui n'ont
pu remarquer cette différence.

« Notre réponse au cinquième grief n'est pas moins
pertinente que les précédentes, et ne met pas moins en
vue l'impertinence de la plainte des Dames qui tiennent
mauvais et nous accusent de prendre et donner réciproquement le titre et la qualité de Demoiselle, comme si
ce titre leur était une injure, à elles qui y ont renoncé
et ne peuvent sans honte et sans dépit l'ouïr à leurs
oreilles, n'y ayant si chétive Damoiselle à la Cour qui
ne se laisse chatouiller du nom de Madame, et ne laisse
celui de Damoiselle aux suivantes, étant assez d'avoir
épousé un petit officier pour trancher de la dame à tri-
ple étage. Comme nous avons reconnu que ce titre de
Madame était si fort affecté par celles qui, auparavant,

tenaient à grand honneur de porter celui de Mademoiselle, et que cela pouvait engendrer quelque confusion
entre elles et nous, qui portons le nom de Dames, nous
nous sommes résolues de leur quitter cet avantage, afin
de faire une distinction de nos conditions et, en leur
laissant notre titre, prendre celui qu'elles avaient abandonné, parce qu'il ne dénote aucune noblesse soit
acquise, soit d'extraction, et ne signifie autre chose
qu'une petite Dame.

« Ce n'est donc pas bien prendre les choses de la sorte
et d'imputer à notre présomption ce qu'on doit imputer
à l'ordre et à la régularité dont nous sommes si jalouses,
chose d'autant plus louable que non seulement elle établit une différence entre les Dames et nous, mais elle
nous discerne des particulières, des fruitières et autres
femmes, de plus vile condition qui parlent effrontément
et ont usurpé sur nous le nom de Madame.

« Le sixième et dernier grief des Dames de la Cour
consiste en ce que nous avons des valets qui nous suivent, à qui nous donnons le nom de laquais.

« Cette plainte témoigne évidemment que ces Dames,
si grandes qu'elles soient, sont aussi femmes que nous,
de former des difficultés sur le nom de valet, comme
si l'un apportait plus d'honneur que l'autre à ceux qui
s'en servent.

« Il est vrai que nous avons dans nos boutiques des
gens que nous nommons diversement ; nous avons des
compagnons, des garçons, et quelquefois des laquais
ou un valet, s'il plaît à Madame. Mais le mot de valet
nous semblant ridicule en notre bouche, et qui ne peut

se prononcer sans faire injure à celui à qui on le donne, qui n'est autre que *va laid,* nous avons cru que l'usage de ce mot ne convenait qu'aux personnes de condition éminente, comme nous en avons ouï plusieurs appeler ainsi ceux qui les suivaient, et nous dire que « je vous enverrai un valet ou mon valet ou l'un de mes valets ». Mais la civilité bourgeoise ne devant rien à la courtisane, nous n'avons pu que nous accommoder à cette manière de parler injurieuse, et nous nous servons du terme de laquais, terme d'autant plus honnête et plus doux qu'il dérive de ces mots : *Là, qu'est-ce?* qui composaient une sorte de commandement et dénotaient une marque d'autorité sur la personne à qui l'on parle.

« Nous mettons fin à ce dernier grief pour dire quelque chose de l'attentat injuste des Dames de la Cour sur nous autres bourgeoises.

« Nous disons donc, et nous soutenons, qu'après avoir répondu plus que suffisamment à ce qu'elles ont allégué, que la plus grande partie des Dames et la plus enflammée de colère, d'envie et de haine contre les marchandes ou bourgeoises, est composée de celles qui sont sorties de nos boutiques par des alliances qu'elles ont prises à force d'argent, avec des gentilhommes dont les maris ou leurs pères ont quitté l'aulne et la boutique, ou le grand livre journal de la boutique, pour prendre la robe ou ceindre l'épée.

« La vénalité des offices introduite en faveur des marchands a fait qu'ils ont rempli l'Eglise d'évêques, les Parlements et Cours souveraines de juges, et que

leurs enfants sont parvenus aux principaux offices de
la couronne.

« Ce que nous disons est sans répartie, et il faut, en
lisant notre factum, demeurer d'accord de son contenu
et vous mordre les doigts, Mesdames, pour avoir trop
parlé. Dites-nous, de grâce, à quelles charges ne peuvent
espérer nos enfants, si nous avons l'argent à y employer.
Il n'en faut beaucoup pour faire des capitaines ; nous
avons des frères, des cousins, des neveux et d'autres
parents et alliés, pourvus de ces charges, et qui s'acquittent glorieusement de leurs devoirs dans l'exercice
d'icelles, si la fortune ou le bonheur leur en vient de
les mener bien loin, comme il a fait tant d'autres qu'il
a poussés jusqu'aux premières dignités. Faites une bonne
réflexion sur toutes les Dames vos compagnes, et dres-
sez un fidèle catalogue de celles qui, par voie discrète
ou indiscrète, ne sont pas sorties des maisons marchandes ou bourgeoises. Vous verrez que vous n'emploierez
pas beaucoup de papier. Avouez encore, mes belles
Dames, que vous avez mal pris votre temps, et que ceux
qui gouvernent l'Etat de la France, outre que, par l'intérêt de leur origine, ils sont naturellement enclins à
nous protéger, ils ont des sentiments différents des
vôtres. Supprimez votre requête et priez le Surintendant
de la réforme du royaume de ne la point répandre, de
peur que sa juste colère ne vous jette dans la disgrâce
en laquelle vous voulez nous précipiter. Dames de la
Cour, pensez-y bien et retirez votre requête, et n'attirez
pas sur vous le courroux d'un homme de bien ».

Il n'y a pas à s'y méprendre. Les demoiselles de boutique ont vu juste ; elles se sont rendu compte de l'accession de la démocratie par la puissance de l'argent aux plus hautes fonctions de l'Etat, et adroitement, elles intéressent à leur cause la sympathie de celui qui est en ce moment leur juge, le fils du fabricant de drap de Reims. Nous ignorons comment Colbert a statué sur le cas qui lui était soumis ; ce qu'il y a de certain, c'est que toute une révolution sociale est en germe dans le factum des petites bourgeoises.

Mais ne nous éloignons pas trop de notre sujet. Il s'agissait d'assurer le succès d'une étoffe récemment ouvrée, et nul moyen n'avait paru meilleur que de la faire chatoyer aux yeux des Dames, dans un bal ou à la comédie. La mode est désormais fixée ; l'étoffe est choisie. Quelle main de fée, quel artiste ingénieux va communiquer la grâce et la vie au souple et précieux tissu ? Le plus connu, celui dont le goût ne se discute pas, c'est Langléē, le fameux Langlée, vrai maître de la mode, très petit personnage si l'on regarde son origine (il était le fils d'une femme de chambre de la reine-mère), mais se considérant comme chez lui à la Cour où il est né, ayant accès dans les plus nobles maisons où il tient le verbe haut, donnant son avis partout et toujours écouté. On dit que, avec ses manières de grand seigneur, il se plaisait à offrir des cadeaux aux Dames, qui d'ailleurs ne faisaient aucune façon pour les accepter. Mme de Montespan elle-même aurait reçu de ses mains une robe magnifique.

Les tailleurs, sous Louis XIV, étaient encore en possession de faire et de vendre les habits tant masculins

que féminins. L'industrie des couturières existait cependant déjà depuis de longues années, et leur clientèle
s'étendait, en dépit de tous les efforts faits par les tailleurs pour l'entraver. Le 7 janvier 1675, la police, con-
sultée, donna une réponse favorable à la requête que
les couturières avaient adressée au roi en vue d'être
constituées en communauté. Le Lieutenant de police
insistait sur ce fait, que déjà des femmes et des jeunes
filles de toutes conditions, se servaient d'elles pour faire
leurs jupes, robes de chambre et autres habits; il faisait observer en outre « qu'il était assez dans la bienséance et convenable à la pudeur et à la modestie des
femmes et filles, de leur permettre de se faire habiller
par des personnes de leur sexe, lorsqu'elles le juge-
raient à propos ». Trois mois plus tard, le 30 mars 1675,
la communauté des couturières recevait ses premiers
statuts.

On ne s'étonnera pas que pendant un règne aussi long
que celui de Louis XIV, la mode ait subi plusieurs
variations. Sans les relever en détail, on peut les rapporter à deux phases principales. A la première, qui va
jusqu'en 1688, appartiennent les tailles en pointe, les
manches courtes, les jupes amples retroussées sur d'autres plus étroites. La jupe retroussée prend aussi le nom
de manteau, et se termine par une queue qui sera plus
ou moins longue, selon le rang de la personne. La
seconde époque, de 1685 à 1715, semble exagérer les
défauts de la première. Les corsages s'accusent d'une
façon désagréable. Les jupes s'alourdissent par les
ornements dont on les surchage ; ce sont les *falbalas* ou

garnitures plissées, les *prétentailles* ou vastes découpu-
res ressortant en couleurs variées sur le fond de l'étoffe.
D'autre part, la jupe retroussée ou manteau de Cour
contraste plus ou moins gracieusement, par une infinité
de plis, avec sa sœur inférieure qui a adopté la forme
simple et tombante.

L'auteur du *Traité contre le luxe*, que nous avons déjà
eu l'occasion de citer, tourne en ridicule l'aspect disgracieux qu'a pris la toilette féminine au moment où il
publie son ouvrage (1705). « Quand, dit-il, on voit les
femmes gémir sous le poids d'un long et large manteau
plissé devant et derrière, enflé par des postiches pour
le faire remonter au milieu du dos ; leurs manches ap-
pesanties par des plombs qu'on y met, qui convien-
draient beaucoup mieux à la tête de quelques-unes; leurs
larges jupes sur lesquelles sont appliqués trois ou quatre rangs de différentes étoffes, les unes sur les autres,
en ordre d'amphithéâtre ; leurs écharpes longues, faites
de pièces de rapport plissées en mille manières, plus
diversifiées par leur couleur que l'arc-en-ciel, leur queue
traînante, dont un laquais se trouve surchagé ; leurs
coiffures élevées de trois ou quatre étages ; quand on
voit leurs étoffes pesantes et massives d'or et d'argent,
leurs larges galons, leurs guipures, franges, broderies,
étoles, barbes, et tout le reste de ces parures dont les
noms bizarres sont même inconnus des gens de bon
sens, il semble que ce soit une espèce d'encan où l'on
étale et où l'on met en vente toute sorte d'affaires et de
bagatelles ».

Le gouvernement fit des efforts méritoires pour arrêter le fléau sans cesse grandissant du luxe. Le *Mercure Galant,* en divers articles s'occupant de la mode, va nous dire quel cas on fait de ses défenses. « Je crois devoir, écrit-il à sa correspondante ordinaire, en octobre 1698, vous entretenir des étoffes d'or et d'argent. Je sais très bien qu'il est défendu d'en porter, et vous le savez comme moi. Cependant, il est peu de personnes de qualité qui n'en aient. Il est vrai qu'on ne les porte qu'à la dérobée, et que dans les lieux où l'on espère n'être pas vu. Jusqu'ici toutes les défenses sont restées impuissantes. Heureusement, la Reynie, le plus vigilant Lieutenant de police qu'ait jamais eu la France, va mettre tous les délinquants à la raison ». A peine le *Mercure* a-t-il formulé ces pronostics et cet espoir, qu'il s'étend, sans plus se gêner, sur le mérite des étoffes d'or et d'argent, et donne même l'adresse de leur fabricant. C'est le sieur Charlier, en son magasin, rue de la Coutellerie, à l'enseigne du Cerceau d'Or.

Un peu plus tard, novembre 1679, à l'article *Modes,* on lit dans le *Mercure* : « Presque toutes les dames de qualité portent des étoffes d'or et d'argent. On voit aussi des étoffes de satin blanc, avec de grandes fleurs veloutées et relevées d'une couleur de ponceau. On voit aussi des gros de bours, couleur de feu, relevés d'un cordonnet qui forme des fleurs. Ces fleurs sont travaillées dans l'étoffe. Ces étoffes valent vingt-cinq livres l'aune. On double tous les habits d'étoffes aussi belles que le dessus, et beaucoup en mettent de plus riches ».

Ecrit un an plus tard encore, dans le *Mercure* de 1680 : « Les étoffes or et argent sont fort à la mode, et on en voit la plupart des jupes brodées d'or sur des couleurs de feu. Il y a sujet de croire que cette mode changera bientôt, puisque l'on assure que, aux premiers jours de l'année, on renouvellera les défenses de porter de l'or ».

Il n'en sera rien. La mode ne changera pas, et finalement le gouvernement s'avouera vaincu, ou tout au moins battra en retraite. Un édit de mai 1701 interdit l'usage de l'or et de l'argent sur les vêtements à toute personne qui vend, qui trafique, qui travaille de ses mains, et à tous les bourgeois. L'édit ne nomme pas, fait observer le *Mercure*, les personnes qui sont autorisés à porter de l'or et de l'argent sur leurs vêtements, mais il va sans dire qu'il a en vue les personnes appartenant à la noblesse, et tous ceux qui ont de grandes charges dans l'épée, dans la robe et dans les finances. L'échec des lois somptuaires était complet.

Madame a terminé sa toilette; elle jette un dernier coup d'œil satisfait sur la glace de Venise. Rien ne s'oppose plus à son départ; elle est prête à monter en carrosse. Monsieur son mari l'accompagne, s'il n'est pas appelé ailleurs par ses affaires ou par ses plaisirs.

Ici force nous est de faire une courte pose pour décrire l'accoutrement du sexe fort, car il semble attacher à sa toilette une importance qui déconcerte nos habitudes de simplicité moderne. En vérité, avec la profusion de leurs rubans et dentelles, on dirait que ces Messieurs prétendent rivaliser de coquetterie avec ces dames. « Vous pouvez mettre des mouches (dit une petite marquise à un jeune cavalier). Vous ne serez pas le premier, et les jeunes gens s'ajustent présentement comme les filles » (*Mercure Galant*, février 1695).

Le jeune roi, beau comme le dieu du jour, aime à se produire sur la scène, dans les ballets, à la vue de toute la Cour, heureux de retenir l'attention des jolis yeux qui convergent sur sa personne. Il donne le ton à la mode et, comme toujours en pareille circonstance, la mesure est vite dépassée.

La partie la plus ridicule du vêtement masculin sera sans contredit le haut-de-chausse, devenu plus tard le *rhingrave* ou sorte de cotillon apporté de Hollande par un comte de Salm, agent des Provinces-Unies en France pendant plusieurs années. Cette jupe, on peut bien l'appeler ainsi, se noue au-dessous des genoux par un cordon à coulisse qui sert également à retenir les canons, la plus invraisemblable des chausses.

On ne saurait, au surplus, mieux décrire l'habillement du jeune courtisan de cette époque que ne l'a fait Molière, dans l'École des Maris par la bouche de Sganarelle :

Ne voudrez-vous pas, dis-je, sur ces matières
De vos jeunes muguets m'inspirer les manières?
M'obliger à porter de ces petits chapeaux
Qui laissent éventer leurs débiles cerveaux ;
Et de ces blonds cheveux de qui la vaste enflure
Des visages humains offusquent la figure?
De ces petits pourpoints sous les bas se perchant
Et de ces grands collets jusqu'au nombril pendant,
De ces manches qu'à table on voit salir les sauces
Et de ces cotillons appelés haut-de-chausse?
De ces souliers mignons, de rubans revêtus
Qui vous font ressembler à des pigeons pattus?

> Et de ces grands canons où, comme en des entraves
> On met tous les matins ses deux jambes esclaves
> Et par qui nous voyons ces Messieurs les galants
> Marcher écarquillés, ainsi que des volants ?

Cette ridicule mascarade disparaît vers 1670. Alors le vêtement masculin prend une tournure plus militaire; le justeaucorps et la veste remplacent le pourpoint. Ils consistent en deux tuniques ajustées, boutonnant de haut en bas, se superposant l'une à l'autre, mais sans se serrer à la taille. Elles dissimulent le rhingrave, qui doit disparaître complètement vers 1680, remplacé partout par la culotte courte. Quant aux canons, ils reprennent une forme raisonnable.

Un autre article de la toilette masculine décrite par Molière, s'impose plus dominateur que jamais, nous voulons parler :

> De ces blonds cheveux de qui la vaste enflure
> Des visages humains offusquent la figure.

L'immense appendice n'était pas encore en usage du temps de Louis XIII. La mode des cheveux longs ne s'introduisit que sous XIV ; frisés, poudrés, parfumés d'essence, ils préparèrent l'avènement de la perruque, qui n'en était qu'une imitation.

Les cheveux bouclés et attachés ne furent admis qu'à la guerre, à la chasse et dans les camps.

Les documents officiels attestent la vogue croissante de la perruque. Un édit de 1673 crée deux cents offices de perruquiers. Un autre édit, daté de 1691, établit cent nouveaux offices, en se fondant sur l'extension continuelle que prend l'usage de la perruque. Le plus célèbre artiste en ce genre fut Binet, le créateur des « binettes ».

Le commerce des cheveux provenant de la tête de femmes vivantes ou mortes, devint alors une opération des plus lucratives.

L'ampleur de la coiffure appelait un chapeau qui pût s'y adapter. On choisit le chapeau à forme basse, à bords larges ou étroits, et surmonté de plumes.

Que si quelque censeur morose s'avise de prétendre que tous ces détails de toilettes sont indignes d'occuper le récit de l'historien, nous lui répondrons avec des psychologues avisés, que la toilette indique des états d'âme divers, et qu'à ce titre elle méritait de retenir notre attention. Voyez le roi. La galanterie des jeunes années requiert l'abondance et la richesse des ornements dans le costume ; c'est la saison des amours avec les La Vallière, les Fontange et les Montespan. Puis l'âge amène les réflexions sérieuses ; l'horizon politique s'assombrit. Une tenue plus sévère devient plus séante à la gravité des temps. On voit poindre et grandir dans le lointain l'ombre de Mme de Maintenon.

II. — DINERS, PROMENADES, VISITES ET RÉCEPTIONS.
BALS ET JEUX

Dîners : *le nombre des services ; l'art de garnir la table, l'évolution du goût, l'importance d'un bon dîner au XVIIe siècle ; vains essais de répression du luxe de la table.*
Promenades : *le Cours, les Champs-Elysées, les Tuileries, et Luxembourg ; le Maïl, les Jardins des Célestins et celui des Chartreux.*

Visites et réceptions : *Sujets de conversations ; les informateurs attitrés ; salons, l'abandon du genre précieux.*
Bals et jeux : *L'importance de la leçon de danse ; bals à la Cour ; bals en ville ; « Courre le bal » pendant les jours gras ; décadence des bals. — Le jeu, fléau grandissant ; le jeu à la Cour, à la ville, à l'armée ; la tricherie, d'usage courant ; les Académies de jeux ; les ordonnances contre le jeu sans efficacité.*

Après tous les préliminaires de la toilette, qui ont pris beaucoup de temps, beaucoup plus qu'il ne nous en a fallu pour les raconter, l'écuyer fait avancer le carrosse. Où conduira-t-il ses occupants ? A un dîner, au Cours, en visite, au bal ou au souper suivi de jeux ; les buts souhaitables ne manquent pas.

Les grands dîners sont très fréquents du temps de Louis XIV. Les mémoires d'alors nous disent quel luxe présidait à la table royale. Celle des grands seigneurs s'efforçait de s'en rapprocher.

Jetons un coup d'œil sur une salle à manger aristocratique avant l'arrivée des convives. Un buffet magnifique supporte une énorme quantité de vaisselle d'or, d'argent et de vermeil ; ces pièces sont l'œuvre d'un travail exquis ; elles paraissent moins faites pour l'usage que pour satisfaire le plaisir des yeux et l'orgueil des maîtres. Près du meuble somptueux s'étalent les cuvettes d'or et de porcelaine où plongent dans la glace les vins recherchés et les liqueurs de toute espèce. Le couvert mis sur la table est disposé avec un ordre et un goût parfaits. Des surtouts, dont quelques-uns sont en vermeil et portent des statuettes finement ciselées, garnissent le milieu de la table, sur laquelle ils demeureront jusqu'à la fin du repas.

Les convives entrent. Une multitude de valets se mettent en action et vont faire défiler l'interminable série des services dont le premier suffirait seul à satisfaire les estomacs les plus exigeants.

Au dire de Gontier, cité par Le Grand d'Aussy dans sa *Vie privée des Français*, au xviie siècle, il était convenable, vers 1668, d'offrir aux convives huit services successifs ainsi composés :

Pour le premier service, diverses sortes de soupes, viandes coupées par rouelles, saucissons et autres choses pareilles ;

Pour le second, fritures, daubes, court-bouillons, gibier, jambons, langues de porc ou de bœuf fumées pâtés chauds, salades, melons ;

Pour le troisième, perdrix, faisans, bécasses ramiers, dindonneaux, chevreuils, lapins, chapons, agneaux entiers, le tout rôti, le tout servi avec des citrons, des oranges, et entremêlé de quelques plats garnis d'olives et autres vétilles semblables ;

Pour le quatrième, petits oiseaux, tels que grives, mauviettes, ortolans, bécassines, riz-de-veau, etc.

Pour le cinquième, *afin d'ôter le goût de la viande*, saumons entiers, belles truites, brochets énormes, grosses carpes et autres, poissons enveloppés de pâtes, tortues dans leurs écailles, écrevisses ;

Pour le sixième, beignets, gâteaux feuilletés, tourtes, gelées de diverses couleurs, blanc-manger, cardons, céleris ;

Pour le septième, fruits de toute espèce, cuits, crus, glacés au sucre ; crèmes préparées de toutes les manières ; quelques pâtisseries sucrées, amandes fraîches, noix confites ;

Pour le huitième enfin, confitures sèches et liquides, massepains, conserves, biscuits glacés, pastilles, fenouil confit aux sucre et dragées.

Ces repas gigantesques semblent ordonnés pour les circonstances exceptionnelles. L'usage ordinaire est d'offrir trois services, avec un nombre de plats variant avec celui des convives. Si nous consultons le *Nouveau cuisinier royal de* 1716 nous relevons, pour six à huit couverts, sept plats par service, pour dix à douze couverts, neuf plats, pour trente à trente cinq couverts, quarante trois plats.

Le luxe des tables les mieux garnies est encore loin d'égaler celui de la table royale, surtout dans les grandes circonstances. Le *Mercure Galant* (janvier 1680) rapporte qu'au banquet donné à Versailles à l'occasion du mariage de Mlle de Blois, fille naturelle de Louis XIV, avec le prince de Conti, il y eut trois services de cent soixante plats chacun.

Jadis on présentait tous les plats pêle-mêle sans ordre ni méthode. Au temps de Louis XIV, certain art préside à l'arrangement du service. Tous les plats qui le composent figurent simultanément sur la table. On a soin d'en varier les dispositions, mais toujours en les combinant de manière à présenter un ensemble harmonieux.

- Cependant un usage disgracieux subsiste encore. Les

viandes continuent à être dressées en piles énormes. Qui ne se souvient de l'édifice à jamais célèbre de la satire III de Boileau? La méthode des piles durera jusqu'à la fin de la Régence. A cette époque, un goût plus raffiné règle le choix des mets ; c'est le tour des ragoûts, des essences de jambons, des coulis et des jus ; aux gros plats succèdent les plats fins et friands.

Le luxe de la table ne cessa plus de grandir sous Louis XIV, en dépit des édits qui avaient pour objet de le contenir et de le réprimer au besoin. Un règlement de Louis XIII, en date de 1629, avait défendu d'avoir dans un repas plus de trois services, à chaque service plus d'un rang de plats et, dans chaque plat, plus de six pièces. C'était déjà un joli compte. On vient de voir qu'on le trouvait insuffisant sous Louis XIV. Si l'édit parut respecté, en tant qu'on s'en tenait généralement aux trois services, le nombre des plats ne connut d'autre limite que celle de la fantaisie des maîtres de la maison.

*
* *

Si tard que se soit prolongé le repas, la journée ne tire pas encore à sa fin. L'ordre est donné au carrosse de se rendre au Cours. C'est vers le soir qu'il est d'usage d'y faire son apparition. Le nombre des carrosses qui prennent la file sur cette belle promenade va toujours croissant. L'orsqu'on sait que le roi doit y venir, la queue est interminable. « Nous y trouvâmes le roi, disent les frères de Villiers, avec une si grande foule de carrosses que, à la sortie, il nous fut pratiquement impossible de nous en tirer et de regagner le logis avant 8 heures du soir, et ceux qui restèrent après nous y furent pour le moins jusqu'à 10 ou 11 heures, y en ayant plus de 200 derrière nous ». Les voitures suivent la grande allée centrale. Vers le milieu du parcours, elles rencontrent une vaste esplanade en forme de rond-point, où elles peuvent évoluer facilement pour le retour. Entre les carrosses circulent les vendeuses de beignets, de confitures et fruits de toute sorte, allant d'un équipage à l'autre, et plus d'une fois dissimulant sous leurs friandises de galantes commissions.

La chaire chrétienne crut de son devoir de protester, au nom de la morale, contre certaines exhibitions trop scandaleuses sur la célèbre promenade. « Vous savez, dit Bourdaloue (sermon sur les divertissements du monde) ce que sont devenues certaines promenades et ce qu'elles deviennent tous les jours. Vous savez ce qui les fait préférer à d'autres et ce qu'on y va chercher ; concours tumultueux et confuse multitude, qui sert de scène à la vanité et à la mondanité. S'il y a une beauté humaine à produire et à faire connaître, s'il y a un ornement et une parure à faire briller, n'est-ce pas là qu'on l'étale avec plus d'éclat et plus de pompe ? Au milieu de tant d'objets différents qui, tour à tour et comme par des évolutions réglées, passent sans cesse et repassent, de quoi les yeux sont-ils frappés et à quoi se rendent-ils attentifs ? Quelles pensées se forment dans les esprits ? Quels sentiments touchent les cœurs, et sur quels sujets roulent les conversations? » A la fin du règne, la tenue morale du Cours laissera plus encore à désirer; sa physionomie aristocratique s'altérera sensiblement. Les promeneurs qui ne dépassaient pas autrefois une ou deux heures du soir, s'attarderont jusqu'à cinq et six heures du matin. On installera des bals publics, où se pressera une foule de toute condition, et des parties en masques favoriseront les libertés les plus fâcheuses pour la moralité.

Les Champs-Elysées, avec leurs hautes futaies, offrent un asile ombreux et tranquille aux promeneurs qui, fuyant les embarras et la poussière du Cours, veulent jouir d'un peu de fraîcheur.

Vers les dernières heures de la journée, les carrosses, retour du Cours, s'arrêtent volontiers devant le jardin des Tuileries. C'est le moment où ce dernier présente la plus grande animation. L'allée centrale est bordée de deux rangées de chaises bien garnies, au milieu desquelles s'écoule et se renouvelle, par un va-et-vient incessant, la foule élégante des promeneurs. Des précautions minutieuses sont prises pour maintenir au jardin sa physionomie aristocratique. Les concierges ont ordre d'en interdire l'accès aux ouvriers, aux soldats, aux laquais même, quand ces derniers prétendraient y pénétrer sous prétexte de suivre leurs maîtres. Les nourrices ne peuvent accompagner les enfants qu'avec une permision spéciale. Des règlements sévères assurent la bonne tenue des plates-bandes. Sa Majesté ayant été informée que des dégâts s'y commettent journellement, défense est faite de cueillir des fleurs, de traverser les parterres, de rompre les palissades qui protègent les gazons, de dégrader les arbres par des inscriptions faites au couteau. Les contrevenants s'exposent à la prison.

Le jardin du Luxembourg occupe la seconde place dans les préférences de la société parisienne. Les beaux parterres, savamment disposés en arrière du palais, les opulents ombrages de ses vastes plantations, sont bien de nature à satisfaire le goût et l'agrément des promeneurs. Cependant l'affluence est loin d'égaler celle qui se presse aux Tuileries. L'aristocratie du faubourg Saint-Germain s'y montre volontiers, mais la mode n'a pas élu ce jardin pour son rendez-vous général. Sa disgrâce relative tient sans doute à ce qu'il est un peu excentrique, mais surtout à ce qu'il n'a pas la chance singulière d'être à la portée d'un Cours sillonné par de nombreux équipages, y déversant, à certaines heures du jour, la foule des visiteurs. Une seule époque de l'année l'anime d'un mouvement inaccoutumé ; c'est celle de la foire de Saint-Germain, qui se tient dans son voisinage. Alors la population joyeuse reflue dans son enceinte ; toutes les classes s'y confondent ; on se presse ; on se bouscule, on rit, on s'interpelle, on se querelle même, et cela dure jusqu'au jour où la clôture de la grande kermesse rend au paisible jardin sa physionomie habituelle.

Le jardin du Palais-Royal, bien que transformé par Le Nôtre dans plusieurs de ses parties, est peu fréquenté. Sa vogue ne s'établira que dans le courant du xviiie siècle.

Aux parisiens qui goûtent les exercices physiques, le Mail, situé près de l'Arsenal, en face de l'île Louviers, offre un terrain sur lequel ils peuvent se livrer à leurs amusements favoris. Une gravure du temps, agrémentée d'une prosaïque légende, nous représente les joueurs armés d'un maillet et lançant des boules à la façon de nos modernes amateurs de croquet :

> Boules qu'en ce jeu pousse avec tant d'effort
> Un bras robuste et fort
> Et passant par la passe
> Du temps qui court toujours nous présente la trace.

Enfin, dans cette courte revue des promenades parisiennes, n'omettons pas de rappeler que les Célestins, entre l'Arsenal et les Chartreux, derrière le Luxembourg, ouvrent libéralement les portes de leurs enclos plantés aux visiteurs en général, et spécialement aux habitants du quartier.

*
* *

A la promenade, sur le Cours, on se regarde, on s'examine, on échange plus d'œillades que de propos. En visite, tout le charme de la rencontre est dans la conversation, chose ailée et gracieuse qui voltige sur des lèvres aimables, effleurant cent sujets sans en approfondir aucun. De quoi cause-t-on ? De la Cour, de ses intrigues, de quelques liaisons galantes, des nais-

sances, des mariages et des morts, de la guerre et de la
paix. On apprend, on commente, on invente des nouvelles. La plus charmante des conteuses ne se laissera
jamais prendre au dépourvu. Si parfois elle est à bout
de choses à mander à sa fille, elle aura tôt fait, posant
sa plume, de faire un tour de ville pour renouveler sa
provision de bavardage. Vite, chez Mme de Louvois, chez
Mme de Villars, chez la maréchale d'Estrées. Il y a là de
bonnes langues.

Quelques dames, voulant être des premières à donner le fait du jour, ont des informateurs attitrés. Telle
la marquise de Balleroy. Un certain Morin, nouvelliste,
s'est mis à sa disposition, et lui a promis de la satisfaire
tant qu'il y aura quelque chose dans « son contoir ».
« Quand on saura votre fait, lui disait-il, vous serez ser-
vie abondamment, magnifiquement, délicatement ». Par
malheur, vient le jour où les nouvelles se font rares, où
le « contoir » s'épuise, et bientôt même en dépit de sa
bonne volonté, l'informateur est obligé de le briser.

Les hommes font aussi des visites, sans doute moins
fréquentes et plus courtes que celles des dames. Tous
n'ont pas l'ardeur de débutants des jeunes de Villiers,
s'oubliant pendant des heures près de Mme de Long-
champ. « Elle est, disent-ils, jeune et fort belle, de qui
l'entretien et la conversation est si agréable, qu'au lieu
de lui faire une courte visite pour la première fois que
nous avons eu l'honneur de la rencontrer, nous y de-
meurâmes quatre bonnes heures, et le temps nous y dura
si peu que nous aurions bien voulu y passer encore
quatre autres ». Huit heures donc ! Nous sommes en-

clin à croire que l'aimable dame, avec le sentiment que les Parisiennes ont de la mesure, aurait trouvé cet enthousiasme un peu excessif. Mais que voulez-vous ? Il faut pardonner à ces jeunes gens ; ils sont sous le charme. « La différence est si grande, disent-ils, entre la manière de vivre des femmes de condition de cette ville et celles de nos quartiers ». Aussi comme ils comprennent bien leur cousin de La Platte qui n'a qu'une idée en tête, c'est de retourner à Paris « où l'on peut acquérir et conserver toutes les qualités qui sont requises à un honnête homme ».

Ils sont vraiment très intéressants ces jeunes Hollandais, patronnés par le représentant de leur pays, ce fameux *Rhingrave*, l'inventeur de la jupe masculine ; ils vont partout, curieux de tout ce qu'ils ne connaissent pas, ardents aux plaisirs, fidèles d'ailleurs à l'accomplissement de leurs devoirs religieux, allant au prêche de Charenton tous les dimanches, si toutefois leurs chevaux de louage, vieilles rosses, leur permettent de faire le trajet [1]. Sinon, ils s'enferment dans leur chambre pour faire la lecture de la Bible. Ils unissent en un singulier contraste le sérieux et l'entrain. Evidemment, du sang français a passé par leurs veines.

La bourgeoise, toujours soucieuse d'imiter les dames du grand monde, se plait aussi à recevoir et à rendre des visites. Elle fait de son mieux pour se guinder aux belles manières, mais elles n'y parvient que rarement. Ce qu'elle s'évertue en vain à saisir, c'est cet air aisé et

---

1. Le temple de Charenton fut démoli en novembre 1685.

naturel, cette élégance instinctive et simple que l'effort met en fuite ; c'est encore cette maîtrise de soi, qui rend l'accueil égal à tout venant, parce qu'il n'est jamais pris au dépourvu. La bourgeoise, maîtresse de maison, ne sait pas contenir sa joie quand s'annonce un brillant visiteur. « Une femme de ville, dit La Bruyère, entend-elle le bruissement d'un carosse qui s'arrête à sa porte, elle pétille de goût et de complaisance pour quiconque est dedans ; mais si elle a vu de la fenêtre un bel équipage, beaucoup de livrée... quelle impatience n'a-t-elle pas de voir déjà dans sa chambre le cavalier ou le magistrat ? Quelle charmante réception ne lui fera-t-elle pas ? »

Aux réunions de personnes qu'on a coutume de prier d'y venir avec les habitués, le ton de la conversation n'est plus le même que celui des visites ; il y a quelque chose de plus apprêté, voir même d'un peu pédant. Une part plus grande est faite au sujet convenu ; on sait d'avance que celui qui servira de thème à des disputes courtoises. Entrons dans quelques-uns de ces salons.

A l'avènement de Louis XIV, Mme de Sablé, en son hôtel de la Place Royale, continue les traditions de l'Hôtel de Rambouillet, dont elle a réuni les épaves dispersées pendant les troubles de la Fronde. Là, se réunissent avec la belle et spirituelle comtesse de Maure, Jacques Esprit, l'abbé d'Ailly, le duc de Mercœur, ses commensaux ordinaires. Mais tout ce monde paraît un peu vieillot, ces réunions démodées.

De tous les salons où se donne rendez-vous la bonne compagnie, le plus connu est celui de Mlle de Scudéry. Les samedis du Marais obtiennent un succès toujours grandissant. Ses assidus appartiennent, pour la plupart, à la noblesse et à la magistrature ; quelques-uns portent des noms de consonnance plébéienne, comme Sarrazin, Chapelain, Conrad, Pellisson, Mlle Chéron, Lhéritier, etc... Il faut savoir gré à la maîtresse de maison d'avoir servi la cause de l'urbanité française et même d'avoir relevé le niveau de la littérature, tout en versant trop souvent dans le jargon prétentieux ridiculisé par Molière.

Au même genre appartient encore, avec une nuance de distinction dont il faut tenir compte, la société qu'invite au Luxembourg Mademoiselle, fille de Gaston, duc d'Orléans. Le bel esprit y est encore en faveur ; il a pour représentant principal Segrais, secrétaire des commandants de la princesse. *Les Nouvelles françaises* et les *Divertissements de la princesse Aurélie* que ce dernier fit paraître en 1656, relèvent de la manière allégorique, c'est-à-dire d'un genre de convention. Mais M. Cousin a soin de faire remarquer que les personnages ne sont plus, comme jadis, empruntés aux Grecs et aux Romains. Ils appartiennent à l'Europe moderne et surtout à la France. C'est, suivant la juste remarque de l'éminent écrivain, un pas fait vers une littérature plus vraie et plus nationale.

En effet, les idées et la tournure du langage vont se modifier. La façon de sentir et de s'exprimer évolue manifestement. A l'Hôtel de Rambouillet, on s'était confiné dans un cercle d'idées assez étroit, dont on entendait ne pas s'écarter. L'esprit français, désertant les sentiers battus, s'ouvrira des voies inexplorées où il rencontrera facilement le prévu et l'imprévu.

La Bruyère a pris soin de noter l'abandon par la bonne
société d'un genre tombé en un complet discrédit et le
retour à un langage plus sérieux. « Il a régné, dit-il, pendant quelque temps, une sorte de conversation folle et
puérile, qui roulait sur des sujets frivoles qui avaient
relation au cœur et à ce qu'on appelle passion ou ten-
dresse. La lecture de quelques romans les avait intro-
duites parmi les plus honnêtes gens de la Cour et de la
ville ; ils s'en sont défaits ».

Ce retour au bon sens et à la vérité n'allait pas sans
porter des atteintes regrettables à la manière noble de
s'exprimer. Au langage d'une quintessence raffinée se
substituera quelquefois une crudité choquante. Les belles
déclarations et les figures allégoriques paraissaient des
jeux d'esprit un peu fades à des gens habitués à goûter
des réalités moins innocentes. Ce n'est certainement pas
de cette pâture que se seraient contentés les invités que
réunissait Mme de la Sablière en son hôtel de Reuilly.
Parmi ses hôtes, la présence de Chaulieu, de La Fare
et de La Fontaine, disait assez que la causerie s'émail-
lerait volontiers de propos gaillards et licencieux.

Les convenances et le bon ton auraient-ils élu domicile dans le salon de Ninon ? « Chez elle, dit Saint-Simon,
jamais propos de religion ou de gouvernement, beaucoup
d'esprit et fort orné, des nouvelles anciennes et modernes, des nouvelles de galanterie et toutefois sans ouvrir la porte à la galanterie. Tout y était délicat, léger,
mesuré ». Mme de Sévigné lui décerne un brevet de « par-
faite décence ». Il est certain, en tout état de cause, que
la gaîté, l'entrain, la verve de la maîtresse de maison

faisaient qu'on s'y amusait plus que partout ailleurs.

Toute compensation faite des gains et des pertes, on peut affirmer que l'esprit français n'est pas en baisse. Dans ces salons d'origine et de composition très diverses, il se meut avec ses qualités natives et s'y affine en dépit des tares assumées par ailleurs.

Il est cependant des fâcheux pour croire qu'on ne sait plus causer comme jadis. C'est du moins l'avis de Mlle de Scudéry : « N'ayez pas peur, écrivait-elle au comte de Bussy le 29 avril 1672, que je devienne trop sainte ; je crains de ne le demeurer jamais assez. Savez-vous bien que nos amies les saintes sont de meilleures compagnes que tout ce qu'il y a dans le monde. Vous trouverez presque toutes les femmes d'aujourd'hui très sottes ; elles ne savent pas dire deux mots et, quand ces messieurs sont las de conter fleurette, il faut qu'ils plantent là les belles et, attendu que la société est un plaisir, ils le cherchent avec nous ; encore une fois, toutes les dames de la Cour sont des oisons; j'entends les nouvelles venues ».

Peut-être faut-il voir dans ces réflexions un peu de cette humeur chagrine qu'inspire aux personnes d'âge le souvenir embelli de leurs jeunes années. Plus justement pourrait-on reprocher aux jolies causeuses visées par Mlle de Scudéry, mais plus tard, vers la fin du règne de Louis XIV, une trop grande liberté de langage, compagne presque obligatoire de la mauvaise tenue, que nous aurons à constater chez les jeunes femmes de cette époque. Moins grandes dames que leurs mères, elles n'ont pas su garder cette dignité souriante, cet enjouement discret, qui donnaient tant d'agrément à la société française au milieu du XVIIe siècle.

*
* *

Aux charmes de la conversation qu'offre une réunion de personnes distinguées et d'âge déjà mûr, une ardente jeunesse préfère naturellement le bal qui la rapproche dans un aimable passe-temps.

On sait toute la place que tenaient dans l'éducation des jeunes gens et des jeunes filles, sous l'ancien régime, les leçons de danse et de maintien. La pensée de paraître un jour avec avantage aux bals de la Cour, sous les regards du roi et d'une illustre assemblée, imposait une longue et laborieuse préparation. Un pas manqué risquait de compromettre l'avenir du débutant ou de la débutante. En un sens, le maître à danser du *Bourgeois gentilhomme* n'était pas si ridicule qu'on se plaît à le croire, quand il imputait au fait de n'avoir pas su danser le malheur d'avoir fait un mauvais pas dans telle ou telle affaire. Aussi prenait-on une peine énorme pour atteindre la perfection du genre. « Le talent de bien danser, dit le *Mercure Galant* dans son numéro de mars 1678, est devenu si considérable, qu'un jeune homme qui ne croyait pas avoir la jambe assez droite, se l'est fait rompre dans le seul dessein d'avoir l'air meilleur quand il se la serait fait raccommoder ». Le cas, sans doute unique, laisse deviner à quelle con-

trainte patiente danseurs et danseuses assujettissaient
leurs membres en vue d'obtenir toute la grâce et la sou-
plesse désirables. Aussi les professionnels de la danse
étaient-ils devenus, sous Louis XIV, des personnages
d'importance. Appartenant autrefois, à titre de bala-
dins, à la compagnie des joueurs d'instruments, ils
furent constitués par une ordonnance de 1661, en une
Académie de danse, composée « des treize plus anciens
et plus expérimentés maîtres à danser ». Ces artistes
allaient donner des leçons en ville et les faisaient payer
fort cher. Après une préparation minutieuse, la jeune
fille formée par leurs soins, faisait son apparition aux
bals de la Cour et de la ville, où tous ses mouvements
de débutante étaient curieusement épiés.

Les bals de la Cour, que nous appellerons volontiers
les bals officiels, avaient toujours quelque chose d'un
peu théâtral et de compassé. On s'amusait beaucoup
plus aux bals de la ville, où les rigueurs de l'étiquette
étaient mises de côté. Les dames de la plus grande noblesse y fréquentaient avec les dames de la haute bourgeoisie, et ce rapprochement donnait lieu à de piquants
contrastes. « Au bal de M. de Chancelier, dit le *Journal* des Frères de Villiers (février 1658) les femmes y
parurent aussi dans un éclat extraordinaire, mais celles
qui étaient purement de la ville et des gens de robe, y
étaient aisément remarquées, pour la différence qu'il
paraissait aux yeux des moins délicats. On eut dit, à
leur port et à leur air, qu'elles n'en étaient que les
filles de chambre. La femme du marquis de Vardes, qui
est une fille du président Nicolaï, fut de celles qu'on

remarqua n'avoir pas encore acquis ce que je ne sais quoi de grâce et d'entregent que donnent la Cour et le grand monde ».

Les bals de M. de Chateauneuf, conseiller au Parlement de Paris, étaient fort appréciés. Monsieur et Mademoiselle les honoraient de leur présence, ainsi que la comtesse de Soissons.

Non contents de se rendre aux soirées de la magistrature, les plus hauts personnages princiers aimaient à se faire recevoir par les principaux officiers de leur maison. Chaque année, M. de Mannonvilliers, secrétaire des commandements de Monsieur, donnait une fête où leurs Altesses Royales venaient en masque se mêler à la foule des invités. M. du Housset, chancelier de Monsieur, organisa une grande fête en l'honneur de M\ile de Valois, seconde fille de son Altesse Royale. Toute la jeunesse de première qualité y accourut. C'est là que fit son entrée dans le monde la très jeune marquise de Nangis, fille de la maréchale de Rochefort ; elle n'était alors âgée que de treize ans.

Les divertissements battaient leur plein pendant les trois jours gras. Toute la nuit, chacun s'empressait, selon l'expression usitée, de « courre le bal », allant où son plaisir l'appelait. Princes et princesses oubliaient un peu leur dignité en cette occurence. « Ce soir-là, 5 mars, mardi gras, dit le *Journal* des frères de Villiers, toute la Cour se partagea par bandes, et la Reine, le Roi, Monsieur, Mademoiselle et notre Reine-Christine, furent chacun courre au bal ». Un récit d'un personnage de la Cour de Danemark (1663) nous montre trois personnages princiers, le duc, la duchesse d'Orléans et le prince de Danemark, déguisés et masqués ainsi que les seigneurs et les dames de leur suite, partant, après souper, pour aller voir, sans être invités bien entendu, les bals qui se donnaient chez les particuliers, courant ainsi de maison en maison. On s'amusait énormément dans ces folles équipées nocturnes à travers la ville.

Il est aisé de croire qu'elles ne se produisaient pas sans exposer à de graves préjudices la moralité publique. Le cardinal de Noailles, dont les doléances pastorales n'exerçaient pas grande impression sur son troupeau, aurait voulu user du crédit de Mme de Maintenon pour faire interdire par le prince ces réjouissances ; mais la puissante dame lui fit pressentir, par une lettre polie du 31 janvier 1700, qu'une tentative de ce genre n'aurait aucune chance de succès. « Le roi a de la peine sur les trois jours gras que vous voulez retrancher aux mascarades et aux bals, mais il finit toujours par dire qu'il veut être soumis et vous laisser faire... La religion est peu connue à la Cour. On veut l'accommoder à soi et non s'accommoder à elle. On en veut toutes les pratiques extérieures, mais non pas l'esprit. Le roi ne manquera pas à une station ou à une abstinence, mais il ne comprendra point qu'il fallut s'humilier, prendre l'esprit d'une véritable pénitence... » Sans doute se souvenait-il aussi des ébats de ses jeunes années pendant les jours gras.

Aucune tradition n'est plus difficile à rompre que celle qui se perpétue en amusements. Cependant, s'il faut en croire les témoignages contemporains, les bals n'ont plus leur entrain accoutumé depuis longtemps déjà. Il est vrai que le diable n'y a rien perdu, comme on va le voir. « Le 26 décembre 1656, écrivent les frères de Villiers dans leur *Journal*, nous fûmes voir la femme de M. le Premier. Nous y trouvâmes une dame de condition, qui nous dit que les bals et les assemblées étaient si peu fréquentés des hommes, qu'à peine s'en trouvaient-ils pour les faire danser, et que le jeu et la débauche leur faisaient perdre le temps qu'ils avaient coutume de donner au divertissement de leur sexe ». Même note dans une lettre de la princesse Palatine en date du 15 mars 1695. « Aussitôt qu'on est réuni, on ne fait que jouer au lansquenet ; les jeunes gens ne veulent plus danser ».

*
* *

Oui, les doléances de ces dames sont justes. Les jeunes gens ne veulent plus danser. Près du jeu, tous les autres divertissements pâlissent, mais si vraiment le jeu fait tort aux bals, les dames n'ont à s'en prendre qu'à elles-mêmes, car elles y apportent en général plus d'ardeur et d'entrain que les hommes. Et ce n'est pas seulement sur les femmes mariées que sévit l'horrible passion ; elle atteint les jeunes filles elles-mêmes, qu'on pourrait croire obligées à plus de retenue. Il est vrai que le roi semble encourager leur empressement en gratifiant de six cents pistoles les demoiselles de Mme la

Dauphine pour *soutenir leur jeu*. Mieux avisée, Mme la
Princesse défend formellement à ses filles de jouer.
Peine perdue d'ailleurs. On trouvera bien les moyens
d'éluder une surveillance incommode. Jugez-en plutôt
par l'anecdote suivante, dont Mme de Maintenon nous
transmet le récit imagé. « J'ai connu, dit-elle, une demoiselle à la Cour, très sage de sa nature, qui s'est perdue par là (le jeu). Elle avait une telle passion de jouer
que, n'osant le faire ouvertement parce que Mme la Princesse, dont elle était fille d'honneur, l'avait défendu,
elle demeurait tout le jour penchée à une porte, passant
par dessus la porte l'argent, les cartes ; enfin cette passion l'a poussée si loin qu'elle passe des nuits à jouer
avec des gardes, et elle en est devenue jaune, maigre,
horrible, quoi que ce fût une personne bien faite et fort
aimable ».

Bref, tout le monde joue. Hommes et femmes, jeunes
et vieux libertins et faux dévôts, tous se ruent à l'irrésistible passion. Des fortunes s'édifient ; d'autres s'ef-
fondrent ; et derrière les joueurs se trouve toujours à
l'affût un usurier pour combler le gouffre béant. Les
belles manières disparaissent ; on ne connaît plus le
geste élégant du joueur malheureux qui s'acquitte, le
sourire aux lèvres, de la somme perdue, comme chose
de peu de conséquence. Les salons de jeu de Versailles
offrent un spectacle hideux. « On joue ici des sommes
effrayantes, écrit la Palatine, et les joueurs sont comme
des insensés. L'un hurle ; l'autre frappe la table si fort
du poing que toute la salle en retentit ; le troisième
blasphème d'une façon qui fait dresser les cheveux ; tous

paraissent hors d'eux-mêmes et sont effrayants à voir ».

Chose plus grave encore que l'oubli des convenances ; le sens moral s'altère. Tel commence par être dupe qui finit par être fripon. « On jouait beaucoup sous le règne de Louis XIV, a-t-on dit, mais on jouait mal ». Tranchons le mot, on trichait effrontément. Le roi se décide à frapper un grand coup, encore qu'il lui en coûte énormément d'en venir à cette extrémité. « Le roi, écrit Mme de Sévigné (avril 1691) a commandé à M. de S. de se défaire de sa charge et tout de suite de sortir de Paris. Savez-vous pourquoi? Pour avoir trompé au jeu et avoir gagné cinq cent mille livres avec des cartes ajustées ». Dangeau, dans son *Journal*, moins discret que la marquise, précise les faits : « avril 1691. Le marquis de Sessac est exilé pour avoir triché avec le roi qui, s'étant absenté, avait donné son jeu au maréchal de Lorges, dont Sessac crut avoir bon marché ».

Louis XIV songe à réfréner par une mesure générale la licence des joueurs. Il charge son lieutenant de police de lui présenter un mémoire lui signalant les noms des joueurs les plus obstinés. Le magistrat obéit, mais en tête de la liste réclamée figure le nom du duc d'Orléans. On pense bien qu'aucune suite ne fut donnée au projet.

De la Cour, le fléau s'étend à la ville. Tous les salons en sont infestés, les mieux fréquentés comme les plus suspects. L'Hôtel de Soissons, appartenant à la maison de Savoie, devient l'asile favori des gros joueurs. Puis, c'est le tour de la province et, comme à Paris, la haute noblesse y donne l'exemple d'un jeu effréné. Mme de Sévigné commence par morigéner doucement śa fille au sujet d'un danger que flaire sa sollicitude maternelle, sans en comprendre encore toute la gravité « 30 mars 1672. Voici, ma fille, écrit-elle, une réflexion qui me vient sur les pertes fréquentes que vous faites au jeu, et sur celles de M. de Grignan ; prenez-y garde, ma fille ; il n'est pas agréable d'être la dupe ; soyez persuadée que ce n'est pas une chose naturelle de gagner et de perdre continuellement ». Puis, une autre fois, elle éprouve un violent sursaut d'indignation « 7 juin 1675... Les cheveux me dressèrent l'autre jour sur la tête quand le coadjuteur me dit qu'allant à Aix, il y avait trouvé M. de Grignan jouant au *hoca* ».

A la Cour et dans les salons, les joueurs, malgré les libertés qu'ils prennent, ne se sentent pas encore les coudées assez franches pour se livrer sans contrôle à leur passion favorite. Paris se couvre alors de maisons mal famées, que nous nommons vulgairement des tripots, mais qu'on décore alors du beau nom *d'Académies de Jeu*. Ces jeux sont les mêmes que ceux admis à la Cour et dans les hôtels de la noblesse, mais là ils deviennent punissables, distinction que les nobles habitués de ces maisons ont beaucoup de peine à saisir. Ils l'acceptent encore quand les peines n'atteignent que les établissements où se réunissent les gens de peu. « Ces publications, dit la comtesse dans une comédie de Dancour en parlant des ordonnances contre le jeu, ces publications sont pour le public, pour les laquais, pour la canaille à qui l'on fait bien de défendre certains jeux qui ne sont faits que pour les gens de qualité ». Mais alors c'est aux petites gens de se récrier. Eux aussi ils ne comprennent pas, car la foule est simpliste ; elle ne s'arrête pas aux subtilités. Si les divertissements de cette espèce sont autorisés en haut, pourquoi sont-ils interdits en bas ? Et le mal prend des proportions effrayantes, contre lequel vient se briser tout l'effort des arrêts et des ordonnances.

III. — THÉATRES, CABARETS, TAVERNES ET CAFÉS

Les théâtres à Paris ; décor de la salle et de la scène. — Le personnel du théâtre ; l'orateur, la distributrice des douces liqueurs ; acteurs et actrices. — Comment une pièce est admise. — Le partage des bénéfices. — Le discours de l'orateur. — L'affiche. — Les jours de représentation. — La saison théâtrale. — Les heures d'ouverture. — Le prix des places. — L'aspect de la salle. — Les genres en vogue. — Cabarets et tavernes, fréquentés par les gens de lettres. — L'origine des cafés. — Difficultés qu'ils éprouvent à s'établir. — Succès définitif. — Le café Procope. — Clôture de la saison parisienne. — Jugement à porter sur la société mondaine.

Le cycle de la journée parisienne, celui dans lequel se meuvent presque automatiquement les occupations de la vie extérieure des mondains, est clos. Mais, en dehors du programme dont nous avons détaillé les divers articles, certaines attractions sollicitent encore les loisirs de nos parisiens. Sans s'imposer d'ores et déjà comme un des exercices de leur vie quotidienne ; elles recrutent incessamment de nouveaux amateurs. Nous voulons parler des théâtres et des cafés.

Nous ne suivrons pas en leurs nombreuses vicissitudes les périgrinations des théâtres parisiens au temps de Louis XIV. Leur organisation, leur installation matérielle, leur personnel, les relations entre auteurs et acteurs, l'attitude du public, retiendront toute notre attention.

L'ornementation de la salle de théâtre est d'une extrême simplicité. Les fréquents déplacements des diverses troupes à travers la capitale inspirent-ils aux directeurs le souci d'éviter des installations coûteuses ? C'est possible. Mais il faut croire aussi que les contemporains ne sont pas difficiles pour un genre de luxe auquel ils ne sont pas habitués. Dans la salle où Molière établit son *Théâtre illustre,* les tapisseries forment toute la décoration.

Au lieu des lustres étincelants qui incendient de mille feux nos salles modernes, acteurs et spectateurs sont alors éclairés par des chandelles. Deux *moucheurs* attitrés se chargent, l'un des lumières du devant du théâtre, l'autre de celles du fond. Ils devront s'acquitter en toute diligence de leurs fonctions, « afin, dit un auteur du temps, de ne pas donner mauvaise odeur à l'auditoire ». Ils veilleront surtout à ce que le feu ne prenne pas aux toiles et, en prévision du cas d'incendie, ils auront soin de tenir toujours prêts des muids remplis d'eau, avec quantité de seaux à portée de la main.

Les dispositions de la scène varient avec les époques. Dans un temps où l'on ignore encore la règle des unités, les entrepreneurs de décors mettent sous les yeux des spectateurs, dans une confusion inextricable, tous les tableaux qui, simultanément ou successivement, peuvent convenir au sujet. Plus tard, lorsqu'une unité relative tendra à prévaloir, les figurations de la scène se simplifieront et s'harmoniseront mieux avec la pièce.

L'inauguration de l'opéra italien apporte plus de choix et plus de convenance dans l'art du décor.

L'usage de représenter des scènes mythologiques ou historiques exige un certain souci de la couleur locale. Ainsi dans une pièce où figurent des Grecs et des Romains, une gravure du temps montre les vaisseaux Hellènes et les murailles d'Ilion. Il est vrai que, comme fond de scène, on voit apparaître le Pont-Neuf et la statue d'Henri IV.

*
* *

De l'installation matérielle, si nous passons à l'organisation du personnel, nous trouvons, en dehors des acteurs, des agents secondaires en nombre assez considérable, qui prêtent, à un degré quelconque, leur concours au service du théâtre. On estime que leurs gages montent ensemble à plus de cinq mille écus, payés par la maison. De ces fonctionnaires d'ordre inférieur, *l'orateur*, dont nous dirons tout à l'heure le rôle, est le principal ; en raison des attributions plus relevées qui lui sont départies, on hésite même à le ranger parmi les officiers du théâtre. Après lui, viennent les violons, véritables artistes qui font l'objet d'une sélection très attentive. Ils sont généralement au nombre de six. Placés, à l'origine, derrière le théâtre ou sur les côtés, on les a mis ensuite dans les loges du fond, d'où ils se font mieux entendre. Dans l'ordre du mérite artistique, on peut attribuer la seconde place au décorateur. Il doit se montrer homme de goût, faire preuve d'invention et posséder à fond le maniement des machines. C'est à lui qu'il appartient de faire évacuer les bas côtés du théâtre, volontiers envahis par les petites gens au grand détriment de l'effet général. Au dernier rang des officiers sont le concierge, le copiste, le receveur de bureau, les contrôleurs, les portiers, les ouvriers, les chandeliers, l'imprimeur et l'afficheur.

Tout à fait à part, mais non la moindre comme importance, est la *Distributrice des douces liqueurs.* Deux places ou boutiques lui sont dévolues, l'une près des loges et l'autre au parterre ; la première est tenue par une sous-gérante ; la distributrice occupe la seconde. On en admire les jolis lustres, les beaux vases, les verres de cristal. Les amateurs y trouveront toutes sortes de liqueurs rafraîchissantes, limonades, aigres de cidre, eaux de framboise, de groseille, etc... Autrefois, on ne distribuait au théâtre que de la bière et du cidre. Mais le temps a développé le service de la buvette comme tous les autres, et personne n'est plus d'humeur à rester trois heures durant dans une salle surchauffée, sans avoir à sa disposition des boissons aussi agréables que variées pour calmer l'ardeur de sa soif.

La distributrice devra être une personne de bonnes manières, de façons engageantes et de jolie figure. Non seulement elle ne reçoit rien du théâtre, qui ne la compte pas parmi ses officiers, mais elle lui doit une redevance annuelle de huit cents livres en raison des beaux bénéfices que sa place lui procure.

Le haut personnel du théâtre comprend les acteurs et les actrices ; ils seront ce que la nature, une préparation plus ou moins sommaire et le talent du chef de troupe les auront faits. Au XVIIe siècle, on les tient encore en marge de la société. Leur vie errante et souvent licencieuse ne justifie que trop les réserves et souvent les réprobations qu'ils encourent. Un auteur du temps[1] plaidant en leur faveur les circonstances atténuantes, fait observer qu'on ne trouve rien que de fort honnête à fréquenter les comédiens « et que ces enjouements, ces petites libertés qu'on reproche au théâtre, ne sont que d'innocentes amorces pour attirer les hommes par de feintes intrigues, à la solide vertu ».

La pièce est écrite ; la scène est prête pour la recevoir ; mais avant de l'affronter, elle devra subir plusieurs épreuves. Il n'est pas rare que des auteurs connus soumettent leur œuvre au jugement d'amis dont ils apprécient les lumières. A combien plus forte raison les débutants seront-ils tenus de rechercher l'avis des juges compétents. L'auteur déjà cité les invite à solliciter celui de Messieurs de l'Académie française, et même il voudrait que les libraires ne fussent jamais autorisés à imprimer des livres sans s'être assurés que cette condition a été préalablement remplie. Ils y gagneraient de

1. Samuel Chappuzeau, le *Théâtre Français*, 1,674.

ne pas encombrer leurs magasins de *maculatures* inutiles. Ce n'est pas assez. Il sera bon que l'auteur de la pièce la communique officieusement au comédien le plus intelligent de la troupe ; car, pour juger du succès auquel elle est appelée, les comédiens ont des grâces d'état que les plus beaux génies ne sauraient posséder. Si l'auteur adopte ce parti, la pièce sera examinée à huis clos ; est-elle accueillie par un avis favorable, il prendra jour et heure pour la lire lui-même aux comédiens assemblés. Là, elle sera examinée consciencieusement, sans faveur ni parti pris. L'auteur aura beau préparer sa lecture par quelques réflexions adroites, enfler la voix à certains passages ; les juges ne seront dupes ni de ses précautions oratoires, ni de l'emphase de son débit ; tout sera passé au crible dans les détails et dans l'ensemble.

La pièce jugée bonne est admise. Il n'y a encore que la moitié de la besogne faite. Derrière l'œuvre d'art se trouve l'affaire industrielle. Comment se partageront les bénéfices ? Il faut distinguer. Les comédiens sont gens prudents. Si l'auteur est peu connu, on se tiendra sur la réserve à son égard ; on lui accordera généralement deux parts dans le produit de la recette. Si le public continue à applaudir l'œuvre, les parts augmenteront en raison du nombre des représentations. Quand l'auteur jouit d'une réputation bien établie, il n'est pas rare qu'on lui paye comptant une somme fixe. Encore la chose ne va-t-elle pas toujours sans quelque tirage. « M. Corneille nous a fait un grand tort, disait Mlle Beaupré, actrice du Marais, vers 1645 ; nous avions ci-devant pour trois écus des pièces de théâtre que l'on nous faisait dans une nuit.

Présentement, les pièces de M. Corneille nous coûtent bien de l'argent, et nous y gagnons peu de chose ».

Enfin, auteur et acteurs sont tombés d'accord. On conclut le traité dans un fraternel repas. Le moment est venu de tourner nos regards du côté du public.

Sur la scène, à la fin de la représentation de la pièce en cours *l'orateur* annonce la pièce nouvelle, celle qui sera jouée le jour de la première représentation. La harangue a pour objet de lui préparer un accueil favorable de la part du public. Elle exige certaines qualités de tact et de discrétion qui mettent en relief le talent de son auteur. Il y a des raffinés pour prétendre qu'ils tirent plus de jouissance intellectuelle de l'annonce de la pièce que de la pièce elle-même. Généralement courte et improvisée, elle est plus étudiée quand le roi ou un prince du sang assiste à la représentation. Les acteurs Bellerose, Floridor et Mondory se sont distingués dans le rôle *d'orateur*.

L'affiche suit l'annonce ; comme cette dernière, elle est l'œuvre de *l'orateur*. Conçue naturellement dans le même esprit, elle fait en quelques mots pressentir aux lecteurs le mérite de la pièce attendue, et les invite à s'assurer de bonne heure des loges que l'on va se disputer. L'affiche est soumise à la censure préalable de la police. Une lettre de Pontchartrain à d'Argenson lui prescrit de ne laisser représenter aucune pièce qu'elle n'ait été communiquée à la police. Il est arrivé que la censure ait été prise au dépourvu. Ainsi on a laissé jouer la *Fausse prude* sur le théâtre italien. En y regardant de plus près, on a reconnu que la fausse prud était Mme de Maintenon. Pour s'être fait attendre, la répression n'en a été que plus sévère. Il peut se faire aussi qu'une pièce annoncée soit interdite ultérieurement sur requête particulière. Ainsi en a décidé un arrêt du Parlement du 22 octobre 1668 « rendu à la requête de Nicolas Boileau, contenant qu'il a appris par affiche que les comédiens du Marais feraient représenter une farce intitulée : « *La critique des satyres* (sic) *de M. Boileau,* qui est une pièce diffamatoire contre l'honneur, la personne et les ouvrages du suppliant ».

Discours et affiches se simplifièrent avec le temps. Vers 1674, on se contenta de nommer, en fin de représentation, la pièce qui sera jouée à la séance suivante. L'affiche subsiste, réduite aux mêmes proportions que le discours. Collée aux portes du théâtre, à tous les carrefours et endroits en vue, elle est rouge pour l'Hôtel de Bourgogne, verte pour l'Hôtel de la rue Mazarine, et jaune pour l'Opéra. On y lit les jours et heures des représentations.

L'Opéra ouvre ses portes les mardis, vendredis et dimanches, pour les pièces anciennes, et le jeudi pour les pièces nouvelles.

Molière adopte les mêmes jours au Théâtre du Petit Bourbon.

La Comédie Française, après son installation rue des Fossés-Saint-Germain, joue tous les jours, alternativement des tragédies et des comédies.

La Comédie Italienne donne ses représentations à l'Hôtel de Bourgogne, les jours où l'Académie royale de musique reste fermée.

On a évité de représenter le lundi, jour du *grand ordinaire*, c'est-à-dire du départ du courrier et des messageries pour l'Allemagne, l'Italie et toutes les provinces qui se trouvent sur la route, le mercredi et le samedi, jours d'affaires et de marché, et le jeudi du moins pour les pièces anciennes, jour où l'Académie et les collèges sont en congé.

Au commencement du xvii⁰ siècle, l'époque de la saison théâtrale va de la Toussaint jusqu'à Pâques. Plus tard, elle dépasse cette date, mais les auteurs connus ne veulent pas que leurs œuvres nouvelles soient jouées après Pâques, alors que toute la Cour va se disperser. Ajoutons que le théâtre reste fermé pendant la quinzaine de Pâques, aux fêtes publiques, aux entrées solennelles de princes ou grands personnages, aux jours où l'on ne compte pas sur les spectateurs, tels que celui de l'exécution de la Brinvilliers, ou parce que les comédiens sont appelés à Versailles, à Saint-Germain, à Fontainebleau, à Chambord, à Chantilly, pour jouer devant les rois et les princes.

L'heure d'ouverture, avec le temps, devient de plus en plus tardive. Une ordonnance de police du 12 novembre 1609 porte « expresse interdiction et défense aux comédiens, depuis le jour de la Saint-Martin jusqu'au 15 février, de jouer passé 4 heures et demie au plus tard » et leur enjoint de commencer à 2 heures de l'après-midi. Vers 1670, le spectacle commence à 3 heures et finit à 7. Après la mort de Molière, la représentation du *Malade imaginaire* ne se termine qu'à 9 heures du soir. Les habitudes de la population parisienne tendent à reculer de plus en plus l'heure de l'ouverture. A quelque heure du jour ou de la nuit que fonctionne le théâtre, on joue toujours aux chandelles.

Les prix des places, d'abord très modestes, deviendront relativement plus élevés que ceux de nos jours. L'ordonnance de 1609, que nous citions tout à l'heure, voulant protéger le public contre les exigences injustifiées des comédiens, fixe à 5 sous le prix des places au parterre, où l'on se tient debout, et à 10 sous celui des loges et galeries. En 1682, le prix du parterre monte à 15 sous. A l'hôtel de Bourgogne, c'est le prix courant des jours ordinaires. Une affiche en vers, rédigée par l'acteur Villiers, annonce en ces termes la représentation de l'Amarilis de Rotrou :

> Venez donc, tous les curieux.
> Venez, apportez votre trogne
> Dedans notre Hôtel de Bourgogne,
> Venez en foule, apportez-nous
> Dans le parterre quinze sols,
> Cent dix sols dans les galeries.

Cent dix sols valent alors dix-huit francs de notre monnaie. C'est le prix que coûtent invariablement les premières places de théâtre et les premières loges de galeries, quelle que soit la pièce jouée, ancienne ou nouvelle ; mais quand on joue à l'*extraordinaire*, c'est-à-dire une pièce nouvelle, le prix des autres places monte, celles d'amphithéâtre de 3 livres à 5 livres 2 sols, les loges hautes de 30 sous à 3 livres, les loges de troisième rang de 1 à 2 livres, et le parterre de 15 à

30 sous. A partir de 1699, les prix courants sont augmentés. Ils s'élèvent, dans le théâtre, pour les loges à 3 livres 12 sous, dans l'ampithéâtre pour les loges hautes à 1 livre 16 sous, pour les loges de troisième rang à 1 livre 4 sous, et pour le parterre à 18 sous. Cette hausse des prix est due à l'obligation imposée aux théâtres de verser à l'Hôpital Général le sixième de leurs recettes.

Aux abords de la salle se presse la foule houleuse qu'exaspère une longue attente et que les commissaires de police ont peine à maintenir. Les portes s'ouvrent. Aussitôt la lutte s'engage entre le portier et ceux qui ne veulent pas payer [1], nobles qui se croient exemptés par droit de naissance, laquais qui se réclament de leurs maîtres, mousquetaires qui ne négligent aucune occasion de faire du tapage ; tous ou presque tous, en dépit des efforts du concierge pour les refouler, font irruption dans la salle. Un ordre du roi, en 1666, supprime les entrées gratuites pour les Maisons du roi, mousquetaires, gardes de corps, gendarmes, chevau-légers. En voici la teneur : « De par le roi. Sa Majesté défend à toute personne, de quelque qualité et condition qu'elle soit, même aux officiers de sa maison, d'entrer auxdites comédies sans payer, comme aussi à tous ceux qui y seront entrés, de causer aucun désordre ni d'y interrompre les comédiens ». Chaque année à peu près il faut renouveler l'ordre souverain. On n'en tient pas compte.

1. Les grands seigneurs se refusaient à payer comptant ; les théâtres leur ouvraient un compte courant, qu'ils avaient d'ailleurs beaucoup de peine à solder.

A l'intérieur de la salle, l'aspect varie suivant les places occupées. Les spectateurs du parterre, clercs, procureurs, écrivains, habitués des tavernes, pages, commis de magasins, valets, soldats, coupe-bourses même, serrés les uns contre les autres, mènent un vacarme infernal. Ils échangent force quolibets, sales propos, injures de toute nature, avec accompagnement de coups de pied et de coups de poing. Le rideau levé, ils manifestent bruyamment leur opinion, interpellent à haute voix les acteurs, quelquefois même gênent leur jeu en les serrant de près sur la scène.

Certains incidents parfois suspendent complètement la représentation, notamment ce soir où un chien, appartenant au marquis de Givry, s'élance soudain sur la scène. Le sieur Creil, mousquetaire, expert en fait de tapage, l'excite, et le public d'applaudir, d'entonner des airs de chasse, si bien que l'animal mis en verve multiplie en cent façons les preuves de son agilité, pour la plus grande joie des spectateurs.

En dehors des causes accidentelles de désordres, les acteurs ont encore à souffrir de l'usage admis de réserver aux hommes plusieurs rangées de banquettes sur la scène. Il arrive même que les dames s'y installent, refoulant les messieurs dans les coulisses. Lesage nous a transmis un récit drôlatique de l'attitude de ces dames pendant une représentation de la *Judith* de l'abbé Boyer. « Imaginez-vous, dit-il, deux cents dames assises sur des banquettes où l'on ne voit généralement que des hommes, et tenant des mouchoirs étalés sur leurs genoux pour essuyer leurs larmes dans les endroits touchants. Je me souviens surtout qu'il y avait, au quatrième acte, une scène où elles fondaient en pleurs, et qui à cause de cela fut appelée la *scène des mouchoirs* ». L'invasion de la scène devint si incommode pour le jeu des acteurs que l'autorité administrative les sépara des spectateurs par une balustrade qui ne devait pas être franchie.

Le public qui garnit les loges dont les prix élevés ne sont pas accessibles aux petites gens, donne l'impression de décence et de tenue qui caractérisent la bonne compagnie.

Les représentations sont combinées de manière à correspondre au goût de ces deux catégories de spectateurs. La tragédie, la tragi-comédie, la pastorale s'y rencontrent avec la farce. On commence par la pièce sérieuse, la grande pièce en cinq actes et en vers, pour finir par la farce imitée de l'italien. Cette dernière naturellement est la plus goûtée de la petite bourgeoisie et du public. L'acteur qui s'est fait une spécialité d'un type choisi donne libre carrière à sa verve fantaisiste; il l'agrémente de propos orduriers, de plaisanteries grossières ou saugrenues, qui font les délices du parterre. L'acteur Jodelet s'est acquis en ce genre une célébrité hors pair; ses succès ont beaucoup contribué à en prolonger la vogue.

Mais vers la seconde moitié du siècle, le goût s'épure. La farce, en passant sur le théâtre de Molière, prend des allures moins brutales et provoque une franche gaieté sans compromettre trop manifestement la morale et les convenances. L'influence féminine n'est pas restée étrangère à ce revirement d'esprit. La présence au spectacle de dames, dont plusieurs avaient sans doute traversé l'hôtel de Rambouillet ou qui se piquaient d'en continuer les traditions, s'accordait mal avec le jeu débraillé et les propos répugnants des professionnels. Mais c'est plus encore aux auteurs eux-mêmes, à nos grands classiques, qu'il faut savoir gré d'avoir introduit sur le théâtre cet idéal de bon ton et de bonnes manières, qui a porté si haut le renom et la dignité de la scène française.

Bannie du théâtre national, la farce n'a plus d'autre asile que le théâtre italien ; là même elle semble vouée prochainement à l'insuccès. Cette comédie, sans valeur pour des oreilles françaises, n'amuse les spectateurs que par la pantomine et la musique, d'ailleurs fort expressives.

* *
* *

D'autres centres d'attraction vont solliciter la présence des Parisiens sous Louis XIV. Ils n'ont plus pour objet de charmer leurs yeux et leurs oreilles, de satisfaire cet amour du beau, ce sens artistique que chacun de nous recèle plus ou moins en soi. Les nouveaux établissements se proposent de flatter le goût de leur clientèle, pris dans le sens physique du mot, mais avec des moyens plus raffinés et une meilleure compréhension de la mise en œuvre qu'autrefois. Ils n'excluent pas d'ailleurs, ils satisfont même certaines jouissances intellectuelles. Les hasards de la conversation entre gens d'esprit qui se rencontrent ou qui se recherchent, les propos curieux d'amateurs de nouvelles assaisonneront de leur piquant intérêt des jouissances d'ordre moins délicat. Nous avons nommé les cafés.

Avant eux, cabarets et tavernes sont depuis longtemps fréquentés. Sans nous arrêter aux bouges où la basse classe vient noyer dans l'ivresse le sentiment de sa misère, nous pouvons citer plusieurs établissements où se réunit une société mieux choisie, se recrutant surtout parmi les gens de lettres. Tout le monde connaît la célèbre Pomme de pin, de la rue de la Juiverie près du Pont Notre-Dame. Après elle, la vogue est pour La Croix de Lorraine, place du cimetière Saint-Jean. Là se réunissent Racine, Molière, La Fontaine, qui avaient fréquenté d'abord Le Mouton Blanc dans la rue du Vieux Colombier. Là encore se rencontrent Chapelle, Mairet, Saint-Pavin, Saint-Evremont, Scarron, d'Assoucy, Saint-Amand, etc. Plusieurs des habitués sont des représentants de la littérature burlesque et s'honorent du nom de *goinfres*.

Louis XIV n'aimait pas que sa noblesse, risquons le mot, s'encanaillât, et il ne lui plaisait pas qu'elle quittât les splendeurs de Versailles pour se vautrer dans les distractions les plus basses et les plus ignobles de la vie parisienne. Il fit des exemples en chassant de sa Cour quelques jeunes débauchés trop compromis ; mais il ne put jamais empêcher qu'une jeunesse frivole ne cherchât à s'affranchir d'une tutelle gênante pour se livrer à ses goûts désordonnés. La Fare, au cercle chansonnier de la Butte Saint-Roch et le Grand Prieur de Vendôme, au Temple, tiennent de véritables assises de libertinage, et de là, avec leurs amis, se répandent dans les cabarets voisins ou ils achèvent la nuit en de folles débauches.

A vrai dire, cabarets et tavernes ne cesseront jamais complètement de rester ouverts à la société la plus mélangée ; mais voici venir le moment où les cafés jouiront d'une faveur croissante au préjudice de leurs anciens rivaux et pour le plus évident profit des convenances.

Les origines de ces nouveaux établissements sont modestes. Un voyageur, du nom de Thévenot, introduisit le premier le café à Marseille en 1644. La connaissance de ce produit ne semble pas avoir dépassé les limites de cette ville. En 1669, Soliman Aga, ambassadeur de la Sublime Porte près Louis XIV, distribua aux dames, comme il était d'usage en son pays, la liqueur inconnue. Presque aussitôt des Arméniens la popularisent dans les rues de Paris, petits marchands ambulants qui font payer deux sous la tasse bouillante. Le liquide, avec sa saveur remontante, plaît au public. Les Arméniens songent alors à quitter le plein vent pour ouvrir des boutiques. Pascal tente le premier la fortune dans une des barraques de la foire Saint-Germain. La fortune lui sourit. Il transporte alors son petit commerce dans une belle boutique du quai de l'Ecole, trop belle même, car il se ruine en frais et doit quitter la place. Un autre Arménien, Maliban, n'est pas plus heureux ; Grégoire, son garçon, venu d'Ispahan, s'avise bien vite que la seule chance de succès pour un établissement de ce genre est d'avoisiner un théâtre, et il va s'installer en face de la Comédie Française.

Le succès ne se fait pas attendre. Toute la clientèle du théâtre afflue dans sa maison. Dès lors sa prospérité semblait assurée. Il n'en sera rien. La malechance poursuit les organisateurs des cafés. En 1689, le roi chasse de la rue Mazarine les comédiens dont il estime le voisinage trop bruyant pour le collège des Quatre-Nations. Ces derniers, après plusieurs péripéties, élisent domicile à la salle des Fossés Saint-Germain. Grégoire veut les y suivre, mais il trouve la place déjà prise par une limonadière hollandaise. Notons cette circonstance. Ici se place en effet un changement important dans l'industrie des teneurs de café. Trop restreinte pour donner à elle seule des bénéfices suffisamment rémunérateurs, elle fusionne avec celle des limonadiers. L'orgeat, le thé, les sorbets, les vins et liqueurs sont adjoints au débit de l'unique et primitive boisson. C'est un limonadier, un ancien garçon de café de Pascal, sorte d'aventurier se disant gentilhomme palermitain, Francesco Procopo di Cotello (traduisez François Procope Couteau) qui achètera en 1702 l'établissement déjà très achalandé de la limonadière hollandaise. A lui revient le mérite d'avoir initié la population parisienne à toutes les séductions du café moderne. Il le décore avec un luxe inouï jusqu'alors, prodigue les tapisseries, les glaces, les lustres, les tables de marbre. On sert aux clients les produits de première qualité, café, thé [1],

---

1. Le thé fait son apparition vers 1659. Mme de la Sablière, la princesse de Tarente, Racine en usent volontiers. Le savant Huet en est un fervent

chocolats, liqueurs, biscuits, confitures, etc. Le vrai café parisien était fondé.

Avant de parvenir au succès définitif, il n'avait pas eu seulement à lutter contre les difficultés inhérentes au choix d'une bonne installation ; des adversaires redoutables s'étaient attaqués à ses débuts, d'abord les détracteurs qui ne manquent pas de surgir au moment voulu pour ruiner une chose nouvelle ; en la circonstance les clients attitrés de l'ancienne taverne ou du cabaret louche. A les entendre, les nouveaux liquides, le thé et le chocolat n'étaient qu'insipides produits dont tout le mérite provenait de l'usage immodéré du sucre, de fades boissons avec lesquelles on prétendait chasser le vin généreux de France. L'argument n'eut qu'un succès médiocre. On fit observer aux récalcitrants que, s'ils trouvaient trop insignifiants le café et le chocolat, l'établissement tenait à leur disposition des liqueurs de nature à satisfaire les gosiers avides de sensations plus fortes.

Une menace plus directe pour les cafés semblait venir du gouvernement, non pas qu'il prétendît méconnaître leur droit à l'existence, mais il entendait les soumettre à une sévère réglementation. Un édit du 21 mars 1673 force tous les métiers restés libres à s'ériger en communautés et à se donner des statuts.

amateur, il l'emploie comme un stimulant infaillible pour son estomac délabré par les drogues des médecins. Toutefois il ne paraît pas avoir atteint la vogue du chocolat. Ce dernier a pour lui la faculté de médecine. Son introduction officielle en France date des lettres patentes du 20 mai 1659, qui attribuent pour vingt ans au sieur Charliois le droit de fabriquer et de vendre ce produit. En 1692, les chocolatiers les plus renommés sont Charliois, rue de l'Arbre Sec, et Ber, rue Dauphine.

C'est à ce moment que les débitants de cafés s'unissent aux limonadiers. Le péril est conjuré. Plus tard, une ordonnance du 16 février 1695 constate que les établissements de ce genre servent « de lieux d'assemblée et de retraite aux voleurs, filous et autres gens mal vivants et déréglés ». Désormais, ils devront ouvrir et fermer à des heures fixes, tandis qu'auparavant ils demeuraient accessibles toute la nuit. Dans le grand nombre des cafés qui s'ouvrirent à cette époque, il est probable, il est sûr même, que plusieurs furent fréquentés par des gens de mœurs peu recommandables. Mais on peut croire que le gouvernement, en tenant l'œil ouvert sur une clientèle suspecte, se proposait de surveiller les « mal pensants » non moins que les « mal vivants ». Dans le café tenu par la limonadière d'origine hollandaise, on ne se gênait pas pour répandre de fausses nouvelles et critiquer les actes du pouvoir. Le roi chargea Pontchartrain d'adresser à d'Argenson une lettre menaçante au sujet de l'établissement voisin de la Comédie Française ; cette circonstance ne fut pas sans doute étrangère à la résolution que prit la tenancière hollandaise de céder sa maison au fameux Procope. Elle deviendra entre ses mains habiles le rendez-vous des beaux esprits. Là et ailleurs, on parla de tout un peu à tort et à travers. Léger, qui visita Paris en 1715, la dernière année du règne de Louis XIV, nous a confié l'impression que lui laissa la visite d'un café parisien : « J'avoue que la première fois que j'entrai à Paris, je fus surpris de voir comme tout s'y passait. On y parlait de tout, de morale, de physique, de méde-

cine, de politique, d'histoire, de théologie, de jurisprudence, d'anatomie, de mathématiques, de belles-lettres.
Qui n'aurait pas dit que c'eût été une Académie ? Mais,
Bons Dieux ! Quelle Académie de gens qui n'ont rien
moins étudié que la science dont ils parlent et qui parlent
toujours parce qu'ils veulent parler et primer les uns
sur les autres. »

Les cafés deviendront vers la fin du siècle le lieu où
se rencontreront de préférence les politiciens rêvant
de rénovation sociale.

Quoi qu'il en soit de la fortune diverse de ces établissements, il n'est que juste de reconnaître, sans
faire trop grand leur rôle moralisateur, qu'ils ont contribué, dans une certaine mesure, à développer les habitudes d'urbanité et de savoir-vivre dans la clientèle qui
les fréquentait. En offrant un lieu de réunion choisi à
tous ceux que rebutaient les manières débraillées et les
propos licencieux du cabaret et de la taverne, en épu-
rant peu à peu une société fort mélangée, il n'est pas
douteux qu'ils aient exercé sur les mœurs parisiennes
une influence analogue à celle que les théâtres pouvaient
se flatter d'avoir obtenue en reléguant la farce ignoble
sur les tréteaux de la foire.

*
* *

La chaleur invite le beau monde à quitter Versailles
et la capitale. Nous ne suivrons pas nos Parisiens dans
leur vie de château. Mais nous pourrions les retrou-

ver, bien eux-mêmes, aux eaux et notamment à Vichy, où ils allient les plaisirs de la ville à ceux de la villégiature. « La promenade, la chasse, la danse, le jeu et les grands repas, dit le *Mercure Galant*, sont des plaisirs qui n'y manquent pas. Ainsi, on peut dire que pendant le carnaval même on ne se divertit pas mieux dans les villes de France qu'on fait à Vichy dans les saisons propres à prendre les eaux ». La vogue de Vichy s'affirme chaque année. Grands seigneurs et grandes dames, abbés et abbesses, magistrats et financiers, vont chaque année demander à ce séjour les amusements et la santé. Contentons-nous de relever sur la liste des buveurs de 1670 les noms de M. le Président et de Mme la Présidente de Mesmes, de M. et de Mme de Caumartin, de Mlle de la Bazinière, de Mlle de Crénan, des abbés de Grignan, de la Fayette et de Testu. Tout ce monde brillant, profitant du voisinage, s'arrête volontiers dans la belle résidence de M. de Pontgibaud, le très aimable lieutenant civil.

*
* *

Et maintenant, après nous être attardés dans les lieux où mondains et mondaines se donnent rendez-vous, après en avoir fini avec le récit des passe-temps parisiens, nous faut-il conclure de ce travail que la vie à Paris du temps de Louis XIV n'est, tout au moins pour les classes élevées de la société, qu'une suite ininterrompue de fêtes et d'amusements ? Nous pourrions montrer cette société, qui paraît unie pour le plaisir, divisée par les jalousies, les rivalités, les haines, en proie à l'ennui qu'engendre la répétition des mêmes choses, l'hôte du logis guetté par des souffrances morales au retour d'un rendez-vous mondain ; nous nous bornerons à rappeler une cause d'affliction qui atteignit plus particulièrement les familles de la noblesse sous le règne de Louis XIV.

L'histoire est là pour nous apprendre que la guerre apporte très souvent ses diversions terribles aux jouissances de la capitale. Reportons-nous, par exemple, au printemps de 1692, on peut dire à l'apogée du règne. Des succès prompts et faciles ont assuré à la France de magnifiques conquêtes. Après quatre années de paix, le roi dont l'amour-propre ne souffre plus de résistance, déclare la guerre aux Provinces Unies. Toute la noblesse s'achemine vers les champs de bataille. Les lettres de Mme de Sévigné nous peignent l'aspect que prend à ce moment la capitale :

29 *avril* 1672. — « Il n'y a plus personne à Paris.

> Voici votre tour,
> Venez, Messieurs de la ville ;
> Parlez-nous d'amour,
> Mais jusqu'à leur retour. »

Ces Messieurs de la ville sont sans doute ces élégants magistrats qui s'appliquent à imiter les belles manières de la cour. On acceptera les témoignages de leur empressement pour un temps. Quand les autres reviendront, on éconduira ceux-ci poliment. Et l'on compte que le retour des autres ne se fera guère attendre ; de là le ton badin de la lettre.

Mais les jours s'écoulent ; on est au 6 juin. Paris reste vide et son aspect plus triste et plus morose que jamais.

« Madame, dit à sa maîtresse (6 juin 1672) Beaulieu, valet de chambre de Mme de Sévigné, il n'y a plus que des garçons de boutique à la comédie ; il n'y a plus seulement des filous, ni des pages, ni de grands laquais, tout le monde est à l'armée ; quand on voit un homme avec une épée dans les rues, les petits enfants courent sur lui ; voilà quel est Paris présentement, mais il changera de face dans quelques mois ».

Il est si doux d'espérer ! Mais voici que l'on annonce de sanglants combats. Les courriers de l'armée apportent la liste des blessés et des morts.

« 20 juin 1672. — Vous n'avez jamais, écrit la marquise, vu Paris comme il est ; tout le monde pleure ou craint de pleurer ».

Telle était l'anxiété étreignant les cœurs à la nouvelle des batailles qui marquèrent la plus brillante époque du règne de Louis XIV ; mais combien plus abondantes et plus amères coulent les larmes quand des revers continus assombrissent les dernières années du monarque. Chaque famille de la noblesse avait à gémir sur le sort d'un ou de plusieurs des siens, morts, blessés ou disparus. La maison de Saint-Cyr ne pouvait plus suffire à recevoir les filles des officiers tombés au champ d'honneur. « Le roi, écrivait Mme de Maintenon, en 1712, est accablé de filles dont les pères ont été tués ou estropiés dans cette campagne ». Il aimait à visiter et à consoler les jeunes rejetons de tant de héros qui avaient donné leur vie pour son service et celui de la France. Dans le lugubre défilé, citons entre autres, les filles de d'Aubigny, colonel de dragons, de Bénier, major au régiment des gardes, de Cateuil, capitaine de dragons, tués à Ramillies, de Kercado, maître de camp du royal-étranger, de Vollier, maréchal de camp, d'Escoubleau, capitaine au régiment de la reine, frappés devant Turin. Que de deuils accumulés dans ces familles de la noblesse dont le train de vie apparaît si séduisant aux regards de la postérité !

CHAPITRE III

LA VIE PRIVÉE DANS LA CLASSE OUVRIÈRE ET LA CLASSE BOURGEOISE

I

Ouvriers et artisans.

Pénurie d'informations. — Condition générale des ouvriers au XVIIᵉ siècle. — Durée du travail ; salaires ; logement ; alimentation ; moral du travailleur.

Après avoir fréquenté le monde si brillant de la noblesse et de la haute bourgeoisie, après nous être mêlé à ses divertissements et à ses fêtes, il nous plairait de pénétrer dans l'atelier, dans la demeure de l'artisan, dans celle du marchand, en ces humbles ménages d'ouvriers et de petits bourgeois dont bien monotone est l'occupation journalière, et où l'on peine dur. Nous se-

1. Ouvrages et documents consultés : Martin Saint-Léon, *Histoire des corporations de métier.* Lister, *Voyage à Paris en 1698.* Exposition de la Bibliothèque de la Ville de Paris, rue de Sévigné, 1911, Estampes. A. Babeau, *Les artisans et les domestiques d'autrefois.* Du même, *Les bourgeois d'autrefois.* Isambert, *Recueil général des lois françaises.* Encyclopédie ou Dictionnaire des sciences, des arts et des métiers. Bibliothèque Nationale, Affiches des jurés crieurs. Vicomte d'Avenel, *Histoire économique de la propriété,* etc. Archives Nationales C 7439 et K 1244. Delamarre, *Traité de la police,* t. II.

rions désireux de connaître les détails intimes de leur existence, leurs moyens de vivre, leurs pensées. Mais c'est précisément la classe d'hommes sur laquelle les renseignements font le plus complètement défaut. Au xviie siècle, à cette époque où les préjugés de naissance, entamés néanmoins par tant de côtés, exercent encore un si puissant prestige, ces hommes ne comptent pas ; on ne s'occupe pas d'eux. Sans doute, l'Église enseigne que tous les hommes sont égaux devant Dieu, et Bossuet a pu parler devant un auditoire d'élite *de l'éminente dignité des pauvres*. Sans doute encore, la charité chrétienne s'efforce de découvrir leurs misères et de les adoucir ; mais, dans l'antique organisation de la société française, si solide encore sur ses assises, ces braves gens n'intéressent pas ; ils n'ont pas de rôle à jouer ; on ne leur demande que de fournir de choses utiles à la vie ceux qui se partagent à des titres divers l'administration et la jouissance du doux pays de France ; la science économique n'est pas encore venue démontrer qu'ils sont la cheville ouvrière de la vie nationale. Le travail des mains proprement dit reste dédaigné. Aussi personne ne parle-t-il des ouvriers, et comme ils n'ont ni le temps, ni les moyens de parler d'eux-mêmes, le silence à leur endroit sera à peu près absolu.

Cependant, il est impossible que, dans leurs rapports avec les puissants du jour, n'apparaissent pas quelques traits caractéristiques de leur existence personnelle. A l'absence de documents particuliers on peut, dans une certaine mesure, suppléer par quelques renseignements épars. En les réunissant, en nous aidant des travaux d'économistes modernes, nous tâcherons de dire quelles furent les conditions de la vie matérielle de ces petites gens ; puis nous essaierons de nous initier à leurs mœurs, à leurs joies et à leurs souffrances.

Vie matérielle d'abord. Quelles étaient les ressources dont disposait la classe des travailleurs ? Quelles charges pesaient sur leurs épaules ?

M. Martin-Saint-Léon, examinant la condition économique de l'ouvrier au XVIIᵉ siècle, constate que l'ouvrier du temps de Louis XIV travaille davantage que l'ouvrier du temps de saint Louis. Sa journée commence à 5 heures du matin pour finir à 6 heures du soir, et va quelquefois même de 4 heures du matin à 9 heures du soir ; on peut estimer que le temps de travail effectif atteint quelquefois jusqu'à seize heures par jour, et ne descend guère au-dessous de douze. Il convient d'ajouter, d'une part, que le travail à cette époque était beaucoup moins fatigant que celui de l'ouvrier moderne, et, d'autre part, qu'en raison du nombre de jours chômés, on pouvait compter, en moyenne, deux jours de repos par semaine.

Le taux des salaires, comparé à celui des époques antérieures, accuse une certaine élévation, mais, si l'on se place au point de vue de l'aisance de l'ouvrier, on observe que cette augmentation n'est pas en rapport avec la baisse de la valeur métallique. En 1707, Vauban évalue à 12 sous le salaire moyen de l'artisan des villes. Or, rapprochez ce salaire du prix des denrées nécessaires à la vie, et vous constaterez que l'artisan du XVIIᵉ siècle paye plus cher pour nourrir sa famille que l'artisan du xiiie siècle. En réalité les salaires ont diminué du xiiie au xviie siècle.

Des ressources, passons aux dépenses. Les charges les plus lourdes qui pèsent sur la bourse de l'ouvrier, proviennent de la nourriture et du logement. En quoi consiste l'alimentation usuelle du travailleur ? Le pain en forme la base principale, mais il est de qualité médiocre, souvent même grossière. Son prix moyen oscille entre 1 ou 2 sous la livre. On s'imagine aisément quelle gêne effroyable survenait dans un pauvre ménage d'ouvriers quand des famines, comme celles de 1694 et de 1700, élevaient subitement le prix du pain à 7 ou 8 sous la livre.

L'ouvrier parisien use-t-il de viande ? On peut l'affirmer en s'autorisant d'un passage du *Journal* de Lister où ce voyageur note que le petit peuple consomme en carême beaucoup de haricots et de lentilles. Donc, en d'autre temps, il prend de la viande à ses repas ; il s'agit certainement de la viande de dernière qualité, peut-être de ces tripes et pieds de moutons que les détaillants, dispersés dans tous les quartiers de la ville, revendent à leur clientèle pauvre après les avoir achetés en gros, le matin, à leur arrivée à Paris.

Les légumes entrent pour une très grande part dans la consommation des basses classes. Peu de pommes de terre, si appréciées des Anglais, mais beaucoup de haricots et de lentilles, que les marchés offrent en abondance, quelquefois même tout cuits. L'oseille est d'usage commun, les choux peu recherchés.

L'ouvrier parisien boit du vin ; le fait est avéré ; et

même, comme il ne peut pas se passer de cette boisson, il fait entrer le prix qu'il le paye dans la fixation de son salaire quotidien. Les gens aisés s'approvisionnent de vin en tonneaux ; l'ouvrier, qui ne peut pas faire d'avance, l'achète au détail, « à pot » selon l'expression du temps. La qualité en est détestable.

L'ouvrier qui ne vit pas en famille, peut prendre ses repas dans quelque établissement du voisinage. Les tables d'auberges, où l'on doit payer 20, 30 ou 40 sous, sont beaucoup trop coûteuses pour ses modestes ressources ; elles ne sont guère qu'à l'usage de la petite bourgeoisie ; mais on trouve dans tous les quartiers de Paris des hôtels borgnes, vulgairement appelés gargottes, servant à la portion, et où l'on a de la soupe, de la viande, du pain et de la bière, en quantité suffisante, le tout pour 5 sous. On devine ce que devait être un pareil repas !

L'ouvrier loge quelquefois chez son maître. Les compagnons tailleurs à Paris étaient même obligés d'habiter chez lui « à ses gages, pain, lit et maison ». Mais la chambre donnée, souvent misérable taudis, n'a jamais l'attrait du foyer domestique, si cher aux ménages parisiens. L'habitation sous le toit du patron n'est d'ailleurs qu'un fait exceptionnel ; il faut donc chercher un logis en ville, et l'obligation de payer un loyer est une des charges les plus écrasantes qui s'imposent à l'ouvrier vivant en ménage. Nous n'avons malheureusemet aucune donnée sur le prix qu'il doit mettre à son logement. Ce dont on peut être sûr c'est que le logis est misérable. Refoulées par les grands hôtels et leurs jardins, par les couvents et leurs vastes enclos, les maisons du peuple se confinent en d'étroits espaces, percés de petites rues, à travers lesquelles l'air et la lumière ne circulent pas et où la boue sèche lentement. Le mobilier, très simple, comprend : lits, paillasses, chaises, armoire, ustensiles de cuisine, à peu près comme de nos jours.

En de pareilles conditions d'existence, ces gent sont-ils heureux ? Ici encore nous souffrons de la pénurie d'informations. Lister (car cet Anglais à lui seul, nous en apprend plus sur nos compatriotes que tous les Français de son temps) écrit : « Il n'y a pas au monde un peuple plus industrieux et qui gagne moins parce qu'il donne tout à son ventre et à ses habits et cependant il est toujours content ». Avec une critique bien méritée, voilà un hommage formel rendu à la belle humeur de l'ouvrier parisien. C'est à peu près tout ce que l'on nous en dit.

Peut-être pourrait-on essayer une enquête sur l'état moral de la classe ouvrière à l'aide des appréciations que suggèrent les estampes de l'époque. Les artistes sont eux-mêmes presque des ouvriers, ils ont vécu en contact avec le monde des travailleurs ; ils ont écouté leurs propos, recueilli leurs doléances, compati à leurs peines, et ils ont cherché à exprimer par la gravure ce que leur cœur ressentait, ou peut-être ce qu'une simple curiosité les incitait à chercher.

Une gravure d'Abraham Bosse représente un petit atelier qui occupe trois ouvriers avec le maître et la maîtresse. La légende placée au bas de l'image nous donne nettement l'impression de l'artiste et vaut la peine d'être citée tout entière :

> Ici, par un divers ouvrage,
> Le maître et la maîtresse aussi
> Tournent leur principal soucy
> Au commun bien de leur ménage.
> L'un et l'autre, point ne s'éloignent,
> Ils veillent tous deux sur leurs gens.
> Afin qu'ils soient plus diligents
> A faire vite leur besogne ;
> Eux cependant font des merveilles
> Demandant le vin des garçons
> Et s'entretiennent de chansons
> Parmi les pots et les bouteilles.

Cet atelier modeste ne nous apparaît-il pas comme le vrai séjour de la félicité qu'on peut souhaiter en pareil lieu, ménage uni, accord des patrons et des ouvriers, bonne besogne, et par-dessus tout bonne et franche gaîté, tant soit peu aidée par la boisson ?

Regardez maintenent le savetier et la linotte de Bonneuil. Avec elle il chante, et quel coup d'œil ami il jette sur le gentil oiseau, tandis que ses mains ne lâchent pas l'instrument de travail. Vraiment cette profession semble avoir le privilège d'entretenir la joyeuse humeur ! Le fabuliste a bien choisi son homme.

La vue du menuisier de Lagnel inspire des pensées plus sombres, et la légende n'est pas consolante :

« Nul bien sans peine. — Pauvres gens qui n'ont pas d'amis. — La pauvreté rend les hommes industrieux et les lois les font être bons ».

Cette dernière réflexion nous laisse quelque peu son-
geurs. Qu'est-ce à dire ? Est-ce que ces hommes mus par
une sourde colère, méditeraient un mauvais coup ? Est-
ce que la contrainte, à défaut de bonté naturelle, les
maintient dans le devoir ? Non, ce sont plutôt des rési-
gnés ; ils sauront par leur ingéniosité suppléer à ce qui
leur manque, puis, après tout, la crainte du commissaire deviendra pour eux le commencement de la sagesse.

Ce dernier état d'esprit nous paraît exceptionnel. Nous
croyons plus volontiers aveç Lister qu'en général l'ouvrier parisien est content de son sort.

On est heureux quand on croît l'être et qu'on n'aspire
pas à une situation autre que celle que l'on a. Or, au
XVIIe siècle, la classe laborieuse, si elle a le désir naturel de voir ses efforts récompensés et ses souffrances
soulagées, n'imagine pas qu'elle puisse complètement
changer sa condition. Ouvrier on est, ouvrier on restera. Ces braves gens n'ont pas le cerveau hanté par des
idées de réforme sociale, par l'espoir d'un bonheur chimérique ; ils ne ressemblent pas à ceux qui placent toujours leur satisfaction dans l'avenir et par suite sont
toujours mécontents du présent. Les inégalités sociales
n'ont pas accès dans leurs idées. La foi chrétienne qu'ils
ont gardée les soutient dans l'épreuve et leur enseigne
le respect des autorités. Et puis on sera secouru. Si une
nichée nombreuse apporte la gêne dans le pauvre ménage, la dame de charité viendra à son secours. Si l'on
appartient à une corporation, on peut compter sur l'assistance en cas de maladie et même sur la bienveillance

du patron. Enfin, il n'y a pas que des moments pénibles dans la vie. On va entendre la messe à l'église paroissiale, on n'oublie même pas l'office de l'après-midi. Puis on se rend aux barrières, aux *Percherons*, à la *Courtille*, à la *Nouvelle France* ; on boit copieusement et joyeusement le guinguet ou vin aigre ; on danse même. Et le lendemain, le corps détendu et l'esprit rasséréné, on reprendra le labeur quotidien.

A ces distractions s'ajoutent quelques réjouissances en famille à propos des naissances, des premières communions et des mariages. N'oublions pas l'arrivée d'une lettre donnant des nouvelles du pays ; on la lira, on la relira dans l'intimité ; un jour, en prenant son temps, on y répondra, souvent par le ministère de l'écrivain public. Tous ces événements, grands et petits, composent la vie de l'ouvrier. Si elle n'est pas exempte de misères, elle dispose d'un bonheur relatif, et les grands du monde sont parfois réduits à l'envier.

II

Bourgeoisie.

*Le chef d'atelier et le commerçant aisé ; leurs aspirations. —
Le puissant industriel et le négociant en gros ; bourgeois parisiens enrichis ; leur situation sociale ; suprême ambition, la
noblesse.*

Au-dessus de l'artisan, de l'ouvrier qui travaille de ses
mains, ou plutôt à côte de lui, vit le petit chef d'atelier
qui emploie deux ou trois collaborateurs. La situation
de l'un n'est guère moins précaire que celle de l'autre.
Nous ne les distinguerons pas. Nous placerons immédiatement au-dessus d'eux le maître qui emploie une
dizaine d'ouvriers environ et le petit commerçant aisé.
Ils ont une boutique au rez-de-chaussée, située sur la
rue, composée d'une ou deux chambres, plus éclairées
et mieux aérées que celles des humbles artisans. Ils
possèdent un honnête capital ; ils disposent d'un certain
crédit. Leurs horizons sont forcément plus étendus que
ceux des simples manœuvres. Il faut que leurs combinaisons dépassent les limites de leur comptoir. Par leurs
bénéfices, ils sont affranchis de cette servitude de tous
les instants qu'impose le dur souci d'assurer le pain
quotidien.

A ces signes, nous reconnaissons déjà le petit bourgeois. Que faut-il pour se hausser à la bourgeoisie ? Bien peu de chose. Selon Delamarre, il suffit de demeurer un an et un jour dans la même ville en contribuant aux charges communes. Rien de plus simple en apparence. Mais l'opinion publique, plus exigeante que Delamarre, ne qualifiera de bourgeois que ceux auxquels leur situation sociale attribuera une certaine considération. Or, les chefs d'ateliers moyens et les petits commerçants peuvent revendiquer cet avantage. Ils ont acquis quelque notoriété, du moins dans leur quartier, et plus leurs relations industrielles et commerciales s'étendront, plus ils obtiendront de respectabilité.

Ce genre de vie, sans mettre au large, comporte une certaine aisance. Bon an, mal an, si nos gens sont économes, avisés, un peu adroits, et ces qualités sont celles de leur classe, ils feront mieux que de joindre les deux bouts ; ils réaliseront des bénéfices qui leur permettront d'augmenter leur capital de marchandises ; peut-être même prendront-ils quelques rentes sur l'Hôtel-de-Ville.

Leur existence, pour rangée qu'elle soit, n'apparaît pas ennuyeuse. On cause volontiers ; c'est presque un devoir professionnel. Ne faut-il pas attirer et retenir la clientèle? On voit même parfois du beau monde, et l'on se vante d'être le fournisseur de telle ou telle grande dame.

Ces industriels et ces modestes commerçants sont profondément attachés à leur quartier, qui est pour eux comme une petite ville dans la grande. Ils possèdent toutes les vertus familiales. Ils sont religieux comme leurs ancêtres. Leurs jours se suivent et s'achèvent dans une calme monotonie.

Et cependant ne pourrait-on pas soupçonner cet homme, si paisible d'apparence, de nourrir au fond de son cœur quelque pensée ambitieuse qu'autorise sa position ? C'est possible, c'est probable même. S'il fait partie d'une association, tel jour donné il cherchera à supplanter son voisin à un repas de corps ou à une procession. Et même, la fortune aidant, ne pourrait-il pas aspirer aux dignités de quartier, devenir, comme d'autres, dizainier, cinquantenier, peut-être même quartenier ? Enfin, on n'a pas d'ambition que pour soi ; on élève une demi-douzaine de garçons ; avec un peu de chance et de protection, il y en aura bien un ou deux pour devenir procureur au Châtelet, ou avocat, ou notaire, ou médecin.

Donc, en ne considérant que ceux qui comptent dans la cité, le modeste commerçant nous apparaît comme un petit bourgeois, comme le membre initial de cette grande communauté dont le premier échelon s'élève un peu au-dessus du simple artisan.

*
* *

Sans passer par tous les degrés intermédiaires que suppose la diversité de la richesse, allons tout de suite à l'apogée de la bourgeoisie industrielle et commerçante, aux négociants en gros, aux grossiers, comme on les appelait par opposition aux détaillants.

Eux, ils n'ont pas besoin de boutiques avec façade sur la rue, ni d'enseigne pour attirer les regards. La porte cochère s'ouvre toute grande devant les lourds chariots qui introduiront dans la cour carrée les marchandises diverses sous forme de « balles, caisses avec pièces entières ». Celles-ci s'empileront dans des magasins où le commerce de détail viendra les quérir; l'habitation personnelle du maître, avec ses larges pièces, tient le milieu entre le comptoir et l'hôtel. On trouve encore dans certains quartiers de Paris, notamment au « Marais » quelques spécimens de ces solides et confortables bâtisses.

Jouer un rôle prépondérant dans les affaires, devenir juge consul, être nommé conseiller de ville, échevin même, s'asseoir près des plus grands personnages dans le conseil de fabrique de la paroisse, le puissant industriel et le gros négociant peuvent prétendre à toutes ces situations, et à de plus hautes encore, car ils sont membres de cette aristocratie bourgeoise à laquelle toutes les issues sont ouvertes. Classe honnête, intelligente, laborieuse, fille de ses œuvres, elle a conscience de sa valeur et de sa force. Elle entend sauvegarder ses intérêts et soutenir ses droits. Depuis la Fronde, il est vrai, elle est moins soucieuse de ses droits que de ses intérêts. Mais refoulée sur le terrain politique, elle n'en témoigne que plus d'ardeur à chercher, en des directions différentes, des satisfactions positives. Elle achètera de beaux hôtels dans les quartiers les mieux habités de la capitale et des châteaux en province ; elle se poussera dans les carrières libérales ; elle occupera les postes les plus élevés de la finance et de la magistrature ; elle s'élèvera jusqu'au gouvernement du pays par l'accession aux fonctions si considérables de secrétaires d'Etat.

A ces commerçants, à ces financiers, le titre de bourgeois pèse comme une tare d'origine. Ils seront aussi pressés de s'en affranchir que, dans les rangs inférieurs de la hiérarchie, on est fier de s'en parer.

Louis XIV ira au-devant de leurs désirs. Le haut bourgeois deviendra noble, s'il le veut, et cela non pas frauduleusement, non pas par un de ces subterfuges qu'à ridiculisés la comédie, mais en vertu d'un titre formel, bien authentique, émanant du roi. Il ne s'agira que d'y mettre le prix. Lisez avec attention l'édit de mai 1696, portant anoblissement de cinq cents personnes, choisies parmi les plus distinguées du royaume :

« Louis... Si la noble extraction et l'antiquité de la race qui donne tant de distinction parmi les hommes, n'est que le présent d'une fortune aveugle, le titre et la source de la noblesse est un présent du prince qui sait récompenser avec choix les services importants que les sujets rendent à leur patrie. Ces services, si dignes de la reconnaissance des souverains, ne se rendent pas toujours les armes à la main ; le zèle se signale de plus d'une manière, et il est des occasions où en sacrifiant son bien pour l'entretien des troupes qui défendent l'Etat, on mérite en quelque sorte la même récompense que ceux mêmes qui prodiguent leur sang pour le défendre. C'est ce qui nous a fait prendre la résolution d'accorder 500 lettres de noblesse dans notre royaume pour servir de récompense à ceux de nos sujets qui, en les acquérant par une finance modique, contribueront à nous fournir des sommes dont nous avons besoin pour repousser les efforts obstinés de nos ennemis ».

Bien curieux sont les considérants de cet édit. Quelle leçon donnée à ces nobles d'origine dont l'extraction n'est que *le présent d'une fortune aveugle !* On dirait presque du Pascal. Et quelle bonne occasion de faire ressouvenir tous les possesseurs de vieux parchemins que la véritable noblesse est celle que donne le prince ; même en l'an de grâce 1696, elle est à l'égal des plus anciennes. Mais quelle tête a dù faire le duc de Saint-Simon à la lecture de l'édit et surtout des motifs qui l'ont dicté ! Ne vous y trompez pas d'ailleurs. Il ne s'agit pas d'instituer ici une récompense en l'honneur du mérite civil ; les services que le roi s'apprête à récompenser ne sont pas de ceux que l'on attend d'un Le Tellier ou d'un Colbert. Les gens les plus distingués seront ceux qui seront les plus empressés à remplir la caisse vide. Service éminent entre tous, hàtons-nous de l'ajouter, parce que l'argent est le nerf de la guerre ; contribution bien assise, dirons-nous encore, parce qu'elle n'atteint que ceux qui consentent à payer, et même qui désirent ardemment payer.

Un édit de mars 1702 crée une nouvelle journée de 200 nobles, et derechef la foule des prétendants va se ruer à l'assaut des titres.

Les édits fiscaux, que nous avons relatés, ont ouvert à la bourgeoisie les rangs de la noblesse. Par contre un édit du mois de décembre 1701 introduit la noblesse dans les fonctions de la bourgeoisie. Il décide que tout gentilhomme désormais sera libre de se faire négociant en gros, sans manquer à la dignité de son ordre, disposition singulièrement flatteuse pour l'orgueil bourgeois.

Le niveau professionnel passe sur la tête des uns et des autres. Déjà, les édits de mai et d'août 1664, établissant les compagnies de commerce des Indes orientales et occidentales, disposaient que toutes personnes, en quelque qualité et conditions qu'elles fussent, pourraient y entrer et participer sans déroger à la noblesse. Bien plus significatif est l'édit de 1701 auquel on a prêté moins d'attention. Un certain mystère prestigieux auréolait les entreprises lointaines, conduites d'un port français aux extrêmités du monde, à grands renforts de capitaux et de navires. Désormais, à quelques lieues de Versailles, en plein Paris, rue Saint-Denis ou rue du faubourg Saint-Antoine, on pourra voir les magasins qu'occupe ou fait occuper M. le Marquis de X... ou M. le Comte de X..., voisiner avec ceux d'un sieur Leblanc ou d'un sieur Lenoir quelconque. Sans doute ces nobles ne devront pas tenir boutique ouverte, ni avoir aucun étalage et enseigne à leurs portes et maisons, mais dans les cours de leurs magasins on pourra voir entrer les marchandises par « halles, caisses de pièces entières » tout comme dans celle du premier venu parmi les marchands en gros, Quoi de plus honorable pour la roture !

CHAPITRE IV

LA VIE PUBLIQUE OU PROFESSIONNELLE

La vie privée est celle qui nous est personnelle, qui
appartient à chacun de nous, que nous arrangeons ou
que nous prétendons arranger selon nos convenances;
elle forme un domaine que nous revendiquons en maîtres.

La vie professionnelle est cette part de notre existence
que nous donnons au public ou que le public nous prend.
La profession unit certaines catégories de citoyens dans
un même ordre de travail ou d'idées. Ces petites socié-
tés particulières ont des règles, des préjugés et des passions. Chacune a sa physionomie propre et concourt à
former la physionomie générale de la cité.

Cette étude exclut, par sa nature, le métier des armes
qui ne s'exerce pas à la ville. Rien à dire non plus des
fonctions du clergé séculier qui nous occuperont dans
un chapitre spécial du volume où nous traiterons de la
vie paroissiale. Rien non plus du clergé régulier, car il
n'est pas de ce monde.

I

Le monde du travail.

I. — ARTISANS

*L'organisation corporative. — Apprentis, ouvriers et maîtres.
— Bienfait et faiblesse de l'institution. — L'ouvrier nomade
ou le Compagnon du Tour de France. — L'ouvrier mécontent
ou le Compagnon du Devoir. — L'ouvrier en chambre ou
Chamberland.*

Nous avons vu l'artisan en tant qu'individu, aux prises avec les exigences de la vie quotidienne ; nous avons cherché, autant qu'il était possible, à nous rendre compte du cours que suivaient ses pensées. Il nous reste à examiner maintenant la place que lui fait dans la société du temps l'organisation du travail.

Sans doute il est souvent malaisé de distinguer la vie professionnelle de l'artisan de sa vie privée. Nombreux sont les artisans qui ne s'adjoignent que deux ou trois ouvriers, et l'intimité de ce groupe d'hommes demeure

1. OUVRAGES ET DOCUMENTS CONSULTÉS : A. Babeau, *Les artisans et les domestiques d'autrefois.* Levasseur, *Histoire des classes ouvrières en France.* Vicomte d'Avenel, *Histoire économique de la propriété, des salaires.* Alfred Franklin, *Dictionnaire historique des arts, métiers et professions.* Jean Antoine Vachet, prêtre, *L'artisan chrétien, Vie du Bon Henri, cordonnier, MDCLXX. Encyclopédie ou Dictionnaire des sciences, des arts et des métiers.*

tellement étroit qu'elle n'est en quelque sorte qu'une forme de la vie familiale. Cependant ces hommes, ouvriers ou patrons, sont soumis à une organisation, à des règlements, qui les placent dans une catégorie spéciale de la société, et leurs donnent une physionomie à part. Nous étudierons donc les caractères de la vie professionnelle communs au monde entier du travail, sans distinction du plus petit au plus grand atelier.

L'organisation corporative était, sous Louis XIV, la même que celle des siècles précédents. Nous n'avons pas à en faire ici l'historique. Nous ne rappellerons que la mesure radicale par laquelle Colbert, en 1666. supprima tous les métiers libres et les fit rentrer dans les corporations.

La corporation, devenue obligatoire, comprend comme autrefois, trois classes d'hommes, les apprentis, les ouvriers et les maîtres.

L'apprenti fait partie de la corporation du jour de son entrée, bien qu'il n'y occupe qu'une place modeste. Les statuts corporatifs, auxquels s'adaptent les contrats individuels, règlent sa situation. Chaque communauté a les siens. Mais certaines règles générales s'appliquent à presque tous les métiers, La durée du stage pour l'apprenti est de trois ou quatre années au moins. La tendance des maîtres sera de diminuer le nombre des apprentis. La plupart des statuts défendent d'en engager plus d'un par atelier. Ils acquittent un droit d'entrée modique, et, en outre, certaines taxes au profit de la confrérie, du roi et de l'hôpital général. Pendant les dernières années de leur stage, un léger salaire leur sera consenti. Le maître est tenu de les loger, de les nourrir et de leur apprendre leur métier.

Parvenu au terme de son contrat, l'apprenti devient compagnon, ouvrier ou valet ; ces trois termes sont à peu près synonymes. Il devra son travail au maître pendant une période de temps qui variera de deux à huit ans suivant les communautés. Les émoluements augmenteront avec la durée du service. Les statuts sont à peu près tous muets sur la question des salaires. Ils font l'objet d'un libre débat entre l'employeur et l'employé. Ordinairement, le compagnon est nourri et logé chez le patron. Le nombre des ouvriers n'est pas limité. Le patron peut en recevoir autant qu'il lui plaira, selon les exigences de son métier ou les moyens dont il dispose. Cependant le recrutement de ce personnel ne va pas sans quelque difficulté, car la classe des apprentis dont il sort, ne présente qu'un choix restreint.

La maîtrise est le degré supérieur de la hiérarchie corporative. Trois voies d'accès y conduisent. La première, que nous appelerons la voie régulière ou normale, consiste dans la réception de l'aspirant par les représentants de la communauté. L'heure si longtemps attendue de jouir des prérogatives attribuées au maître, sonne enfin pour l'ouvrier qui a terminé le temps assigné à son stage. Avant de prendre rang, il devra justifier de sa moralité, d'un capital suffisant et de sa capacité prefessionnelle. Cette dernière preuve sera faite par la production d'un *chef-d'œuvre* dont le sujet sera emprunté à la nature de son travail. Quelquefois on se bornera à constater son *expérience*. S'il est admis, il devra acquitter les frais inhérents à sa nouvelle situation, et ils sont lourds, taxe sur les lettres de maîtrise, droits d'entrée au profit du métier, droits destinés à former un fonds de secours pour les malades, droits en faveur de la confrérie, repas copieux offert aux nouveaux confrères,

La seconde manière d'arriver à la maîtrise, beaucoup plus sûre et beaucoup plus prompte que la première, c'est d'être fils de maître. Devant celui-ci toutes les barrières s'abaissent, toutes les obligations se simplifient. La production du *chef-d'œuvre* ne lui est pas imposée ; une vague constatation de sa capacité la remplacera. Heureux encore l'ouvrier assez riche pour épouser la fille du maître ; il sera traité comme l'enfant de la maison.

Dans ces deux cas, la profession reste maîtresse du recrutement de son personnel supérieur. Il en est un troisième où il lui échappe complètement, c'est quand le roi vend des lettres de maîtrise à titre de don de joyeux évènement, à l'occasion de la naissance d'un dauphin, d'un mariage princier, ou simplement s'il a besoin d'argent, et il en a souvent besoin. L'abus des lettres de maîtrise devient tel à certains moments qu'elles ne trouvent plus d'amateurs et tombent en discrédit. La situation des maîtres issus de cette origine n'a d'ailleurs rien d'agréable. Parvenus au même rang que les vieux professionnels, sans apprentissage, sans compagnonnage, sans chef-d'œuvre, sans antécédents de famille, avec dispense de tous frais en dehors des droits payés au fisc, ils passent pour des intrus, des maîtres *sans qualité,* et on ne leur ménage pas les dégoûts.

Les jurés ou gardes sont les membres de la corporation élus par les maîtres en vue de l'administrer et d'en faire respecter les statuts. Aux jurés appartenait le privilège d'examiner les contrats d'apprentissage, de vérifier les aptitudes des candidats à la maîtrise et de faire subir l'épreuve du chef-d'œuvre.

L'institution corporative de l'ancien régime dont nous venons d'esquisser les principales lignes, très puissante encore sous Louis XIV, réalise un certain idéal de justice, de paix sociale et de liberté ; de justice, parce qu'elle s'efforce d'assurer à chacun son dû conformément à des règles statuaires rédigées, acceptées par les intéressés et sanctionnées par le prince ; de paix sociale, parce qu'elle s'inspire à la fois de l'esprit de confraternité, de l'esprit de famille et de l'esprit chrétien ; de liberté, parce qu'elle donne à l'individu la disposition de soi-même en le relevant de l'impuissance où le réduiraient l'isolement et l'oppression exercés par les pouvoirs publics.

Mais l'institution corporative, comme toutes les œuvres de ce monde, participait de l'humaine faiblesse et son harmonieux fonctionnement sera plus d'une fois troublé. La condition de l'ouvrier n'est pas garantie par un contrat comme celle de l'apprenti. Il débat son salaire avec le maître, d'où de fréquentes discussions entre l'employeur et l'employé. Si ce dernier ne reçoit pas satisfaction, il se mettra en quête d'un atelier où ses services seront mieux rémunérés ; mais la solidarité des patrons parisiens ne lui permet pas généralement de trouver des conditions plus favorables dans la capitale.

Alors, pour peu qu'il soit mû par un certain goût d'aventures, il ira chercher fortune en province ; il s'affiliera à l'association connue sous le nom des *Compagnons du Tour de France*. Ces nomades ne veulent pas cependant livrer leur existence au hasard des recherches individuelles, et, le temps aidant, ils arrivent à former une vaste société d'assistance et d'informations. Les cabarets situés tout le long du chemin deviennent des centres de renseignements, de véritables agences de placement. Les compagnons réussissent à envelopper le pays dans les réseaux d'une vaste communauté dont le chef n'est nulle part et dont les agents tiennent tous les points du territoire. Il y aura, dans chaque ville, un cabaret spécialement désigné, qui deviendra le siège du compagnonnage. Le patron du cabaret, homme ou femme indifféremment, s'appellera *la mère*. Nul n'est mieux placé que lui pour être au courant de ce qui intéresse le monde ouvrier. Il interroge les allants et venants ; il est en relations constantes avec les patrons qui ne craignent pas de recourir à ses bons offices en cas de besoin ; il indiquera donc à l'ouvrier l'endroit où se trouve un emploi disponible. S'il n'y en a pas, il le recommandera à *la mère* de la ville voisine qui le recevra comme l'hôte attendu. Partout, il sera logé, nourri, soigné. On ne lui demandera qu'une modique rétribution dans l'intérêt des camarades qui vont le remplacer tout à l'heure. Il va sans dire que ces cheminots, passant sur les grandes routes une partie de leur existence, contractent des habitudes peu régulières et que leur association couvre parfois d'assez vilaines pratiques.

Dans le cas que nous venons d'étudier, il n'y a pas à proprement parler d'antagonisme entre le capital et le travail. Il n'en sera pas toujours ainsi. L'ouvrier mécontent de son sort et désireux d'obtenir un salaire supérieur n'hésitera pas à user des moyens de contrainte pour amener le maître à récipiscence. Alors, à côté du compagnonnage légalement reconnu, surgira un autre compagnonnage en opposition complète avec l'esprit qui animait le premier. A la paix dans l'atelier, il substituera le régime de la violence. Les ouvriers, conscients de la force que donne l'association, déposeront dans les cabarets un registre sur lequel tous les adhérents devront se faire inscrire sous le nom de *Compagnons du devoir* ou de *Bons drilles*. Si les camarades, dûment sollicités, refusent de s'enrôler, on les pourchassera comme « renards ».

Au jour fixé par *l'assemblée* du cabaret, la cessation du travail est proclamée, et la maison du patron récalcitrant mise en interdit. Les documents de l'époque nous fournissent de multiples exemples de grèves éclatant dans les corporations.

Les promoteurs du nouveau compagnonnage ont pris leurs précautions contre des défaillances possibles. D'abord, leur société sera secrète. L'œil du patron ne pourra jamais discerner parmi ses ouvriers ceux qui en font ou n'en font pas partie. L'aspirant recevra un parrain qui l'endoctrinera sur les obligations qui lui impose le *devoir*. Il jurera de ne rien révéler sur tout ce qui concerne ledit *devoir* et devra même affirmer, sous la foi du serment, qu'il ne fait pas partie de l'association. Le jour de sa réception comme membre associé, une mise en scène mystérieuse, où des rites religieux se joindront à d'infâmes pratiques, aura pour effet d'agir sur son imagination, sur sa sensibilité, et de souiller sa conscience. Dès lors, il sera l'âme damnée de l'association.

La secte existait dès avant Louis XIV, mais telle était la terreur qu'elle avait répandu autour d'elle que les autorités civiles et religieuses hésitaient à réprimer des agissements aussi contraires aux lois du pays qu'à la morale publique. Or, cette tâche que les autorités constituées n'ont pas osé assumer, qui demandait autant de fermeté que de persévérance, un simple artisan, un pauvre ouvrier cordonnier, se chargea de la conduire à bonne fin.

Henri Michel Buch est venu du duché du Luxembourg à Paris où il espère gagner sa vie. Il recherche les pauvres garçons cordonniers, ses frères, dans leurs chambres, leurs boutiques ou sur les places publiques, leur parle, instruit les ignorants, console les affligés, procure des aumônes aux indigents ou leur cherche un emploi. Son action s'exerce particulièrement de 1640 à 1665. Bientôt il devient l'homme le plus populaire de la corporation, on ne le connaît que sous le nom du *Bon Henry*. Il arrive à la maîtrise. Excellente occasion pour lui d'intensifier son apostolat. Parmi les services qu'il pourra rendre à ses frères, nul n'égalera celui de les délivrer des pratiques déshonnêtes qui sévissent dans tous les métiers et surtout dans le sien. Il entrera donc en lutte avec la puissante association des *Compagnons du devoir*. En vain lui représente-t-on que c'est folie à lui, pauvre artisan, sans relations, sans ressources, sans crédit, de vouloir se mesurer avec la redoutable association qui remplit tout le royaume. Il y va non seulement de son repos mais du péril même de sa vie. Aucune considération ne l'arrête. La timidité lui paraît hors de saison. Il ne craint pas de mettre en mouvement l'action des plus hautes autorités ecclésiastiques. Par un mémoire soigneusement rédigé, il provoque l'examen des Docteurs en théologie, et la Faculté condamne la doctrine incriminée. Cette censure restant sans effet sur les compagnons, il les fait condamner par l'officialité de Paris. Comme chez les cordonniers, il s'appliquera à détruire chez les tailleurs, les chapeliers et gens d'autres professions, les mêmes pratiques impies, notamment la contrefaçon de la messe. Après quatre ans d'efforts, la secte paraît vaincue. Puis, soudain elle relève la tête. Chassés d'un endroit, les compagnons reparaissent sur un autre, et la lutte continue. Elle ne prendra fin que lorsque les juridictions temporelles et spirituelles, mises en action par l'infatigable lutteur, auront assuré un triomphe définitif.

Le Bon Henry mourut le 16 juin 1666. La confrérie des frères cordonniers lui survécut. Sa marchandise jouissait d'une réputation méritée. Racine, signalant à son fils l'envoi d'un ballot, lui mande, à la date du 26 janvier 1698, qu'il trouvera entre autres objets, *une paire de souliers des frères*. A la veille de la Révolution, Paris possédait encore deux maisons de la confrérie.

Le pire sort qui puisse échoir à l'ouvrier, c'est de travailler en chambre, faisant la besogne d'un métier qui n'est pas libre et dont il viole ainsi les règlements. On

l'appelle « Chambreland » ou « Chamberland ». La chasse
est organisée contre lui. Dénoncé par les maîtres, tra-
qué par la police, mal vu des ouvriers corporatifs, il vit
en marge de la société comme un être maudit. Comment
ce malheureux a-t-il été appelé à prendre un parti que
tout lui déconseillait ? Il souffre sans doute de quelque
tare morale qui lui a fermé l'entrée de l'atelier, car les
statuts défendent d'admettre dans la famille corporative
les paresseux, les débauchés, les voleurs et les meurtriers. Il faut cependant qu'il gagne sa vie. Il ira se cacher dans quelque taudis où il fabriquera une marchandise de contrebande qu'il vendra au rabais.

II. — Marchands

*Les six corps de métiers, Merciers, Bouchers, Boulangers,
Marchands de vin.*

L'artisan est celui qui fabrique un produit, le marchand celui qui le détaille. Il est souvent malaisé de distinguer l'un de l'autre, l'atelier de la boutique. En mainte
circonstance, l'artisan vend l'objet qu'il fabrique et le
marchand façonne dans une certaine mesure l'objet
qu'il met en vente.

Il est cependant une corporation à laquelle il est défendu légalement de fabriquer les produits qu'elle vend,
c'est celle des merciers. Un dicton courant les qualifie
de « marchands de tout et faiseurs de rien » ; leur nom
dérive du mot latin *merx* qui n'implique aucune spé-

cialité. Leur commerce prend une extension énorme, et leur boutique, par la multiplication des objets qu'elle expose, n'est pas sans quelque analogie avec nos grands magasins modernes. Si grandes même sont les proportions qu'atteint l'industrie des merciers au xviie siècle que, faute sans doute de disposer des capitaux nécessaires à la centralisation de leurs produits, ils sont obligés de diviser leurs opérations et de les répartir en une vingtaine de classes. Une seule ressemble aux modestes merceries de nos jours, débitant les mêmes articles à l'usage du travail féminin, tels qu'aiguilles, fils, boutons, lacets. Dans les autres classes on trouve des articles qui n'ont aucune analogie avec ceux de la mercerie moderne, drap d'or, lainage, toiles, dentelles, étoffes de soie, quincaillerie, papeterie, objets d'art, tableaux, estampes, statues, écharpes, bimbloterie, jouets, chapelets, etc. Chacun de ces articles a son établissement particulier. Les merciers sont, toujours sous Louis XIV, soumis à l'interdiction de vendre un produit fabriqué chez eux, mais ils ont la permission de l'enjoliver, et c'est en cela qu'excelle le doigté de la parisienne ; elle n'a pas son égal pour rendre séduisante la marchandise qu'elle offre au public. Par ailleurs, son métier n'a rien de bien difficile ; il n'est pas besoin d'un long temps pour apprendre à compter et à auner. Aussi la division classique en apprentis, ouvriers et maîtres sera-t-elle moins rigoureuse dans ces métiers où la formation est rapide, que dans ceux où la main-d'œuvre ne s'acquiert que par une longue expérience. Les merciers auront besoin de plus de commis que d'ouvriers, on trouvera même des laquais dans leur boutique ; nous en avons rencontré chez les marchandes d'étoffes.

Les six corps de métiers comprennent les drapiers, les épiciers apothicaires, les merciers, les pelletiers, les bonnetiers et les orfèvres. Ils tiennent la tête du commerce de la capitale. Un septième corps aurait bien voulu se faire admettre dans leur éminente compagnie, celui des marchands de vin ; mais il n'obtint que la permission de marcher à la suite des six autres dans les cérémonies publiques. « L'influence dont jouissaient les six corps, dit M. Martin Saint-Léon, était considérable ; et il n'était pas une affaire un peu grave intéressant les corporations ou la commune de Paris, sur laquelle ils ne fussent appelés à donner leur avis, en qualité de chefs et d'interprètes de la collectivité des marchands. S'ils ne jouissaient à cet égard d'aucune autorité positive sur les autres métiers, les traditions corporatives, jointes à leur situation de notables commerçants, leur assuraient une prépondérance qui ne fut jamais contestée ».

Dans les cérémonies publiques, ils représentaient la bourgeoisie commerçante de la cité. Leurs gardes avaient une place marquée dans les cortèges lors de l'entrée des rois et des reines ; ils portaient le dais sur la tête du roi et lui adressaient en certaines circonstances le compliment officiel de la corporation.

*
* *

Plus encore que les six corps de métiers, les bou-chers, boulangers et marchands de vin nous intéressent en leur qualité de pourvoyeurs de l'alimentation parisienne. Ils méritent d'ailleurs d'attirer notre attention par la physionomie très particulière de leur organisation professionnelle.

La plus ancienne, la plus grande, la meilleure boucherie parisienne était située près de la porte de Paris. On l'appelait généralement la Grande Boucherie. De son voisinage tenaient leur nom l'église et la rue de Saint-Jacques de la Boucherie.

La Grande Boucherie occupe une place importante dans l'histoire politique de la cité. Elle fut l'âme de l'insurrection des Maillotins avec les Thibert, les Saint-Yon, les Legoix et l'écorcheur Caboche, entraînant dans le mouvement les pelletiers, les chirurgiens, les couturiers, etc. En punition de ses forfaits, on rasa ses bâtiments, confisqua ses revenus et supprima ses privilèges. Puis, quand les Bourguignons redevinrent maîtres de l'esprit du roi et de son gouvernement, toutes les mesures édictées contre elle furent révoquées ; on l'autorisa à reconstruire ses bâtiments et on lui rendit avec son argent les privilèges dont elle était si fière.

La Grande Boucherie formait, de temps immémorial, un corps composé d'un certain nombre de familles, absolument fermé, et dans lequel les fils succédaient aux pères, les collatéraux à leurs parents les plus proches. Les familles élisaient un chef qui prenait le titre de Maître des Bouchers. Assisté d'un greffier et d'un procureur, il exerçait sa juridiction sur toute la corporation. Ni seigneurs, ni juges ordinaires, ni même le Prévôt de Paris ne prenaient connaissance de leurs affaires.

Si on leur demandait de produire le titre sur lequel ils fondaient leurs prétentions, ils n'étaient pas en mesure d'en justifier. La tradition qu'ils invoquaient en faveur de leurs privilèges se perdait dans la nuit des temps. Ils ne pouvaient, qu'à partir de 1550, se prévaloir d'un acte du pouvoir royal, celui par lequel Henri II reconnut le droit de juger qu'ils exerçaient sur les membres de leur corporation. Ils le conservèrent jusqu'en 1674, époque à laquelle un édit général réunit au Châtelet toutes les juridictions particulières.

Telle apparaît la Grande Boucherie sous le régime du monopole absolu. Mais, avec l'accroissement de la population, vint le moment où elle ne fut plus en mesure de suffire aux exigences des consommateurs, et de petites boucheries s'installèrent en différents quartiers de la ville. La Grande Boucherie, sans faire opposition à ces établissements secondaires, les dédaignant même, se préserva de tout contact avec eux et garda jalousement son autonomie.

Son opulence devint la cause de sa ruine. Les Grands Bouchers, ou du moins plusieurs d'entre eux, enrichis par l'effet de leur monopole, se trouvèrent trop grands personnages pour s'assujettir aux obligations parfois pénibles de leur profession ; ils louèrent en conséquence leur étaux à des étrangers. Le public souffrit du service fait par les nouveaux venus, sans doute mal préparés à l'exercice de leurs fonctions. Un arrêt du Parlement contraignit les bouchers à occuper par eux-mêmes leurs étaux ou à les faire occuper par des serviteurs sous leur responsabilité personnelle ; ainsi naquirent les *étaliers bouchers*. Agents de la Grande Boucherie à l'origine, ils devinrent, avec le temps, ses adversaires. Ils émirent la prétention d'être reçus à la maîtrise, et le gouvernement fit droit à leur requête, en dépit de toutes les protestations des membres de la Grande Boucherie. De guerre lasse, ces derniers se désistèrent d'une opposition inutile, et bientôt ne trouvèrent rien de mieux que de louer leurs propres étaux aux nouveaux maîtres. Entre eux, toute distinction cessa désormais nonobstant les diversités d'origine.

L'exercice de la profession, après comme avant le monopole, n'était pas libre. Tout d'abord il fallait obtenir une permission royale pour ouvrir un étal. Ces concessions étaient très recherchées, même par des personnes de distinction qui les faisaient gérer pour leur compte. On relève parmi les bénéficiaires les noms du sieur de Richemond, de la Demoiselle d'Heudeville et du président Maison. La fabrique de l'église Saint-Eustache possédait six étaux dans son quartier. En 1650, la nourrice du duc d'Orléans, frère du roi, fut autorisée à établir un étal dans le quartier Saint-Martin.

Le prix de la viande était déterminé d'accord avec l'autorité municipale. Les bouchers prêtaient serment solennel de « bien servir la cité et tenir toujours assortiment de viande saine avec taux légal ». De laborieux essais sur le rendement des marchandises précédaient la fixation du prix. La grève ou résistance concertée de la part des bouchers était punie de la confiscation de leurs « bancs » et de la prison.

Tous les quartiers de Paris possédaient au moins une boucherie munie d'un nombre plus ou moins grand d'étaux. La Grande Boucherie en compta jusqu'à vingt-neuf. Des étaux simples étaient répandus un peu partout.

Ajoutons que les évêques de Paris, les abbés de Sainte-Geneviève et de Saint-Germain, les prieurs de Saint-Éloi et de Saint-Magloire, le chapitre de Saint-Marcel et l'Hôtel-Dieu jouissaient du droit d'avoir leur boucherie particulière.

*
* *

Les boulangers de Paris ne se mirent en communauté qu'en 1677. Il adoptèrent alors des statuts que le roi approuva et qui servirent de base à la discipline de cette corporation. Le principal article la plaçait sous la juridiction du Grand Pannetier. Ce personnage appartenait originairement à la domesticité du prince. Les anciens états de la maison royale font mention de deux officiers, le *dapissier* ou *sénéchal* et le *bouteillier* ou *échanson*. Le premier prit le nom de pannetier sous Philippe-

Auguste. Depuis Henri II, cette dignité se transmit de père en fils dans la maison de Cossé-Brissac; elle investissait le titulaire d'avantages aussi importants que lucratifs. A lui, revenait la prérogative de recevoir les maîtres boulangers dans toute l'étendue du royaume et de prélever des droits à cette occasion. Ce service qui s'était successivement étendu de la maison du prince au domaine extérieur de la couronne, ne s'appuyait sur aucun titre. Il perdit toute raison d'être sous Louis XIV, quand la juridiction du Grand Pannetier disparut dans l'absorption de toutes les justices particulières par la justice royale (1674). Le Grand Pannetier ne fut plus admis dès lors à vendre les maîtrises. Le Parlement, sur la réclamation des ouvriers, avait successivement aboli tous les droits analogues que les grands officiers de la couronne prétendaient maintenir. Les seuls ouvriers boulangers ne s'étant pas plaint, la charge de Grand Pannetier se trouva subsister, mais à titre purement honorifique. Vainement, Cossé-Brissac, lors de la création de nouveaux officiers jurés dans la boulangerie en 1691, offrit-il au roi de lui rembourser la finance qu'ils avaient fournie, comptant bien se rembourser lui-même sur les rétrocessions qu'il ferait. On lui fit comprendre, avec beaucoup d'égards, qu'il se trompait d'époque, que le privilège invoqué avait disparu et qu'on ne pouvait le faire revivre sans causer un grave préjudice aux boulangers et au public. Finalement un édit de 1714 supprima sa charge et lui alloua pour sept ans une indemnité équivalente aux droits perçus par lui pour les réceptions de maîtres.

Le service de la boulangerie était assuré dans la capitale par les boulangers établis à l'intérieur de l'enceinte, par ceux des faubourgs et par les forains.

Les boulangers des deux premières catégories vendaient au détail, dans leurs boutiques, le gros et le petit pain. Les forains, venant de Saint-Denis, de Gonesse, de Corbeil, de Villejuif et autres pays circonvoisins dans un rayon de cinq à six lieues, apportaient le gros pain sur les divers marchés de Paris. Leur concours était indispensable au ravitaillement de la population parisienne ; aussi ne les avait-on pas astreint à l'obligation de prendre des lettres de maîtrise, ce qui aurait eu pour effet certain de réduire leur nombre.

Les marchés se tenaient à Paris deux fois par semaine, le mercredi et le samedi ; les principaux emplacements étaient ceux des Grandes Halles, de la place Maubert, du cimetière Saint-Jean, de la rue Saint-Antoine et du faubourg Saint-Germain.

Les boulangers de Paris pouvaient vendre leur pain sur ces marchés, si bon leur semblait, mais généralement ils se contentaient de l'offrir au public dans leurs boutiques. Les forains, étant en nombre double des boulangers de la ville et des faubourgs réunis, fournissaient la masse de la population parisienne.

Le gros pain du temps est celui de trois livres, le petit pain, celui d'un poids inférieur. Chaque nature de pain a sa police particulière. Le petit pain blanc, vrai pain de luxe, est soumis à un tarif déterminé ; ce prix ne varie guère d'ailleurs ; il est toujours de 2 sous, de 1 ou de 2 liards selon le poids. La vente du gros pain se traite de gré à gré. On a reconnu qu'il serait impossible, à Paris, de lui imposer un prix fixé d'avance. Le blé dont il est fait s'achète en tant d'endroits différents qu'il ne peut y avoir uniformité ni dans son prix, ni dans les frais de voitures qu'il exige. Parviendrait-on à se rendre compte de ces éléments qu'ils seraient toujours réunis trop tard pour permettre de régler chaque semaine le prix de pain. En outre, le gros pain comporte trois qualités, le blanc, le bis blanc et le bis ; on s'égarerait dans des distinctions inextricables, s'il fallait adapter un prix différent à chacune de ces qualités, ce qui serait juste cependant.

Toutefois des dispositions ont été prises en vue d'éviter les abus faciles à prévoir. Tous les boulangers, à quelque catégorie qu'ils appartiennent, sont tenus d'imprimer sur leur pain la marque de son poids, afin que la clientèle n'en ignore avant de marchander. Tous les pains apportés au marché devront être vendus le même jour ; défense de les rapporter ou resserrer en aucun lieu. Par ces précautions on compte que la marchandise ne sera pas raréfiée au gré du vendeur. Le prix marqué sur le pain ne devra jamais être renchéri. Si le pain n'est pas vendu à 4 heures de l'après-midi, ce prix sera diminué, et de la sorte toute la provision s'écoulera.

La police est chargée de faire observer les règlements sur la boulangerie, ce qui lui impose une rude besogne en temps de disette,

Les marchands de vin furent constitués en corporation par lettres patentes de 1587.

De la foule de ces honorables débitants se détachent les *douze* et les *vingt-cinq*. Les douze, *suivant la cour*, jouissaient du privilège de vendre du vin en bouteille à la Cour et à toute sa suite. Les *vingt-cinq*, également *suivant la Cour*, en leur qualité de cabaretiers, avaient le droit non seulement de donner à boire, mais encore à manger.

Au-dessous de cette aristocratie de la bouteille, les commerçants se partagent en marchands en gros et marchands en détail. Des premiers nous n'avons rien à dire. Les seconds se subdivisent en trois classes :

1° Le marchand au détail qui vend à broche (féminin de broc). Le client ne peut pas boire chez lui le vin qu'il achète ; il présente son pot à l'ouverture pratiquée dans la grille de la boutique et se retire quand on l'a rempli ; cela s'appelle vendre à *huis coupé et pot renversé* ;

2° Le tavernier qui vend *à pot* ; on peut consommer le vin dans sa boutique ;

3° Le cabaretier qui vend le vin à *assiette*. Chez lui la table est recouverte d'une nappe et il a le droit de servir certains mets.

Toute la corporation avait pour patron Saint-Nicolas.

II

Le monde du Palais[1].

I. — LES MAGISTRATS

*Leur rang social. Quatre points à examiner : science, intégrité
du caractère, dignité de la vie, indépendance. — La question
des épices. — Tentatives de corruption. — Portraits de magistrats. — Usages et mœurs du Palais. — Les heures d'audiences. — Physionomie de la grande Salle et des galeries.
— La rentrée. — L'année judiciaire. — Les Mercuriales :
les unes réglementaires se traduisant en arrêt (exemple port
de la robe et la tenue recommandée) ; les autres visant les
personnes.*

La magistrature occupe un rang à part et malaisé à
définir dans la hiérarchie sociale de l'ancien régime.
Issue du tiers-état par origine lointaine, par son mode
de recrutement, elle n'a cependant rien tant à cœur

1. OUVRAGES ET DOCUMENTS CONSULTÉS. La Bruyère, *Les Caractères*. Bourdaloue, *Sermons*. Archives Nationales XI*.Recueil des Mercuriales. Commentaires sur l'édit du mois de mars 1673 servant de règlement pour les
épices et vacations. Depping, Correspondance administrative, t. IV.*
Bibl. Nat. Ms, f. fr. 13729, *Etat de la France en 1712*, par Carrière. Pas-
quier, *Dialogue des Avocats au Parlement de Paris,* par A. Loisel. Bibl.
de l'Arsenal, Recueil 6353, Parlement, *Mélanges et manuscrits, portraits
des principaux avocats de la seconde moitié du XVII° siècle.* Bibl. Sainte-
Geneviève, Mss. *Sentiments de Cléanthe sur quelques-uns des plus fameux avocats au Parlement de Paris.* A. Furetière, *Le Roman bourgeois.*

que d'en être distinguée. Fière de ses glorieuses traditions, des services rendus et de sa valeur professionnelle, elle n'entend pas être confondue avec des bourgeois penchés tout le jour sur leur comptoir ou investis
de menus offices. Rendre la justice, c'est à ses yeux
exercer une sorte de sacerdoce qui l'auréole d'un prestige inaccessible au commun des hommes ; et La Bruyère
a pu dire de la magistrature du XVIIe siècle, même
amoindrie : « Il s'en faut que la religion et la justice
n'aillent pas de pair dans la république et la magistrature ne consacre les hommes comme le prêtre ». En
effet, si l'Eglise enseigne la vérité, la magistrature dit
le droit, et, comme l'Eglise, juge du mérite des actions
humaines, la magistrature les absout ou les condamne.
Cette ressemblance la rend fière, mais, si flatteuse soit-
elle, elle ne l'autorise pas à passer du sanctuaire de la
justice dans celui où siège le premier ordre de l'Etat.
Alors, pour s'échapper de la bourgeoisie qu'elle dédai-
gne, elle n'a plus d'autre ressource que de s'introduire
dans la noblesse qui est le privilège du second ordre.
Elle estime sans doute avec Louis XIV, rédigeant son
édit de 1696, que la noblesse d'extraction n'est qu'un
accident de la fortune, et qu'il est des services non
moins éminents que ceux rendus les armes à la main.
Les Conseillers au Parlement ne sont-ils pas d'ailleurs les descendants de ces légistes qui ont fait la
monarchie française à l'encontre même des grands seigneurs féodaux ? Si cet héritage ne leur permet pas de
prétendre à la noblesse de race, ils auront celle de robe,
noblesse personnelle sans doute, inhérente à la fonc-

tion, transmissible avec la charge, mais à l'égal des plus anciennes, car, à défaut de parchemins, la possession séculaire témoigne en faveur de leur ordre.

L'ancienne noblesse n'accueillera jamais l'autre dans ses rangs. Le sang versé par elle à flots sur maint champ de bataille clame son origine plus haut que ne saurait le faire tout le grimoire des écritures. Aussi fera-t-elle des gorges chaudes au sujet des nouveaux venus et ne lui ménagera-t-elle les dégoûts ni à la cour ni à la ville, Mais prenez garde, cette attitude méprisante cache du dépit, voire même de la colère. Après tout, le Parlement est cour souveraine, et les nobles, comme les moindres sujets du roi, doivent s'incliner devant ses arrêts. Messieurs de la Cour jugeront leurs différends. Le regard perçant des magistrats fouillera l'intimité des secrets familiaux, et souvent discernera des misères, peut-être même des tares, là où l'orgueil de race fait étalage de titres fastueux. Comble d'humiliation, ces roturiers d'origine seront appelés à statuer sur la valeur des titres eux-mêmes qui, par ordre, devront être déposés au greffe de la Cour. Il est vrai que, à certains jours, la noblesse aura sa revanche. Ces jours sont ceux où les pairs viendront prendre séance au Parlement. Alors, pour la plus grande satisfaction du plus infatué des ducs, la tête des petits robins atteindra à peine à la hauteur de leurs pieds, et force leur sera bien de se souvenir de la bassesse de leur extraction.

Considérons maintenant les magistrats dans l'exercice de leurs fonctions. La science juridique, l'intégrité du caratère, la dignité de la vie, l'indépendance, telles sont les quatre qualités maîtresses que requiert l'exercice de la profession. Les retrouvons-nous chez les magistrats du temps de Louis XIV ?

Aux trois premières, le mode de recrutement de la magistrature fondé sur la vénalité, oppose de sérieux obstacles. Nul ne les a mieux fait sentir que Loyseau ; « Je n'estime pas, dit-il, qu'il y ait rien en notre usage plus contraire à la raison que le commerce et la vénalité des offices qui préfèrent l'argent à la vertu en la chose du monde où la vertu est plus à rechercher et l'argent plus à rejeter. Car si l'officier mérite la charge, ce n'est raison qu'il l'achète ; s'il ne la mérite pas, il y a encore moins de raison de la leur vendre ».

En ce qui concerne spécialement la science du droit, il est évident qu'un jeune homme, parce qu'il est assez riche pour acheter une charge de conseiller à la Cour, ne justifie pas d'une aptitude suffisante à remplir les importantes fonctions qu'il aborde, bien qu'il soit pourvu du grade obligatoire de docteur ou de licencié en droit. Représentons-nous un jeune étudiant de nos jours, à peine sorti de l'École de Droit, promu d'emblée conseiller à la Cour d'appel, et nous aurons quelque peine à croire qu'il se montrera à la hauteur de ses fonctions sans avoir passé par les rangs inférieurs de la magistrature. Il en était cependant ainsi sous l'ancien régime. A ce désavantage, un correctif salutaire était apporté, dans une certaine mesure, par l'usage qui perpétuait les charges dans le sein d'une même famille. Ses membres mettant un soin jaloux à continuer les traditions d'honneur qui leur avaient été léguées, n'abordaient qu'après une forte préparation la carrière dont ils assumaient les responsabilités à leur tour [1]. Ajoutons qu'un sérieux examen devait être passé par l'aspirant magistrat devant les conseillers de la Cour.

L'intégrité du caractère orne de tout son lustre le savoir du magistrat ; cette qualité consiste dans une droiture qu'aucune considération de complaisance ou d'intérêt personnel ne fait jamais dévier des voies de la justice. A entendre Bourdaloue, l'impartialité des juges aurait été très compromise. « Maintenant, s'écrie-t-il, c'est le crédit qui l'emporte et qui a presque partout gain de cause. Le plus fort a toujours raison quoi qu'il entreprenne. Combien de familles ruinées parce que le bon droit, attaqué par une partie redoutable, n'a pas trouvé de protecteur ! Malgré la justice et les lois, le faible succombe ». On aimerait à croire que l'accusation du prédicateur est excessive ; mais s'il serait téméraire de la généraliser, il faut bien reconnaître qu'elle était justifiée par la connaissance exacte de l'étendue du mal.

Céder aux sollicitations d'une partie puissante par son crédit, ainsi que le déplore Bourdaloue, c'est fausser la justice dont les balances doivent être égales pour tous. Accepter l'argent d'un riche solliciteur, c'est pire encore, c'est la vendre. La magistrature du XVIIe siècle ne peut pas être défendue sans réserves contre le reproche de vénalité. Ici se pose la question si controversée des épices ; il convient de la serrer de près pour

---

1. Mathieu Molé de Champlatreux, Président à mortier, décédé le 6 juin 1711, était le cinquième Président à mortier de père en fils.

réduire à ses justes proportions la tare relevée à la charge des magistrats de l'ancien régime.

Des magistrats intègres, de bons esprits du temps, comme Lamoignon, estimaient que, en droit comme en conscience, les juges pouvaient tirer de leurs offices le juste revenu du prix qu'ils avaient payé pour l'acquérir [1]. Le point délicat est précisément de savoir en quoi consiste cette rémunération légitime. Le Trésor royal attribue des gages aux officiers qui ont fourni le capital d'une charge. Si ces gages ne représentent que l'intérêt ordinaire de l'argent, ils ne suffisent pas à récompenser

1. Un registre de comptes de Nicolas Méliand, conseiller au Parlement de Paris (bibl. de l'Arsenal, man. n° 6704), contient de curieux détails sur la finance d'un office de haute judicature au xvii° siècle.

« *Gages ordinaires.* Il y a 500 livres de gages attachées à la charge de conseiller lai du Parlement de Paris, dont le dernier quartier est retranché. (à noter que l'Etat traite les gages des magistrats comme les rentes snr l'Hôtel de ville, en soumettant les uns et les autres à la réduction.)

« *Augmentation de gages.* J'ai acquitté à M. Phelippeaux Président à la chambre des comptes, 2.000 livres d'augmentation de gages assignés sur les fonds de MM. du Parlement.

(Ces augmentations de gages ne sont que des emprunts déguisés parce qu'ils impliquent le versement obligatoire d'un capital correspondant).

« *Consignation pour la charge de conseiller en la Cour du Parlement pour Claude Méliand, mon fils, 8 février 1687.* J'ai consigné, par la permission du roi, entre les mains du receveur des parties casuelles, la somme de 100.000 livres pour une charge de Conseiller lai au Parlement de Paris, pour Claude Méliand, mon fils.

« *Achat d'une charge de conseiller lai en la Cour du Parlement* pour Antoine Méliand, mon fils, 23 août 1692, moyennant 100.000 livres par contrat devant M°.

On remarquera que les deux fils de Nicolas Méliand n'ont pas obtenu leurs charges dans les mêmes conditions. Claude a été pourvu, moyennant finance, d'un office tombé aux parties casuelles (c'est-à-dire à la caisse des recettes accidentelles) par la mort d'un magistrat décédé sans avoir acquitté la *Paulette* dont le payement aurait autorisé la transmission. Antoine a acheté, ou plutôt son père a acheté pour lui sa charge par contrat passé avec le titulaire en exercice ou avec sa famille, si ce dernier était décédé.

leur bénéficiaire qui aurait pu placer son capital sans prendre la peine de le faire valoir lui-même. Son travail n'est pas récompensé. Un officier mesureur ou jaugeur de grains reçoit des gages pour le capital de son office, et, de plus, il perçoit du public une rémunération pour le service qu'il lui rend. Pourquoi le juge serait-il moins favorablement traité que le mesureur de grains ?

Il n'y avait donc dans le principe du prélèvement des épices rien qui fut de nature à gêner la conscience la plus délicate au témoignage de Lamoignon. Faut-il admettre, avec le même auteur, qu'en droit ce genre de bénéfice fut régulier, c'est-à-dire autorisé par la législature existante ?

Le doute peut subsister pour les premiers temps où les épices furent mises en usage. Mais, ultérieurement, divers édits créant ou supprimant des charges de rece veur des épices, d'autres commettant leur perception aux greffiers ou autres agents désignés par les compagnies, constituent des témoignages implicites de la légalité de l'opération. Un texte plus formel est l'édit du mois de mars 1673 qui jette une vive lumière sur l'usage et l'abus des épices. L'article 1ᵉʳ est ainsi conçu : « Voulons que par provision et en attendant que l'état de nos affaires nous puisse promettre d'augmenter les gages de nos officiers de judicature pour leur donner le moyen de rendre gratuitement la justice à nos sujets, aucun de nos juges ou autres, même de nos cours, ne puissent prendre d'autres épices salaires ni vacations pour les visites, rapports et jugements des procès, civils ou criminels, que celles qui seront taxées par celui qui aura présidé ». L'article V de l'édit porte « que ces épices et vacations seront payées par les greffiers ou autres personnes désignées par ordre des compagnies qui en tiendront registre, à la marge desquels ceux qui les auront reçus mettront leurs reçus, sans qu'eux ni leurs clients puissent les recevoir par les mains des parties ».

De ces deux articles on est en droit de conclure que les gages alloués aux magistrats ne suffisent pas à leur rémunération, que, si l'on veut qu'ils rendent la justice gratuitement, il faut leur en donner les moyens, c'est-à-dire leur attribuer des émoluments en rapport avec leur travail, qu'il appartiendra au président de la compagnie d'en fixer la quotité, mais qu'en aucun cas l'affaire ne pourra se traiter entre le juge et les parties. Cette dernière manière de procéder serait inconvenante, parce qu'elle donnerait lieu à des tractations incompatibles avec la dignité du magistrat. Tout cela est très clair. Comment l'usage a-t-il dégénéré en abus ? A l'origine, les épices se donnaient en nature. Un pot de confiture indemnisait le juge rapporteur de sa peine. Mais du pot de confiture, il en avait été comme du pot de vin. Ce dernier représentait originairement une somme équivalente à celle que l'acheteur aurait donnée au vendeur, s'il lui avait payé à boire en concluant une affaire. Avec la marche du temps, la valeur du pot de vin se chiffra par centaines de mille livres. Mazarin et Fouquet s'enrichirent par ce moyen de fortune. Il en advint un peu de même pour la magistrature. Les plaideurs, après avoir dévalisé les épiceries en faveur de leurs juges, leur offrirent de l'argent qui ne fut pas refusé. Les pires abus naquirent du droit attribué au Président de fixer le montant des épices. Son pouvoir arbitraire n'avait d'autres règles que son appréciation. On vit des magistrats, par d'abusives interprétations, se faire presque 25 ou 30.000 livres de revenus. Danjeau rapporte que le Premier Président de Novion, qu'on avait pris plusieurs fois la main dans le sac, fut, sur l'ordre du roi, forcé de se démettre de sa charge pour cause de vénalité.

Il n'est pas douteux que l'usage des épices, bien qu'admis par l'opinion du temps et légitimé par la saine interprétation des actes royaux, a nui devant la postérité au renom de la magistrature de l'ancien régime par suite de l'abus qui en a été fait.

Si l'homme public dans le magistrat doit s'élever au-dessus de tout soupçon, l'homme privé est tenu d'honorer par la dignité de sa vie la robe qu'il porte. Sorti du Palais, il ne doit pas oublier qu'il est le représentant de la justice et du droit, et qu'en sa personne il est tenu de faire respecter ces choses saintes. Des arrêts et des ordonnances lui imposèrent, au temps de Louis XIV, une certaine décence extérieure dans ses vêtements et dans ses rapports de société. A combien plus forte raison ses mœurs devenaient-elles se conformer au caractère dont il était revêtu ! Emportée par le tourbillon des plaisirs, la jeune magistrature du xviiᵉ siècle ne s'est pas assez souvenue de ces obligations. « Il y a, dit La Bruyère, un certain nombre de magistrats que les goûts et les plaisirs ont associés à ceux qu'on nomme

à la cour les petits maîtres ; ils les imitent, ils se tiennent
fort au-dessus de la gravité de la robe et se croient dispensés par leur âge et par leur fortune d'être sages et
modérés. Ils prennent de la cour ce qu'elle a de pire ;
ils s'approprient la vanité, la mollesse, l'intempérance,
le libertinage. »

Les chefs de la magistrature, et c'est leur honneur,
se firent un devoir de protester contre une attitude si
contraire à la dignité professionnelle. Le Procureur
Général d'Aguesseau, à la rentrée d'avril 1709, stigma-
tisa, avec non moins de sévérité que La Bruyère, les
allures du jeune conseiller moderne. « Las et fatigué,
dit-il, d'avoir passé le matin dans des fonctions dont il
devrait tirer toute sa gloire, il cherche le reste du jour
à s'en désennuyer dans des fonctions toutes mondaines... Il ne rougit pas de se montrer avec indécence
aux promenades et aux spectacles... Ne pourrions-nous
point dire encore que ceux qui, dans un âge peu avancé,
semblent rougir de leur profession, veulent la cacher à
eux-mêmes ; plus ils violent par leur extérieur déguisé
leur dignité, plus ils se rendent méprisables ». Ces
dernières paroles font allusion au costume professionnel dont plusieurs magistrats ont hâte de se défaire.

Il est regrettable que certaines harangues ne témoignent pas d'un égal souci pour la bonne tenue des
membres de la Compagnie. Dans un discours prononcé
à la rentrée du Parlement, en 1678, l'Avocat Général
Talon distingue le magistrat paresseux, le magistrat
voluptueux et le magistrat parfait. A son dire, M. le Premier Président Potier de Novion, nouvellement promu,

personnifie le troisième type. Nous avons vu plus haut
ce qu'il faut penser de ce rare phénomène de vertu. Toujours est-il que cette louange hyperbolique, jetée à
brûle-pourpoint à ce haut magistrat au détriment de
ses collègues, semble l'avoir quelque peu gêné. Le désir
d'atténuer une impression fâcheuse se fait jour dans les
paroles qu'il prononça à l'audience de rentrée de la
Saint-Martin suivante. « Vous nous faites voir, dit-il
aux conseillers, qu'on peut sacrifier à la justice sans
sacrifier les Grâces. Vous êtes sages et votre sagesse ne
vous a pas coûté la perte de vos jeunes années ».

Qu'en des termes galants ces choses-là sont dites !

Mettons tout à fait à part, comme un cas singulier, la
harangue du Premier Président Achille de Harlay, à la
reprise des travaux de novembre 1705. Cet éminent magistrat conçut l'idée originale de s'administrer à lui-
même la Mercuriale réglementaire, ou plutôt il pria la
Cour de se charger de ce soin. Il lui demanda de vouloir bien lui donner des conseils, même de lui adresser
des remontrances, de le redresser en un mot au sujet
des négligences, des omissions, des fautes qu'on aurait
remarquées dans sa conduite. Il va sans dire que la
Cour resta muette devant ce prodige d'humilité. Au dire
de Saint-Simon : « Il n'y avait aucun de ce corps qui
ne fut devant lui comme un écolier et que la Grand'-
Chambre et les Enquêtes assemblées n'étaient que des
petits garçons en sa présence ».

Dernière question. Les magistrats ont-ils retenu, sous

le règne du grand roi, quelque chose de leur antique esprit d'indépendance ? Une de leurs prérogatives les plus précieuses à leurs yeux consistait dans le droit d'exercer des remontrances et plus d'une fois ils en avaient abusé pour s'immiscer dans la politique royale ; Louis XIV le restreignit par une ordonnance d'avril 1667, puis en 1673, par une nouvelle ordonnance, interprétative de la première, il le réduisit à peu près à néant. Désormais, les édits seront enregistrés sans remontrance, presque sans discussion. La politique sera bannie de l'enceinte du Palais.

Une seule fois pendant le long règne de Louis XIV, le chef de la Compagnie prit l'initiative d'une démarche qui parut alors d'une hardiesse singulière. Ce fut à propos de la fameuse disette de 1693. Le Premier Président de Harlay, pour remédier à la détresse des Parisiens, que tous les secours employés semblaient impuissants à soulager, offrit au roi ses services. On l'avisa vertement d'avoir à se tenir tranquille [1].

1. Une chanson qui eut de la vogue alors traduit sans ambages les arrière-pensées qui pouvaient germer dans l'esprit de Messieurs de la Cour.

> C'est notre Premier Président,
> Homme humain et compatissant,
> Qui, touché de notre misère,
> Dit au roi, d'une humble façon :
> Vous n'avez qu'à me laisser faire
> Vous aurez du blé à foison.

(Harlay convoque les magistrats).

> Il leur dit modestement,
> Le mal vient du gouvernement ;
> On n'a ni soin ni prévoyance ;
> Nous jadis, tuteurs de nos rois,
> Souffrirons-nous que notre France
> Soit ainsi réduite aux abois.

Cette soumission passive de la magistrature n'avait pas été obtenue seulement grâce à certains actes d'un éclat retentissant et à des ordonnances qui n'admettaient pas de répliques ; elle était encore de la part du Gouvernement, le fruit de pratiques moins avouables, qu'on pourrait, sans exagérer, qualifier de tentatives de corruption. A peine arrivé au pouvoir, Colbert avait prescrit aux intendants de lui fournir des notes écrites sur tout le personnel des cours du royaume. Le dossier concernant les membres du Parlement de Paris fait connaître, avec une précision parfois cynique, tous les services qu'on est en passe d'attendre d'eux. Il signale les parentés, les alliances, les amitiés, les relations, les influences exercées ou subies, les goûts, les passions, les attaches mondaines, les caractères avec toutes leurs nuances et leurs singularités. Accessible, faible, dur, intraitable, fantasque, toutes ces appréciations psychologiques sont ramenées au point de vue utilitaire. Il n'y a pour s'en convaincre, qu'à constater avec quelle fréquence reparaissent, sous la plume du fonctionnaire

> Messieurs, voici l'heureux moment
> Pour rétablir le Parlement
> Tel qu'il fut au temps de nos pères.
> Faisons donc connaître aujourd'hui
> Que la France dans sa misère,
> N'a de recours que notre appui.
> . . . .
> Mais si nous fournissons du pain
> A ce peuple qui meurt de faim
> Peut-être verrons renaître
> Ce temps par nous tant regretté
> Où le Parlement sera maître
> Comme dans la Minorité.

enquêteur, les locutions suivantes à propos de tel ou tel : sûr, peu de sûreté — en qui on ne peut se fier — dévoué à la cour — influencé — sans crédit — capable de servir sans qu'on doive néanmoins attendre de l'injustice — se pouvant gouverner par quelque dame avec laquelle il est attaché. On regrette de trouver accolées à trop de noms les épithètes d'intéressé, d'attaché aux sacs [1], de joueur, d'ami de divertissements, même de débauché ! En les uns des dons magnifiques sont gâtés par de misérables tares. En les autres, il n'y a ni vices, ni vertus ; ce sont les nuls et les médiocres. Si l'on souffre, en lisant les fiches dénonciatrices, qui préparent des tractations répugnantes, par contre on est heureux de saluer chez plusieurs la fermeté des principes, la noblesse des sentiments, la fidélité au devoir accompli, la haute culture intellectuelle. Des noms illustres sont parvenus jusqu'à nous, les de Lamoignon, les de Fourcy, les Le Pelletier, les de Mesmes. D'autres membres de la Compagnie, restés ignorés parce que leur situation les mettait moins en vue ou simplement parce qu'ils étaient des modestes, mériteraient d'échapper à l'oubli, tels « de Périgny, homme d'esprit et de grand raisonnement, aimant les belles lettres et les belles connaissances; Pétau, à l'esprit vif, de grandes conceptions, est savant soit en sa profession, soit aux lettres qu'il cultive, aime la justice et n'a nul égard dans les affaires publiques, soit dans les affaires particulières, — de Courcy, beaucoup d'honneur et d'esprit, prend les affaires du biais

____

1. On sait que les pièces des procès s'enfermaient alors dans des sacs.

dont elles doivent être prises, — Catinat, homme d'honneur très capable, hors d'intérêt, a grande probité et créance en la Grand'Chambre, a son fils lieutenant général à Tours, qu'il croit presque en tout ». A la liste dont nous avons extrait ces noms, nous pourrions en ajouter d'autres. On dira sans doute que sur plus de 200 noms de magistrats catalogués par l'intendant, cet ensemble ne forme que le petit nombre ; nous en convenons, mais les élites ne sont-elles pas toujours une exception et ne suffisent-elles pas à sauvegarder l'honneur du corps auquel elles appartiennent. Ajoutons qu'en dépit des attaques dirigées contre l'illustre Compagnie, chez tous ces magistrats, même les plus dociles en apparence, fermente un vieux levain d'indépendance. On ne peut pas pendant des siècles avoir usé du droit de remontrer respectueusement ce que l'on estime utile au bien public sans se croire qualifié encore pour juger des actes du pouvoir. Ces parlementaires, du temps de Louis XIV, au moins dans leur for intérieur, n'ont pas renié leurs sentiments d'autrefois. Gallicans, jansénistes, dévoués au prince, au besoin contre le prince, toujours passionnément épris des prérogatives de leur corps, tels ils ont été, tels ils sont encore au fond de leur âme. Comprimés par la forte volonté du souverain, on verra reparaître sous son débile successeur tous les sentiments qui n'ont pu recevoir libre cours pendant un demi-siècle.

*
* *

Des hauteurs où nous avons considéré le magistrat, descendons à l'examen de sa vie quotidienne au Palais. On ne lira pas, croyons-nous, sans intérêt, certains détails sur les habitudes et les mœurs judiciaires d'autrefois.

La journée de travail commençait de bonne heure au Palais. Au moyen âge, elle s'ouvrait avec l'aube naissante. Plaideurs et magistrats arrivaient en foule par le Pont-au-Change et par le Pont Saint-Michel, priant Dieu et récitant les heures et le chapelet. L'ordonnance de 1320 veut que les magistrats soient rendus à l'audience « à soleil levant » et ne leur permet pas de partir avant midi. L'hiver même, à certains jours, le mardi et le vendredi, on devancera le lever du soleil ; la présence est exigée dès 5 heures du matin. Ces heures matinales, auxquelles les magistrats avaient quelque peine à se faire, tombèrent peu à peu en désuétude. L'ordonnance de 1684 dispose que, depuis la Saint-Martin jusqu'à Pâques, les Présidents et Conseillers devront être entrés et assemblés en toutes les Chambres avant que 7 heures soient sonnées, et depuis Pâques jusqu'à la fin du Parlement (c'est-à-dire jusqu'aux vacances) « tôt après 6 heures du matin ».

A partir de ce moment, l'animation va sans cesse croissante dans l'intérieur du Palais. La Grand'Salle est envahie par une foule disparate et bigarrée. Autour

des piliers judiciaires se pressent huissiers et procureurs,
ces derniers donnant leurs consultations sur des bancs
que leur a loués le bailli du Palais. Des avocats circulent avec leurs clients, causant et gesticulant. De jeunes
clercs, chargés de dossiers, cherchent les maîtres avec
l'entrain de leur âge, bousculant à plaisir la foule ahurie.

La confusion devient complète quand arrive la masse
des oisifs et des curieux en quête d'emplettes à faire,
car le Palais est devenu un vrai centre d'activité com-
merciale. La galerie la plus fréquentée est celle qu'occupent les merciers depuis plusieurs siècles. Elle est
située en haut du grand escalier, face à l'entrée principale. On y vend des étoffes de laine et de soie, des rubans, toutes les parures qui conviennent au beau sexe.
Une gravure d'Abraham Bosse reproduit une vue des
magasins de la Grande Galerie avec cette légende :

> Tout ce que l'art humain a jamais inventé
> Pour mieux charmer les sens par la galanterie
> Et tout ce qu'ont d'appâs la grâce et la beauté
> Se découvre à nos yeux en cette galerie.

Les mercières du Palais étaient forts coquettes et donnaient le ton pour la mode des coiffures. « Elles galan-
tissent de ce costé, dit un vieil auteur, et pour faire
envie à celles qui les visitent pour s'informer des nouveautés, il n'est rien de si ajusté qu'elles ay de si gentil
que leur teste. Ces affétées ne manquent pas de rhéto-
rique pour leur persuader cette mode qui leur donne
du pain ».

Les mercières poussèrent l'audace jusqu'à gagner

l'extrémité de la Grand'Salle, et l'on pouvait entendre à la fois la voix argentine d'une jolie vendeuse invitant les acheteurs et les criées de l'huissier excitant les enchères de son rauque et puissant organe.

La galerie des merciers n'était pas la seule occupée par les marchands. Quand elle devint insuffisante, on leur ouvrit la galerie longeant la conciergerie. C'est là que le fameux Barbin tenait sa boutique de libraire en face de l'entrée de la Sainte Chapelle.

Tout ce monde de marchands, avec son personnel d'employés, se donnait parfois des libertés peu séantes à la dignité du lieu. Une ordonnance dut défendre aux ouvriers de faire la cuisine dans les boutiques, aux bijoutiers de se montrer en robes de chambre ou autres vêtements indécents, aux écrivains de paraître dans la Grand'Salle en état d'ébriété ou de fumer leur pipe, etc.

Echappons-nous de cette cohue et pénétrons avec les magistrats dans les salles d'audiences. Rendus au Palais, on veillera à ce qu'ils fassent prompte et bonne besogne. « Voulons, dit une ancienne ordonnance que, incontinent que les Présidents et Conseillers seront entrés aux heures en leurs Chambres, ils se mettent à besogner des besognes et affaires du Parlement sans qu'ils entendent à autre chose, et prohibons et défendons que, depuis que lesdits Présidents et Conseillers seront entrés au Parlement, qu'ils ou aucun d'eux ne se lèvent pour aller parler ou conseiller aux autres de quelconque chose que ce soit, sinon par l'ordonnance de ceux dudit Parlement. Et, avec ce, défendons qu'aucun desdits Présidents et Conseillers, dès qu'ils seront entrés audit Parlement, ne pourront saillir dehors y celui Parlement pour aller louvoyer ou vaguer aval la salle du Palais avec quelque personne que ce soit ».

L'ordonnance de 1684, en un style rajeuni, contient quelques prescriptions analogues. Elle enjoint aux magistrats de ne pas s'absenter pendant le cours des plaidoiries, ce que quelques-uns ne laissaient pas de faire, tellement que les membres présents demeuraient en trop petit nombre pour rendre l'arrêt. Elle impose aux Présidents et conseillers la résidence continuelle au siège du Parlement ; toutefois elle les autorise à s'absenter « pour aller en commission ou autre lointain voyage ou en leurs affaires » avec l'assentiment formel de la Cour.

L'année judiciaire se partageait en deux périodes. La première courait de la Saint-Martin, date de la rentrée de la Cour après les grandes vacances. La seconde commançait le lundi de Quasimodo après les vacances de Pâques. La séance de rentrée la plus importante était celle de la Saint-Martin. Dans la matinée, la Cour assistait à la messe dite à la Sainte Chapelle, en robes rouges, d'où vient le nom de messe rouge. Dans l'après-midi se tenait l'audience de rentrée. Une grande affluence de monde se pressait à cette cérémonie pour assister à la prestation de serment des nouveaux magistrats et pour entendre les harangues du Premier Président et du Procureur Général. Ces discours traitaient ordinairement des devoirs du magistrat [1].

Le mercredi qui suivait la reprise des audiences, à la

1. Liste des premiers Présidents du Parlement de Paris pendant le règne de Louis XIV : Mathieu Molé, 1641 à 1653 ; Pomponne de Bellièvre

Saint-Martin comme après Pâques, avait lieu une assemblée où l'on s'occupait de la discipline intérieure de la compagnie. Le Premier Président et le Procureur Général faisaient à cette occasion des discours qui, du jour de la tenue, prirent le nom de Mercuriales. Le Premier Président de Harlay supprima la séance publique d'ouverture de Pâques et ne conserva que la Mercuriale ; l'examen de conscience des magistrats se poursuivait dans l'intimité familiale du huis-clos.

Ces Mercuriales semblent avoir eu deux objectifs distincts : les premières tendent à concilier en matière de jurisprudence le respect de la tradition avec les modifications que comportent les temps nouveaux et se traduisent en arrêts de règlement. Les secondes visent certains magistrats en particulier.

Parmi les premières nous en citerons une relative au port de la robe par les magistrats. Elle offre quelques piquants détails.

La robe que Messieurs étaient à juste titre si fiers de revêtir, ne laissait pas que d'être assez gênante en certaines rencontres particulières, et même tous les jours de l'année, pour se rendre au Palais. On y allait à mule, à cheval et quelquefois à pied ; en ce dernier cas un page portait la queue de la robe des magistrats comme celle des grandes dames. Nul costume n'était en effet moins seyant pour traverser les rues boueuses ou poudreuses de la capitale. On pouvait, il est vrai, s'offrir le

1653 à 1667. Lamoignon de Bâville, 1668 à 1677 ; Potier de Novion, 1678 à 1689 ; Achille de Harlay, 1689 à 1707 ; Lepelletier de Morfontaine, 1707 à 1712 ; de Mesmes, 1712 à 1723.

luxe d'une de ces voitures de louage qui furent mises
en circulation vers 1657, mais ce moyen de transport
était coûteux ; et cinq ans plus tard, les gens du Palais
se précipitèrent dans la voiture commune à 5 sous,
au grand mécontentement du public qui ne trouvait
plus de place libre. Quoiqu'il en soit de l'utilité ou des
inconvénients de ces véhicules, il est certain que les
magistrats, désireux de s'assurer la complète liberté de
leurs mouvements, tentèrent de s'affranchir de l'obligation d'endosser la robe avant d'entrer au Palais. La
preuve en est dans l'intervention des autorités à l'effet
de rappeler les prescriptions réglementaires à ceux qui
les méconnaissaient.

Donc en 1687, le Procureur Général précisant les cas
dans lesquels le port de la robe lui semblait s'imposer
demande que les magistrats soient revêtus de leurs *robes
fermées* « lorsqu'ils iront aux églises et particulièrement
lorsqu'ils assisteront au service divin dans leurs paroisses, aux fêtes solennelles ; qu'ils fussent toujours
revêtus de leurs robes pour *entrer au Palais et en sortir*, que, lorsqu'ils seront retirés dans leurs maisons ou
qu'ils iront en d'autres lieux particuliers en cette ville,
où il y aura peu de monde, ils pourront porter des habits noirs avec manteaux et collets ».

La Cour statuant sur la requête arrêta « que les Présidents, Conseillers et autres officiers porteront leurs
robes fermées au Palais, aux assemblées de cérémonie
et dans toutes les fonctions de leurs charges et que partout ailleurs ils seront revêtus d'habits noirs avec des
manteaux et des collets ».

Moins sévère que le Procureur Général, l'arrêt ne rend obligatoire qu'au Palais le port de la robe ; il n'exige pas qu'on en soit revêtu pour y entrer et en sortir. En omettant de s'expliquer sur l'assistance au service divin, il semble laisser libre le choix de la tenue, du moins quand il ne s'agit pas de services solennels.

L'ordonnance royale rendue en conséquence adopte à peu près les termes de l'arrêt : « Voulons et nous plaît que le règlement fait par notre Cour de Parlement le 17 de ce mois concernant la décence des habits des officiers de cette compagnie, soit exécutée. Ce faisant, que les Présidents, Conseillers et autres officiers porteront leurs robes fermées au Palais, aux assemblées publiques et dans toutes les fonctions de leurs charges, soit dedans, soit dehors de leurs maisons ». Il n'est question ni de l'entrée au Palais ni de la sortie ; mais si la prétérition ne vaut pas dispense, elle implique du moins une certaine tolérance à l'égard de ceux qui n'endosseront la robe qu'après avoir franchi les degrés du grand escalier. Cependant l'usage de se présenter en costume paraît avoir subsisté. On cite encore, au xviiie siècle, des magistrats arrivant à dos de mule en tenue d'audience. Ils ne forment toutefois que l'exception.

Alors même qu'ils sont libérés de l'obligation de revêtir la robe, les magistrats ne sont pas maîtres de s'habiller à leur guise. Ils devront toujours porter l'habit noir avec manteau et petit collet chez eux et en public. Cette tenue les fera se ressouvenir des égards qu'ils doivent à leur dignité professionnelle. Quelques-uns sans doute n'en avaient pas eu assez de souci, car les

Mercuriales précitées les invitent formellement à ne pas fréquenter certains lieux où ils ne pourraient paraître sans se compromettre. Allusion aux théâtres, aux cafés et aux promenades publiques.

Toutes les Mercuriales n'aboutissaient pas à des prescriptions réglementaires. Quelques-unes, et c'était le second objectif que nous avons signalé, revêtaient un caractère personnel. Elles contenaient l'invitation à certains magistrats d'avoir à réformer leur conduite en ce qu'elle pouvait avoir de répréhensible. On dit qu'autrefois les gens du Roi se tenaient à l'entrée de la Grand'-Chambre par où tous les Conseillers devaient passer pour se rendre en séance, et profitaient de cette circonstance pour leur adresser des semonces individuelles. Cette prise à partie directe, *ad hominem,* parut sans doute trop désobligeante et fit place à des critiques où l'on évitait de prononcer le nom du magistrat visé, mais dans lesquelles les intéressés, et leurs collègues aussi, n'avaient pas de peine à reconnaître les coupables. Le ton de ces Mercuriales s'adoucit graduellement et il semble même que sous le couvert de quelques propos flatteurs, le Président s'appliquât à dissimuler ce que quelques admonestations pouvaient avoir de trop pénible à entendre.

II. — Avocats et procureurs.

Relations de la magistrature et du barreau, indépendance et subordination. — Le Dialogue des avocats de Loisel. — Relations des avocats et des procureurs, hostilité. — Diverses

*catégories d'avocats. — Les avocats à l'audience. — Portraits
d'avocats du XVII* siècle. — Evolution dans les plaidoie-
ries. — Procureurs, leur mauvaise réputation.*

« Il y a dans la ville, dit La Bruyère, la grande et la
petite robe, et la première se venge sur l'autre des dé-
dains de la cour et des petites humiliations qu'elle y
essuie. De savoir quelles sont leurs limites, où la grande
finit, où la petite commence, ce n'est pas une chose
facile. Il se trouve même un corps considérable qui
refuse d'être du second ordre et à qui l'on conteste le
premier ; il ne se rend pas néanmoins ; il cherche au
contraire, par la gravité et par la dépense, à s'égaler à
la magistrature, ou ne lui cède qu'avec peine ; on l'entend dire que la noblesse de son emploi, l'indépendance
de sa profession, le talent de parole et le mérite personnel balancent au moins les sacs de mille francs que
le fils du partisan ou du banquier a dû payer pour son
office ».

La robe majestueuse, aux formes amples et envelop-
pantes, aux tons lumineux, à la queue traînante, la
grande robe, en un mot, n'était portée que par les Présidents, les Conseillers et les gens du roi. Les avocats
portaient la robe courte ; mais ils n'entendaient pas
mesurer à l'aune la considération qui leur était due.
Défendre le faible, l'innocent, l'opprimé leur semblait
une mission non moins auguste, plus généreuse peut-
être que celle de poursuivre et de juger les coupables.

Si le barreau ne pouvait pas prétendre au premier
rang avec la magistrature, du moins entendait-il qu'il

avait le droit de venir immédiatement après elle, et avoir une place à part, la sienne. Il ne la tenait ni d'une commission du roi, ni d'une charge achetée à prix d'argent. Le titre d'avocat était une dignité que la loi conférait directement. Il ne fallait pas faire l'injure à celui qui en est revêtu de le confondre avec les gens de la petite robe, procureurs, greffiers et sergents. Un incident, de minime apparence, porta au plus haut point d'exaspération des rapports trop souvent déjà difficiles entre les gens de la grande et de la petite robe. Une ordonnance datée de Blois (1579) prescrivit aux avocats d'écrire sur les pièces, avec parafe accompagnant leur signature, la somme qu'ils auraient reçue pour leur salaire. C'était, selon eux, rabaisser leur ordre par une fâcheuse confusion avec celui des procureurs, soumis à la même obligation. Ils ressentirent l'injure et ne tinrent pas compte de l'ordonnance. Mais, en 1622, la Cour, par une Mercuriale, les rappela à l'observation de l'ordonnance tombée en désuétude. Ce fut alors un joli tapage. Le *Dialogue des Avocats*, composé par Loisel, nous a transmis l'écho retentissant des propos échangés en cette mémorable circonstance. Réunis au nombre de trois cent sept dans la chambre des consultations, les avocats décident la grève générale. Jamais ils n'accepteront un gain sordide et taxé en représentation des honoraires qui leur sont dus pour « tant de vertus et d'éminentes qualités nécessaires à un bon avocat et principalement l'éloquence ». N'est-ce pas une honte que de les assujettir comme de simples sergents à l'obligation de déclarer ce qu'ils recevront des parties à titre de salaire ? Et ne seront-ils pas à la merci d'un rapporteur qui leur fera rendre en la Chambre deux ou trois écus qu'il estimera leur avoir été donnés en trop ? On demande ce que les avocats vont faire après s'être démis de leurs charges. Eh bien ! puisqu'ils ne pourront plus plaider, ils se feront conseillers ; ils se mettront au nombre de ceux qui font les arrêts. Les avocats étaient appelés autrefois conseillers ou avocats généraux du Parlement ; ils avaient séance sur les fleurs de lys, au moins les anciens, et, à certains jours, ils portaient les mêmes robes et chaperons que Messieurs. *Avocats,* cette appellation ne leur avait-elle pas fait tort ? N'avait-elle pas permis de les confondre avec les *advocati* avoués ou avoyeurs, procureurs et défenseurs des ecclésiastiques et des communautés ? Eux, ils étaient, par leur origine remontant aux capitulaires de Charlemagne, les *clamatores,* les gens qui crient, qui déclament, les *emparliers, conteurs, plaideurs,* etc... Un ancien avait signalé chez les Gaulois deux choses en lesquelles ils excellaient : *rem militarem* et *argute loqui,* le métier des armes et l'éloquence subtile. Cette dernière était leur bien.

La querelle s'éternisa. Elle n'était pas encore terminée à l'avènement de Louis XIV et une ordonnance de 1667 renouvelant l'humiliante obligation, les avocats du Parlement opposèrent un refus d'obéissance absolu. La Cour eut le bon esprit de fermer les yeux sur leur attitude intransigeante.

On distingue quatre catégories d'avocats, les consultants, les plaidants, les écrivains, les écoutants.

Les consultants sont de vieux avocats qui, nourris dans la chicane, en connaissent tous les détours. Consommés dans les affaires, on veut savoir d'eux s'il est à propos d'aller de l'avant ou de s'abstenir. Il arrive quelquefois que la Cour renvoie devant ces jurisconsultes choisis comme arbitres les litiges sur lesquels elle ne sent pas son opinion fixée. Ils donnent leur avis par écrit et les signent.

Les avocats plaidants sont, comme leur dénomination l'indique, ceux qui plaident à la barre. Leurs salaires varient ; on ne leur donne pas moins d'un écu ; quelquefois on leur alloue jusqu'à vingt-cinq ou trente louis d'or pour un plaidoyer ou pour une affaire.

Les avocats écrivains ont peut-être autant de science et de capacité que les précédents, mais ils ne possèdent pas les dons de nature qui font l'orateur, l'organe, le geste, la séduction personnelle. Ils écrivent des plaidoyers qu'on appelle factums, écritures et productions.

Les avocats écoutants n'écrivent pas, ne parlent pas et même n'écoutent pas. Ce sont les jeunes gens, frais émoulus de l'Ecole, qui n'ont encore aucune clientèle et qui attendent une charge ou encore qui ne se sont fait recevoir avocats que pour se parer d'un titre et d'une qualité.

Les avocats sont tenus, comme les conseillers, de se montrer diligents, Une ordonnance de 1345 leur enjoint de venir au Palais de bon matin. *Injungatur bene mane veniant et bene mane venire faciant partes suas.* Arrivés au Palais, ils attendent leurs clients *au pilier des consultations,* dans la Grand'Salle. Il se trouve même des plaideurs pour leur envoyer dès 5 heures du matin, des « articles » avec prière de les examiner avant de se rendre au Palais. Les avocats retardataires sont condamnés à des amendes sévères.

Assis à son banc pour les « plaids », l'avocat prend la parole quand sa cause est appelée. Le Président a la faculté et même le devoir d'arrêter les flots d'une éloquence qui tend à se prodiguer. On connaît la scène des *Plaideurs* :

DANDIN

« Serez-vous long, l'avocat ? Dites-moi.

L'INTIMÉ, *transformé en avocat.*

« Je ne réponds de rien

. . . .

DANDIN

« Au fait, au fait, au fait.

. . . .

« Avocat, ah ! passons au déluge ! »

La Mortillière, avocat renommé, aurait, dit-on, commencé un plaidoyer en faveur des Jésuites par le récit de la bataille de Cannes. Un autre, du nom de Jobert, ayant à s'exprimer sur les devoirs des évêques, en recherchait l'origine jusque dans Homère et présentait Hector comme le premier évêque de Troyes.

Ces abus de paroles excusent la sortie humoristique du premier Président de Novion contre les avocats dans une de ses harangues de rentrée. Vrai pince-sans-rire,

il ne craint pas de leur recommander le silence comme
étant quelquefois plus éloquent que la parole. Pour lui,
l'avocat bavard ressemble au médecin beau parleur qui
« est une seconde maladie ».

Au surplus, en coupant court à des digressions intem-
pestives, le Président ne faisait qu'appliquer les ordonnances en vigueur, et l'on a quelque peine à admettre
l'étonnement de La Bruyère choqué de « la pratique
qui s'est introduite dans les tribunaux d'interrompre
les avocats au milieu de leur action, de les empêcher
d'être éloquents et d'avoir de l'esprit ».

Éloquents, M. l'avocat général qui occupait le siège
des gens du roi sous la présidence de Potier de Novion,
permet aux avocats de l'être ; il leur reproche même de
ne l'être pas assez. Il se plaint que l'éloquence ait dé-
serté le barreau et il s'en prend de ce mal aux jeunes
gens pressés de se faire recevoir avocats au sortir de
leurs études, sans autre préparation que la lecture de
quelques recueils d'arrêts, parlant la plupart du temps
de ce qu'ils ne savent pas, manquant de grâce et de politesse, et interpellant les juges à tort et à travers.

Le Président usait encore de son droit d'intervention
quand les avocats échangeaient entre eux des épithètes
trop vives, qui ne tardaient pas à dégénérer en injures
grossières. « Que s'il arrivait, disait l'avocat général Por-
tail, le 21 janvier 1707, que le zèle de l'avocat l'emporte
et que dans le feu de l'action, il lui échappe quelque
expression trop hardie ou trop peu ménagée, il est de la
prudence et de la religion du magistrat à qui appartient
la police de l'audience, de venger la dignité de son tri-

bunal, d'arrêter le zèle indiscret de l'avocat, de l'avertir de ses devoirs ou de lui imposer silence ».

Ce contrôle exercé par la magistrature sur les actes et sur les paroles des avocats amenaient parfois des froissements, mais, au demeurant, quand il se produisait avec tact, il n'opposait pas un obstacle sérieux aux relations de courtoise bienveillance et de déférence respectueuse qui devaient s'établir naturellement entre gens appelés par leurs fonctions à collaborer à la grande œuvre de la justice.

Quelquefois la magistrature accueillait dans ses rangs les membres du barreau, mais ces cas étaient rares, car leur métier peu lucratif ne leur permettait pas d'acheter couramment des charges dont la valeur moyenne était de 100.000 livres.

Un manuscrit de la Bibliothèque de l'Arsenal nous donne les portraits en raccourci des principaux avocats du Parlement pendant la seconde moitié du xviie siècle ; ils émanent sans doute de la plume, malicieuse parfois, de quelque confrère bien informé. Nous ferons passer sous les yeux du lecteur ceux qui accusent une physionomie plus personnelle.

Voici *Ozanet,* grande expérience et haute probité. *Losthe,* l'aîné, esprit de congrégation et d'hôpitaux, s'est acquis une réputation de dévot et en fait les actes, au surplus, esprit net et facile, grand travailleur. *Gautier,* fort plaideur, ne peut quitter le barreau où il a plus d'avantages qu'à la consultation, doit plus à son esprit qu'à son étude, hardi, pour ne pas dire effronté, offensé en plaidant. *Lambin,* bel organe a beaucoup et bien plaidé, non pas avec grand savoir, plus intéressé qu'il ne paraît. *Regard*, janséniste emporté, bonhomme sans grande conduite, soutient avec chaleur les nouvelles qu'il débite dans le Palais où on le voit demeurer jusqu'à 2 heures de l'après-midi. *Montholon*, de belle naissance, long en ses plaidoyers, n'est chiche de révérences ni de compliments, beaucoup de suffisance et d'humeur, avocat des Jésuites et de la congrégation. *Martinet*, le père des exordes, a bonne opinion de lui dans son humilité, de l'éloquence, quelquefois même du galimatias qui lui réussit. *Mossac*, l'aîné, savant pour les bénéfices, très attaché aux intérêts du défunt cardinal, en a tiré des bénéfices pour ses enfants qu'il a en assez grand nombre. *Chandelier*, janséniste, assez bon et sincère, se croit plus habile qu'il n'est, fort amoureux de sa bibliothèque, a l'esprit un peu gai. *Martin* débite agréablement, raille avec froideur, et a eu grande chaleur pendant la Fronde. *Langlois*, savant et habile avocat, que l'on peut dire tenir le premier rang au barreau, n'a pourtant point de grâce dans l'action ; infatigable et trop ardent aux sacs. *Robert*, il est des plus présomptueux et confident, entend les affaires, n'a pas de créance parmi ceux de son banc, mord en riant, est venu aux arbitrages par la cabale du Palais et la protection du premier Président et autres Présidents du côté de sa femme, ses parents. *Patru* a été Mars au barreau qui est son talent, parle bien en conversation, est homme d'Académie, a beaucoup d'amis chez lesquels il mange souvent ; il aime les dames, a quelque atteinte de surdité, la barbe peinte et la fausse perruque. *Hébert*, de la grâce en plaidoirie, méritait plus d'emploi au barreau. Il s'aime beaucoup et n'a pas caressé le procureur. *Gomon*, figure d'Esope qui a eu du bonheur, premièrement clerc, depuis, avocat de Son Eminence, dévoué à la faveur, travaille sourdement aux affaires de la Chambre de justice. Il va peu à l'hôpital dont il est administrateur général, ce qui fait passer un homme pour important dans le monde. *Champion*, gravité insupportable, enflé du peu de science qu'il a. *Nicot*, grande facilité et adresse au barreau, a entrepris toutes sortes de causes, a avancé un peu hardiment. Il a pourtant de la probité.

Les années passent, le barreau se renouvelle, Patru ne plaide plus depuis longtemps. D'autres célébrités apparaissent. Un document manuscrit de 1670 nous donne les « Sentiments de Cléanthe sur quelques-uns des plus fameux avocats plaidant au Parlement de Paris ». Nous ne présenterons que les trois les plus en vue. La première place appartient à M. de Fourcroix du consentement presque unanime. Lorsqu'il commença à plaider à la Grand'Chambre, il effaça tous ceux de son temps et il n'a été surpassé par personne. Doué d'un jugement sûr, d'une profonde érudition, fort ami des belles lettres, de l'histoire et de la poésie, possédant un style serré et concis, un raisonnement solide, pathétique à l'occasion, ce qu'on peut reprendre dans un si grand homme, c'est qu'il est fier et dur, n'ayant de déférence pour qui que ce soit, et peut-être un peu trop avide de gain. A M. Pageau, personne ne refuse la seconde place et quelques-uns même lui donnent la première. Eloquence naturelle, abondance de paroles et de raisons, discours net, fluide, insinuant, telles sont les qualités qui le distinguent. Cléanthe n'hésite pas à mettre le talent de ces deux avocats en parallèle avec ceux de Démosthène et de Cicéron, l'un par la véhémence de son discours enlevant l'esprit de son auditoire, semblable au torrent qui entraîne tout ce qu'il rencontre, l'autre, comme un fleuve tranquille dans le courant qu'il s'est formé, roulant doucement ses eaux et charmant les habitants de ses rives. Robert est le type de l'avocat beau parleur. On prétend qu'il n'a pas acquis un grand fonds de science. Cependant il plaide agréablement. Son discours est vide de choses, nu et décharné, mais l'expression est élégante ; il sait envelopper de grands riens sous de brillantes apparences ; avec cela il possède un débit agréable, un geste libre et une physionomie avenante.

Les appréciations de Cléanthe nous aideront à prendre une idée exacte de l'éloquence judiciaire à la fin du XVIIe siècle. Les citations pédantesques ont disparu. Plus de méthode et plus d'art président à l'ordonnance du discours. Les arguments juridiques sont présentés avec plus d'habileté. On sait autant de choses qu'autrefois et on les sait mieux. Le goût, le sentiment de la mesure, le besoin de clarté qui se font jour dans la littérature, conquièrent leur place au barreau. Désormais, sous cette physionomie rajeunie, les maîtres d'alors peuvent soutenir sans désavantage devant la postérité la comparaison de leur talent avec celui des maîtres des générations futures.

L'ordre jouissait d'une juste réputation d'intégrité et
de vertu. Toutefois, parmi les avocats comme parmi les
magistrats, dans la jeunesse surtout, les mœurs du jour
avaient fait irruption. Furetière exerce sa verve, non
sans justesse, sur « cet homme amphibie qui était le
matin avocat et le soir courtisan ; il portait les grands
canons ou les galands d'or pour aller cajoler les
dames ».

Les avocats et les procureurs formaient, sous le pa-
tronage de Saint-Nicolas, une confrérie unique prési-
dée par le bâtonnier ou avocat porteur du bâton de la
bannière. Elle se réunissait en la Chapelle de la Grande
Salle du Palais. Les fonctions du bâtonnier étaient
annuelles et électives ; le choix tombait toujours sur le
plus ancien avocat, à condition qu'il se fût montré irré-
prochable dans l'exercice de sa profession. On était
libre d'accepter ou de refuser l'honneur conféré. Celui
qui l'acceptait envoyait le jour même, mille livres au
greffier de la communauté pour être distribuées aux
avocats pauvres ou aux veuves d'avocats. La date de
l'élection était fixée au 9 mai, jour auquel la Confrérie
célébrait, aux frais du bâtonnier, la fête de son saint
Patron. Ce jour-là, le Parlement abrégeait ses séances
pour permettre aux avocats d'assister à la messe. D'une
circonstance de cette cérémonie dérive le mot bâtonnier. La confrérie possédait un bâton revêtu d'argent
que surmontait la figure de saint Yves. Le chef de la
Confrérie tenait autrefois ce bâton à la main pendant
toute la durée de l'office.

Nous avons nommé les procureurs. C'étaient des officiers créés pour représenter en justice les parties qui les chargeaient de leurs exploits et procurations. Ils étaient quelquefois admis à plaider, mais seulement s'il s'agissait de pratique et non d'un point de droit. Dans ce cas, à la différence des avocats qui plaidaient la tête couverte du bonnet, ils parlaient tête nue et à genoux. Ces officiers de justice étaient mal vus du public sans doute parce que leur métier était aussi obligatoire qu'onéreux [1]. « La journée d'un procureur, dit Furetière, n'était taxée qu'à six deniers, mais cette taxe se répétait tant de fois qu'elle montait à des sommes immenses. Je ne vois pas, ajoute-t-il, qu'il y ait de meilleur métier que celui de procureur postulant. Vous ne voyez point de fils de paysan ou de gargotier qui soit entré dans une telle charge, la plupart du temps à crédit, qui au bout de sept à huit ans, n'achète une maison à porte cochère qu'il se fait adjuger par décret à si bon

---

1. Une chanson du temps, après avoir dit leur fait aux avocats, s'en prend aux procureurs :

> Laissons-les donc, jeunes et vieux
> Car tout le mal ne vient pas d'eux,
> Mais des soutanes d'estamine,
> Je veux dire des procureurs
> Qui n'eurent jamais bonne mine,
> Qu'aux dépens des pauvres plaideurs.
> Bon Dieu, qui savez nos affaires
> Préservez-nous de ces corsaires.

marché qu'il veut et qui ne fasse subsister cependant une assez nombreuse famille ». Boileau a personnifié le type de cette engeance dans le vers fameux de la satire I.

« J'appelle un chat un chat, et Rollet un fripon ».

Leurs charges se vendaient de 6.000 à 29.000 livres.

III

Le monde de la finance [1].

*Officiers de finance. — Fermiers et sous-fermiers des impôts.
— Traitants et partisans. — Affaires extraordinaires ; donneurs d'avis ; faiseurs et faiseuses d'affaires. — Mal nécessaire.*

Le monde où nous pénétrons maintenant n'a rien de
commun avec celui que nous venons de quitter. Honneur, vertus, traditions y sont choses ignorées ou mé-
connues. Les financiers ne poursuivent qu'un but, s'en-
richir, sans ce soucier des moyens. Un luxe inouï et
une dureté impitoyable caractérisent le régime dont ils
vivent.

On peut les répartir en trois groupes : les officiers de
finance, les fermiers et sous-fermiers, les traitants et
partisans. Les uns et les autres opèrent dans tout le
royaume, mais c'est à Paris, à Versailles, qu'ils étalent
leur luxe impudent. C'est dans les bureaux, jusque
dans les antichambres et la domesticité des ministres
qu'ils nouent leurs intrigues. Ils appartiennent donc au
monde qui nous occupe.

1. Ouvrages et documents consultés : Comte de Boulainvilliers. *Etat de
France*, t. III. *Mémoires pour servir à l'histoire du publicanisme moderne,*
Bibl. de l'Arsenal, mt n° 10.546, brasseurs d'affaires.

Les officiers de finance sont particulièrement chargés
de la rentrée de la taille. Basé sur les rôles dressés par
les intendants, cet impôt est perçu par de notables citoyens, membres de la commune, rendus responsables
de sa rentrée comme les collecteurs romains. Ces
braves gens, bien désolés d'avoir à remplir de pareilles
fonctions, agissent sous le regard de leurs conci-
toyens, et il est à croire que toutes les sommes qu'ils
recevaient, parvenaient exactement jusqu'à la première
caisse publique destinée à les recevoir ; mais, en suivant la filière hiérarchique, en passant du collecteur
au receveur des finances et du receveur des finances
au receveur général, l'argent avait beaucoup de chances
de s'égarer en chemin ou de s'attarder entre les mains
de son dernier détenteur. Sans doute gages, taxations,
remises, intérêts d'avance, tous ces moyens étaient mis
en œuvre par le Gouvernement pour hâter le moment
où les versements seraient faits à la caisse centrale du
Trésor. Mais les receveurs généraux ne sont pas gens
pressés. Leurs avances sont pour ainsi dire fictives ;
car ils mettent plus de temps à transmettre l'impôt qu'à
le percevoir. Pendant ces délais, l'argent du roi ne reste
pas inactif dans leurs caisses. Il est admis que l'emploi
doit rendre 10 °/₀ au minimum et c'est sur ce pied
qu'est fixé le prix d'achat de l'office. Les 400.000 ou
500.000 livres qu'il a coûtées doivent produire un revenu de 50.000 livres.

Avec du savoir-faire et de la protection, tout le monde
peut aspirer à devenir receveur général des finances.
Les antécédents de certains parvenus montrent de quel

bas étage ils sont partis. Butail de France, garçon perruquier à Montpellier, puis entrepreneur des hôpitaux en Alsace, n'ayant pu obtenir une ferme générale, s'est rabattu sur un office de receveur des finances. Poulin, garçon d'écurie dans une auberge, a passé par l'emploi de facteur des coches d'eau avant de devenir receveur général. Il porte d'azur à deux épées d'argent à la garde d'or, la pointe en haut. Crozat, fils d'un cocher qui s'était marié avec la fille d'un bedeau très riche de la paroisse Saint-Gervais, devient receveur général à Bordeaux et épouse une fille de M. Le Gendre, un des banquiers les plus opulents du royaume. Il donne sa propre fille en mariage au comte d'Evreux, prince de Bouillon, moyennant un million et 50.000 livres de pot de vin à la duchesse de Bouillon. Duquesnoy, laquais à Paris, de Foisy, clerc de procureur, Gautier de Beauvais, fils d'un marchand de vin de la rue de la Mortellerie, Langlois, fils d'un marchand de morue, trouvent moyen d'acheter des charges de receveur des finances, et combien d'autres sont dans le même cas !

*
* *

Les fermiers et sous-fermiers étaient préposés à la perception de ces nombreux impôts que nous avons coutume d'englober sous la dénomination générale de contributions indirectes et qui comprenaient alors les aides et domaines, les gabelles et les cinq grosses fermes.

Le contribuable n'était plus, comme à l'occasion de la taille, atteint par un ordre direct de se libérer de la somme mise à sa charge ; il ne devait l'impôt qu'en raison d'une consommation plus ou moins volontaire. Ce système avait pour avantage de préserver le Trésor royal de mécomptes possibles en mettant promptement à sa disposition la somme fixée par le bail, puis de le dispenser d'entretenir à ses frais toute une armée d'agents de recouvrement. D'autre part, il livrait la population à la merci de fermier général et de ses nombreux sous-ordres. Incapable d'exploiter par lui-même dans toute la France une certaine catégorie de revenus, le fermier général s'adressait à un sous-fermier et lui cédait une partie de son marché, à son plus grand profit, bien entendu. Ce dernier, de son côté, n'entendait pas faire un marché de dupe ; il avait d'ailleurs beaucoup d'agents à payer comme sous-commis. Il s'arrangeait donc, non seulement pour s'indemniser des sacrifices consentis et de tous ses frais, mais pour assurer son bénéfice personnel. Le poids de la charge retombait finalement sur les assujettis à l'impôt, qui étaient vexés et pressurés en cent façons. Que servait-il d'introduire dans le bail les tarifs auxquels le fermier général devra se conformer ? L'agent de recouvrement opérant loin du regard des contractants, n'en aura cure et sa pauvre victime sera livrée sans recours à l'arbitraire le plus éhonté. Au moins, quand il s'agissait de percevoir la taille, l'honorabilité du collecteur assurait-elle au contribuable que le montant du rôle serait seul réclamé ; ici aucune garantie ne protège le débiteur contre la rapacité des agents inférieurs de la ferme générale.

On devenait fermier général quand on était assez riche pour fournir le prix porté au bail et les pots de vin usités en pareille circonstance. Ces derniers allaient naturellement aux puissants du jour. Quelquefois ils se dissimulaient sous la forme de gratification ou de pensions dont le roi entendait faire profiter certains personnages. La chose semblait toute simple et ne provoquait aucun scrupule. Mme de Maintenon se félicitera d'avoir fait obtenir à son frère d'Aubigné, sur la ferme générale, une pension de 18.000 livres pendant six ans, soit 108.000 livres. On n'avait pas l'air de se douter que les pauvres gens étaient en dernière analyse les victimes de la munificence royale.

*
* *

Les traitants et partisans exploitent les « affaires extraordinaires ». Usitées depuis longtemps sous l'acienne monarchie, elles ont pris une extension considérable pendant les années malheureuses du règne de Louis XIV. La plupart se résolvent en création d'offices nouveaux, plus inutiles les uns que les autres. Il y a toujours quelque chose à contrôler ou à inspecter dans un grand pays. Molière, dans sa comédie *Les Fâcheux*, nous fait saisir tout l'à-propos de la requête de Caritidès au roi, le suppliant de créer, pour la gloire de son Etat et le bien de son Empire, une charge de contrôleur, intendant, correcteur, réviseur et restaurateur des inscriptions des enseignes de la ville de Paris trop souvent altérées dans leur sens et étymologie.

La finance des nouveaux offices sera mise en recouvrement par des *traitants,* gens venus on ne sait d'où, qui s'empressent de mettre leur zèle et leur savoir-faire à la disposition du roi. Mais généralement ils ne paraissent pas au début de l'affaire ; il faut que cette dernière soit auparavant découverte, lancée et mise au point par des intermédiaires ; c'est ici qu'apparaissent les *donneurs d'avis* et les *faiseurs et faiseuses d'affaires.* Nous emprunterons encore aux *Fâcheux* la peinture de ces sortes de gens. Tous, avec Ormin, entendent être pris au sérieux :

Dieu me garde, Monsieur, d'être de ces fous-là.
Je ne me repais point de visions frivoles
Et je vous porte ici les solides paroles
D'un avis que par vous je veux donner au roi
Et que, tout cacheté, je conserve sur moi :
Non de ces sots projets, de ces chimères vaines
Dont les surintendants ont les oreilles pleines,
Non de ces gueux d'avis dont les prétentions
Ne parlent que de vingt ou trente millions,
Mais un qui, tous les ans, à si peu qu'on le monte,
En peut donner au roi quatre cents de bon compte,
Avec facilité, sans risque ni soupçon,
Et sans fouler le peuple en aucune façon.
Enfin c'est un avis d'un gain considérable
Et que du premier mot, on trouve faisable,
Oui, pourvu que je puisse être poussé.

Ce projet génial consistait à mettre en ports de mer toutes les côtes de France. Les propositions des inventeurs sont généralement moins grandioses. Elles signalent tel ou telle denrée qui jusqu'alors est passée inaperçue aux regards du fisc, un métal à marquer, un papier à timbrer, des chapeaux à imposer. Voici un intrigant qui poursuit le contrôleur général pour l'établissement d'un droit sur les verreries et faïences. Ce droit, dit-il, sera si modique, si imperceptible que le public n'en ressentira aucun inconvénient, et cependant il produira un gros revenu à Sa Majesté. Il a pour lui l'expérience de tous les Etats de l'Europe. Une compagnie solvable est prête à conclure un bail de neuf années ; elle s'engage à verser pour chacune d'elles 150.000 livres en temps de guerre et 100.000 livres en temps de paix. C'est une affaire de tout premier ordre.

Mais pour faire aboutir une proposition, même la plus séduisante, mieux vaut ne pas aborder directement le ministre dans son cabinet ; on ne la concluerait pas dans un tel endroit. Il convient d'intéresser à la chose le plus grand nombre de personnages possible, de préparer ses approches, fût-ce de très loin. Ormin avait bien compris la marche à suivre quand il répondait du succès de son opération à la seule condition d'être *poussé*. Les tentatives isolées sont vouées à l'insuccès. Aussi des agences se sont-elles formées pour unir dans un commun effort les plus petites gens et les plus gros personnages. A cet égard, nulle agence n'est mieux montée que celle de la Pochon, femme de Bernard de Rosamain, gentilhomme originaire d'Auvergne. Cette ingri-

gante est en relations suivies avec les domestiques de
Pontchartrain et les commis de ses bureaux, en même
temps qu'elle fraye avec la plus haute noblesse du
royaume. S'agit-il d'établir des offices de contrôleurs
de marchandises ? Elle traitera, par l'entremise d'un
certain Gautier, avec une espèce de syndicat formé par
les sieurs Guimon, Goupin, Le Normand, Chaneau, de
Coulange et Eugène ; pour faire réussir l'affaire ainsi
amorcée, elle emploiera les bons offices de la demoiselle Crier qui en parlera au sieur Béguin, qui en parlera lui-même à M. de Pontchartrain dont il est l'ami.
La demoiselle Crier avait été antérieurement au service
de Mme la chancelière de Pontchartrain, et il était de
notoriété publique qu'elle avait fait une fortune considérable en traitant plusieurs affaires par l'entremise des
commis du chancelier. Nous ne savons ce qu'il advint
de l'affaire en question.

L'imagination de la Pochon était d'une fécondité iné-
puisable. Battue sur un point, elle se repliait aussitôt
sur un autre. Nous n'insisterons pas sur les exploits de
la dame de Rosamain. Ils la conduisirent finalement
comme une vulgaire escroc à la Bastille où elle eut à
répondre aux questions du Lieutenant général de police
sur ses louches opérations.

Les affaires, une fois mûries et approuvées par le contrôleur général des finances, étaient confiées à un partisan, c'est-à-dire à un homme qui formait des parties
ou associations de capitaux destinées à les mettre en
valeur. Les malheureux assujettis n'avaient à attendre
de cette race odieuse qu'une exploitation sans merci.

Ces abus, dont tout le monde convenait, dont souffrait une grande partie du royaume, étaient en quelque sorte inhérents au système financier de la monarchie. Et ce n'était pas seulement le système financier qu'il eut fallu changer pour y couper court, c'était le système politique tout entier qui en vivait.

IV

Le monde médical [1].

I. — Médecins

*Les médecins dans Molière : la saignée. — Méthode ancienne
ou d'autorité. — Méthode nouvelle ou expérimentale. — La
guerre de l'antimoine. — Triomphe de la médecine moderne.
— Les empiriques. — Les capucins du Louvre. — Méthodes
dissidentes. — Les médecins de province et la Faculté de
Paris. — Honoraires des médecins. — Leur situation sociale.*

On ne peut parler des médecins au xviie siècles sans
évoquer immédiatement le souvenir des personnages
ridiculisés par Molière dans l'*Amour Médecin* et dans le
Malade Imaginaire, les Tomès, les Desfossandrès, les
Macreton, les Bahis, les Filerin ; et, après avoir écouté
leurs beaux raisonnements, on serait tenté de conclure
avec Béralde « que les ressorts de notre machine sont
des mystères jusqu'où les hommes n'y voient goutte ».
Mais, et ce n'est pas un des mystères les moins étranges
de la nature humaine, les plus sceptiques à l'endroit de

1. Ouvrages et documents consultés : La Bruyère, *Les Caractères* (de
quelques usages). Lettres de Guy Patin. D[r] Le Maguet, *Le monde
médical parisien sous le grand roi, Le Mercure Galant.* Lister, *Voyage à
Paris en 1698.* Vicomte d'Avenel, *Histoire économique de la propriété.*
Isambert, *Recueil général des anciennes lois.* Abraham du Pradel, *Le
livre commode contenant les adresses de la ville de Paris.*

la science médicale ne sont pas les moins empressés à appeler le médecin quand ils voient leur vie en péril. « Ceux qui se portent bien, dit La Bruyère, deviennent malades ; il leur faut des gens dont le métier soit de les assurer qu'ils ne mourront pas ».

Sans nous attarder à sonder plus avant les replis du cœur humain, demandons-nous quelles étaient les idées directrices du corps médical au temps de Louis XIV et quel accueil elles recevaient du public.

Au premier plan apparaît la saignée. On saigne partout, on saigne en toute occasion, on saigne à tout âge, les enfants de trois ans aussi bien que les vieillards de quatre-vingts ans. Guy Patin redit avec enthousiasme ce vers du vieux poète Joachim Dubellaye :

O bonne ! ô sainte ! ô divine saignée !

Il cite d'un air triomphant le cas d'un M. Cousinot, devenu premier médecin du roi, qui, en proie à de violentes attaques de rhumatisme, fut saigné jusqu'à soixante-quatre fois en huit mois par ordonnance de M. son père et de M. Bouvard, son beau frère. C'était trop, vraiment ; mais il faut reconnaître que les raisons données par Guy Patin pour justifier l'à-propos de la saignée ne sont pas toutes sans valeur. Il fait observer avec justesse que les Parisiens ne font pas d'exercice, qu'ils boivent et mangent beaucoup, et par suite qu'ils deviennent aisément pléthoriques. Ce que d'ailleurs nous n'aurons pas de peine à croire si nous nous remémorons les repas pantagruéliques dont nous avons donné plus

haut les menus. « En cet état, dit notre auteur, ils (les
Parisiens) ne sont presque jamais soulagés de quelque
mal qui leur vienne, si la saignée ne marche puissam-
ment et copieusement ».

La saignée dont on a tant médit avait donc parfois
du bon. Quant aux deux autres articles du vieux dogme
médical également bafoués par Molière (est-il besoin de
les nommer ?) qu'on nous permette de faire observer
discrètement qu'ils ont été retenus par la médecine moderne. Ils semblent répondre à des nécessités de tous
les temps.

Bannissons donc les souvenirs inopportuns de la Comédie Française et, sans entrer dans des discussions qui
ne seraient pas de notre compétence, indiquons brième-
ment les errements de la médecine au xviiᵉ siècle.

Deux méthodes sont en présence : l'une fondée sur
l'autorité ne jure que par Hippocrate et par Galien, c'est
la méthode *a priori*; l'autre s'appuie sur des faits dûment contrôlés et sur les découvertes de la science ;
c'est la méthode expérimentale, principe de la méthode
moderne et source de tout progrès utile.

Les deux méthodes s'excluent naturellement. Entre
elles, la bataille est chaude. Quant à préciser l'époque à
laquelle l'une triomphe de l'autre, c'est chose impossible ; on peut seulement noter les conquêtes lentes mais
constantes de la méthode expérimentale. Bien avant le
temps de Louis XIV, cette dernière avait entamé la
lutte. L'apparition de la belle théorie d'Harvey sur la
circulation du sang marqua un de ses principaux épi-
sodes (1628). Mais il faut remonter plus haut encore

Ce cri d'alarme poussé par un professeur de la Faculté de Paris, dans une occasion solennelle, annonce la débandade complète des partisans de la méthode autoritaire. Pour décrier l'autre, le professeur n'a trouvé rien de plus habile que de confondre sa cause avec celle des charlatans, ainsi que l'a fait Mme de Maintenon.

Sans avoir rien de commun avec les partisans de la méthode expérimentale, certains individus, se fiant à des expériences soi-disant réussies, propageaient autour d'eux l'usage des remèdes les plus hétéroclites. On les désignait sous le nom d'*empiriques*. C'étaient souvent de braves gens, des moines ou des curés qui, dans leur pays, avaient obtenu des guérisons extraordinaires à l'aide d'une recette quelconque; leur succès s'ébruitait; on les demandait pour les cas les plus différents, et leurs expériences demeuraient pour l'ordinaire impuissantes, sinon malfaisantes.

Souvent aussi les empiriques étaient des étudiants qui n'avaient pu franchir les degrés de la Faculté et qui faisaient de la médecine fantaisiste. Il y avait bien des décisions qui interdisaient l'exercice de la médecine aux particuliers ne justifiant pas du temps d'études exigé par les statuts réglementaires. Mais quelle efficacité pouvaient-elles avoir quand les plus hauts personnages de la cour délaissaient eux-mêmes les gradés de la Faculté pour recourir à des guérisseurs de fortune ? Mme de Motteville raconte dans ses *Mémoires* que la reine-mère n'ayant pu être guérie par les médecins, du cancer qui la dévorait, fit venir de Milan un empirique dont l'intervention ne fit d'ailleurs qu'aggraver son mal. Suivant La Fare, la Dauphine, dans une de ses maladies, demanda au roi la permission d'appeler près d'elle un prêtre normand dont le maréchal de Belle-fonds lui avait dit le plus grand bien. Elle se trouva mieux au début du traitement, puis revint au même état.

Enfin le roi lui-même accrédita l'empirisme par la faveur exceptionnelle qu'il témoigna à deux pères ca-pucins venus en France (1678) dans un tout autre but que celui d'opérer des guérisons, et qui se révélèrent inopinément médecins merveilleux. Ces bons religieux, partis d'Egypte, se proposaient de visiter la France et Rome où ils espéraient trouver les concours nécessaires au succès d'une mission en Ethiopie. Il ne s'agissait de rien moins que de faire rentrer dans le giron de l'Eglise cathoilque les sujets de l'empereur d'Abyssinie. Arrivés à Paris, ils mirent leurs connaissances médi-cales au service du public et, tout de suite, ils obtin-rent une vogue extraordinaire. La faveur du roi attirée par leurs succès mit le comble à leur réputation. Sa Majesté ordonna de leur affecter un logement au Louvre et fit les frais d'un laboratoire à leur usage. Leur talent mis à l'épreuve justifia cette marque exceptionnelle de confiance. Tous les Invalides qui sur l'ordre de Lou-

vois usèrent de leurs eaux fébrifuges guérirent le jour
même. Leurs remèdes délivrèrent Mme de Chevreuse
d'un rhumatisme aux reins, Mme de Pomponne d'une
fluxion à la jambe et le roi d'un mal d'épaules. Appelés
par le duc et la duchesse de Chartres près de leur fils
mourant, ils réussirent à sauver la vie du petit prince
là où tous les médecins avaient échoué. Enfin nombre
de rhumatisants et d'asthmatiques retrouvèrent la
santé par l'effet d'une eau de leur invention. Ce fut un
engouement universel. Des personnes de toutes qualités firent appel à leur compétence pour obtenir la cessation de leurs misères. Mais les bons religieux ne se
laissèrent pas éblouir par l'éclat de leurs succès. Ils ne
perdaient pas de vue le but pieux de leur voyage et
dès 1679, moins de deux ans après leur arrivée, ils
annonçaient leur projet de départ. La désolation fut
générale. On mit tout en œuvre pour les retenir. Eux,
ne se laissant pas détourner de leur fin surnaturelle,
résistèrent aux offres les plus séduisantes qu'on leur
faisait en vue d'une installation définitive. Ils quittèrent
la France en décembre 1679, munis de lettres du roi
recommandant leur mission à l'empereur d'Abyssinie.
A la reconnaissance qu'ils avaient inspirée se joignit
un vif sentiment d'admiration pour l'inlassable charité
avec laquelle ils supportèrent les calomnies et les injures que suscita la jalousie.

Les empiriques ne manquèrent pas d'ailleurs pour
remplir la place laissée vacante par le départ des religieux. Bornons-nous à citer un nom, celui de M. Miracle,
officier ordinaire de la musique de la chapelle du roi.

On assure qu'aucun rhumatisme ne résistait à l'efficacité du baume dont il avait le secret.

*
* *

La vieille médecine n'avait pas seulement affaire à des hommes qui, libres de préjugés, secouaient l'autorité des maîtres et ne s'en fiaient qu'à l'expérience ; elle était aussitôt combattue par des gens à système et notamment par un groupe dont la formule doctrinale était la négation directe de ce qu'elle professait. Au lieu du traitement par les contraires, une école de médecins, en qui certains seront peut-être tentés de voir des précurseurs, enseignait le traitement par les semblables, opposant le chaud au chaud et le froid au froid, sans se soucier du vieil adage qu'il faut être l'ennemi de son ennemi.

Le *Mercure Galant* de février 1695, auquel nous empruntons le renseignement, nous apprend encore que quelques médecins réfractaires aux théories de Galien, d'Hippocrate et de Paracelse, préconisaient comme souverains trois remèdes que, dans leur langage abrégé, ils appelaient les trois TTT, la transpiration, la transfusion et la transplantation. C'était la formule opposée à celle des trois SSS (saignée, séné, seringue) prônée par l'ancienne école. La transplantation consistait à se défaire du mal en le communiquant à un pigeon ou à un petit chien. Comment s'opérait ce passage ? Le *Mercure* ne nous le dit pas et c'est dommage ; mais il constate que le résultat cherché n'était pas nécessairement atteint. Il arrivait que la bête prît le mal et que la malade ne guérît pas.

Parmi les attaques qu'eut à subir la Faculté de Paris, toutes ne vinrent pas de la dissidence des méthodes ; elle fut un instant menacée dans son existence par l'invasion des confrères de province. Le roi, sans bien envisager les conséquences de la décision, avait autorisé par lettres de 1673 les médecins de province à fonder à Paris une Chambre royale des Universités provinciales. La Faculté de Paris ne cessa de protester contre une institution qui allait à l'encontre directe de ses privilèges. C'était, selon elle, une chose monstrueuse que de fonder à Paris une nouvelle école de médecine, indépendante de la Faculté, sa rivale nécessaire et peut-être sa supérieure. Elle ne manqua pas de la représenter comme un asile ouvert à tous les empiriques, charlatans et gens à secrets. Les membres de la Chambre eurent beau répliquer qu'on devait avoir la liberté de choisir son médecin comme on avait le droit de choisir son avocat et son confesseur, la Faculté continua de mener grand tapage et eut le dernier mot. Le roi, saisi de la question, reconnut qu'il y avait eu surprise dans la délivrance des lettres de 1693 et supprima la Chambre incriminée dont l'existence était incompatible avec celle de la Faculté de Paris.

Nous ne comprendrons pas dans l'exercice de la médecine l'industrie florissante des charlatans, menteurs audacieux qui spéculaient sur la crédulité bien connue du badaud parisien. On les rencontrait généralement sur le Pont-Neuf, marchands d'orviétan, dentistes, oculistes, botanistes, chimistes et herboristes.

* *
*

. La profession médicale était-elle lucrative du temps de Louis XIV ? Oui, selon La Bruyère : « Ils (les médecins) dotent leurs filles, placent leurs fils au Parlement et dans les prélatures, et les railleurs eux-mêmes fournissent l'argent ». Lister paraît d'un avis absolument opposé. « Une autre cause du décri de la médecine en ce pays, dit-il, ce sont les pitoyables honoraires que l'on donne aux médecins, ce qui fait que la science ne vaut plus la peine qu'on s'y applique et qu'on étudie ». Peut-être Lister ne trouvait-il leurs émoluments si méprisables que par comparaison avec ceux en usage chez leurs confrères de Londres. Divers renseignements nous autorisent à croire que les honoraires touchés par les médecins parisiens leur permettaient de soutenir une existence tout au moins honorable. Mettons à part les traitements des médecins attachés à la personne du roi ou à celle des princes, dont les bénéfices étaient exceptionnellement élevés, et ne considérons que les médecins ordinaires. Le prix de leur visite évalué en monnaie moderne n'est pas inférieur à 5 francs et s'élève jusqu'à 14 pour les médecins jouissant d'une certaine notoriété. Les médecins de la Faculté deman-

dent 10 francs. Le prix monte avec le rang du malade.
Un grand seigneur donne plus qu'un simple gentilhomme. Un ministre, Colbert, paiera la visite 36 fr.
de notre monnaie. Pour les médecins appelés en consultation, il n'y a plus de limites. Quelquefois ils s'en re-
mettent à la générosité du malade, mais si ce dernier
ne se montre pas à la hauteur, on le lui fait sentir. Les
honoraires alloués aux médecins appelés de Paris en
province sont fixés à leur discrétion. Mlle de Tarente
tombe malade à l'abbaye de Maubuisson (1675). On lui
envoie le médecin de famille. Il recevra 65 francs pour
le déplacement et on lui remboursera 49 francs pour le
louage de son carrosse.

Signalons une tentative faite en faveur des malades
qui souhaiteraient s'affranchir des honoraires dus aux
médecins. Il s'agit de la publication de la Bibliothèque
universelle des secrets de médecine. On trouvait ce volume en vente chez la veuve Nyon.

Le médecin du temps de Louis XIV n'est plus le personnage dont une pièce de l'époque a fixé les traits.

> Affecter un air pédantesque
> Cracher du grec et du latin,
> Longue perruque, habit grotesque,
> De la fourrure et du satin,
> Tout cela réunit fait presque
> Ce que l'on appelle un médecin.

Ces hommes tenaient de leur profession même une
certaine morgue qui tendait à les classer à part. Une
démarche solennelle, un air gourmé, un jargon scien-

tifique attestaient, croyaient-ils, la supériorité du savoir sur l'ignorance. Ces dispositions s'atténuèrent avec le temps. L'évolution des doctrines médicales bannira les citations sonores et le pédantisme obligatoire. Les *humeurs peccantes* et les *vapeurs malignes* interviendront moins souvent dans les explications que l'on doit au malade. Le costume même du médecin, en se modifiant, le rapprochera de ses contemporains. La robe longue, le large chapeau, la grande perruque de la vieille école feront place à la tenue d'un bourgeois aisé, avec le rabat blanc uni, les vêtements sombres garnis de rubans et la perruque blonde à la mode. La mule pacifique et têtue d'autrefois cèdera le pas au cheval fringant de Guénault qui, certain jour, éclaboussera l'auteur des satires. Les allures d'un médecin moderne ne doivent-elles pas être plus vives que celles d'un médecin de l'antique faculté ? L'intérêt des malades l'exige, et puis le temps c'est de l'argent. A plus tard le coupé, puis l'automobile du docteur.

II. — Chirurgiens

Méprisés par les médecins. — Confondus avec les barbiers.
Leur relèvement dans l'opinion.

Les chirurgiens jouissaient, sous l'ancien régime, d'un crédit beaucoup moindre que celui des médecins. Guy Patin n'a pas assez de mépris pour cette classe d'hommes ; il les traite de serviteurs des médecins, de laquais bottés. Il insiste avec une cruelle ironie sur leur état de dépendance vis-à-vis du corps médical. Oui, sans doute, la saignée les enrichit, mais ils ne la pratiquent qu'avec la permission de la Faculté. L'autorisation du Doyen leur est nécessaire pour ouvrir boutique. Aussi bien ont-ils pris le sage parti de se tenir tranquilles ; car ils sentent que, s'ils tentaient de s'élever au-dessus de leur métier, on les anéantirait comme on a fait des apothicaires, *quia toli pendunt a nobis*, dit l'irascible docteur qui met volontiers la langue latine au service de ses antipathies.

Le discrédit qui frappait cette classe d'honorables professionnels vient de ce qu'ils étaient considérés comme de véritables ouvriers de leurs mains (*chirurgie* et *main-d'œuvre* sont deux mots synonymes par leur étymologie, l'un venant du grec, l'autre du latin). Or, un préjugé tenace rivait à une condition inférieure quiconque se servait de ses mains pour travailler, fût-il architecte ou peintre de génie comme Michel-Ange.

Cette cause de disgrâce d'ordre purement physique s'aggravait de la malchance qu'eurent les chirurgiens de confondre leur art avec les occupations de barbiers, sous le nom desquels ils ne cessèrent d'exercer dans le cours des siècles, au delà même du xviie. Cependant, couper les cheveux, tailler la barbe, dresser des perruques, préparer des bains, à l'occasion poser des ventouses et panser des plaies, tout cela n'est que vile besogne au regard de ceux qui se sont préparés par de longues études à pratiquer les plus difficiles opérations sur le corps humain. Un homme de la valeur d'Ambroise Paré ne pouvait se sentir l'égal d'un barbier, perruquier, étuviste ; il n'avait pu acquérir que par de longs travaux cette habileté de main qui en faisait un professionnel de génie.

Des études sérieuses étaient imposées à l'aspirant chirurgien. Il devait assister pendant l'hiver aux leçons d'anatomie données dans l'école spéciale de la rue des Cordeliers. Il se formait à l'apprentissage du métier dans les hôpitaux, à titre de premier compagnon, sous la direction d'un chirurgien en chef. Son « chef d'œuvre » comportait une série d'examens ayant pour objet l'ostéologie, l'anatomie, la saignée, les médicaments etc... Plus tard, dans le cours de sa carrière, peut-être se spécialisera-t-il. L'un s'occupera de la fracture des os, l'autre de l'extraction de la pierre, un autre de l'accouchement. Cette division du travail vaudra à chacun de ces praticiens une perfection plus grande dans l'exercice de son art.

Il était inévitable que des hommes munis d'une expérience si chèrement acquise tinssent à honneur de dégager leur profession d'une solidarité qui compromettait son prestige. Sans nous arrêter à leurs efforts tentés en ce sens pendant l'époque antérieure au règne de Louis XIV et nous en tenant à cette période, nous constatons que des lettres patentes de 1668 donnent une première satisfaction à l'amour-propre des chirurgiens en transférant du premier barbier du roi à son premier chirurgien le titre et les droits de chef de la communauté. En 1673, un édit creuse encore plus le fossé entre les barbiers chirurgiens et les *barbiers barbants* auxquels

désormais sera interdite toute opération chirurgicale.
Félix, premier chirurgien du roi, a relevé ses confrères
de l'espèce de déchéance morale où les tenait encore la
législation en les associant à la faveur que lui avait va-
lue l'heureux succès de l'opération de la fistule pratiquée sur Louis XIV. Fiers de pouvoir se réclamer désormais de la bienveillance royale, les chirurgiens firent
frapper, en 1690, une médaille sur laquelle on lisait :
Schola regia chirurgicorum parisensium et sur l'exer-
gue *Ludovicus magnus chirurgicorum protector.*

En dépit de leur considération retrouvée, les chirurgiens gardaient encore la marque de leur dépendance.
Ils étaient soumis à la Faculté de médecine ; ils ne pouvaient devenir ni bacheliers, ni docteurs. Le port de la
robe et du bonnet leur était interdit. Ils tenaient encore
boutique avec enseigne et ne pouvaient pas, comme les
médecins, donner des consultations dans un cabinet.
Ils restaient des manouvriers. Leur indépendance ne
sera complète que le jour où ils auront triomphé de
l'opposition de l'Université refusant jusqu'alors de les
traiter en égaux. Ce jour ne viendra que sous le règne
du successeur de Louis XIV. En 1731, Louis XV,
à la requête de La Peyronie, son premier chirurgien,
créera l'Académie de Chirurgie, puis, par lettres patentes de 1753, conférera au chirurgiens de Paris les privilèges des régents et des docteurs de l'Université.

La chirurgie était-elle en arrière de la médecine ? Il
serait téméraire de l'affirmer. Fondée en grande partie
sur l'expérience, il semble que ses progrès ne doivent
pas être gênés comme ceux de sa rivale par la sujetion

aveugle aux vieux maîtres... De l'avance prise dans les temps modernes par la chirurgie sur la médecine, n'est-on pas en droit de conclure que leur marche, au temps de Louis XIV, fut au moins parallèle ? Et même, s'il faut en croire un dicton rapporté par Lachenais-Dubois dans son dictionnaire des *Mœurs, usages et coutumes des Français*, la supériorité de la chirurgie française aurait été avérée en France et même à l'étranger. On disait couramment : *médecins d'Angleterre, chirurgiens de France, apothicaires d'Allemagne,* quand on voulait désigner celle des nations qui excellait dans ces professions.

III. — APOTHICAIRES

Confondus d'abord avec les épiciers droguistes, puis distingués. — Leurs querelles avec les médecins; les conditions d'accession à la profession. — La pharmacopée au XVIIᵉ siècle.

Au dernier degré de la hiérarchie du monde médical figuraient les apothicaires ou marchands épiciers s'occupant spécialement de débiter la droguerie médicinale. Ils eurent souvent maille à partir avec les simples épiciers qui empiétaient volontiers sur leurs droits en remplissant l'office de véritables apothicaires. Une ordonnance de 1584 sépara les deux métiers. Les apothicaires purent encore vendre de l'épicerie, mais la réciproque ne fut pas admise ; les épiciers cessèrent d'être apothicaires. Toutefois les uns et les autres continuèrent à ne former qu'une seule corporation. L'acte de séparation n'interviendra qu'en 1777 et fondera définitivement la corporation des pharmaciens. Une ordonnance de 1638 règlementa l'exercice des fonctions d'apothicaire. Les prétendants devaient fournir devant un jury composé de docteurs de la Faculté et de « lecteurs en pharmacie » la preuve qu'ils avaient étudié « la grammaire ». Ils passaient ensuite « l'acte des herbes » qui impliquait la connaissance des substances médicinales soumises à leur examen. L'apprentissage des candidats reçus durait quatre ans. Avant d'être admis au chef d'œuvre, un stage de six ans leur était encore imposé à titre de compagnons. Après ces dix ans d'épreuves, il ne leur restait plus qu'à *parfaire le chef-d'œuvre* qui consistait en cinq compositions écrites et un examen oral.

En dépit des précautions prises pour assurer l'intruction des apothicaires, les empoisonnements étaient fréquents au xviiᵉ siècle. Un édit de 1682 s'efforça de les prévenir en obligeant les débitants à ne vendre les substances dangereuses qu'à des personnes connues et à tenir un registre parafé par le magistrat de police, sur lequel étaient inscrits les noms, qualités, demeures des acheteurs, la quantité de poison qu'ils emportaient et l'usage qu'ils comptaient en faire.

L'installation devenue plus confortable et quelquefois même luxueuse de l'officine, marque l'importance croissante des apothicaires. Aux boutiques où l'on ne voyait d'abord qu'un comptoir, des balances, un mortier en fer et des vases en terre, se substitueront de vastes locaux où l'on aménagera des armoires garnies de vases de porcelaine avec toutes sortes de peintures décoratives. Dans le cabinet et le laboratoire attenant à la boutique siègeront des praticiens instruits qui se feront une grande notoriété par l'étendue de leurs connaissances et par la valeur de leurs conseils.

On cite parmi les hommes éminents de la corporation, sous Louis XIV, Henri de Rouvière (1713) et Nicolas Lemery (1645-1715), simple apothicaire du quartier Maubert, qui professa à Paris les premiers cours de chimie expérimentale, et dont la *Pharmacopie universelle* publiée en 1697 devint le guide de plusieurs générations d'étudiants.

Les rapports entre apothicaires et médecins furent généralement meilleurs que ceux établis entre médecins et chirurgiens. Médecins et apothicaires possédaient la même clientèle et avaient intérêt à se la renvoyer réciproquement. Cependant la lutte entre eux avait été très vive au commencement du XVII⁰ siècle. Son principal instigateur fut ce même Guy Patin qui avait mené une campagne si vive contre les chirurgiens. Dans son style pittoresque il traitait ses adversaires de « fricasseurs d'Arabie ». Ses collègues et lui s'unirent pour démontrer que les pharmaciens étaient des personnages parfaitement inutiles. Sous le titre de *Médecin charitable*, ils publièrent un livre « enseignant la manière de faire et préparer en sa maison avec facilité et à peu de frais des remèdes propices à chaque maladie ». Triomphant d'aise, Guy Patin écrivit à un de ses confrères de province ces lignes où respire beaucoup moins l'amour du malade que la haine de gens qu'on veut mettre à mal : « Pour réprimer les prétentions des apothicaires, faites-les souvenir du *Médecin charitable* avec lequel nous avons ruiné les apothicaires de Paris. Faites-leur entendre qu'il y a chez l'épicier de la casse, du séné, de la rhubarbe et du sirop de roses pâles, avec lesquels remèdes nous nous passons d'eux ».

*
* *

La pharmacopée du xviie siècle amène facilement le sourire sur nos lèvres par ses bizarreries naïves. Du règne animal elle tire ses applications les plus étranges. A l'en croire, la vipère combat la peste avec succès, la corne de cerf jouit des mêmes avantages parce que, dit-on, le cerf se nourrit volontiers de vipères. L'huile et la fiente de cigogne sont des remèdes souverains contre l'épilepsie et la paralysie. Les cloportes et les vers de terre chassent les humeurs malignes et guérissent les ulcères invétérés. L'araignée triomphe de la fièvre, de la petite vérole, etc... Huit gouttes d'essence d'urine sont mises à la disposition de Mme de Sévigné pour chasser ses vapeurs. Si des remèdes simples, on passe aux remèdes composés, on trouve, contre les maladies de cœur « l'électuaire » où entrent l'or et l'argent en feuilles combinés avec l'émeraude, le saphir, les perles, etc... Telle formule comprend jusqu'à vingt et trente substances. La fameuse *Thériaque* en compte soixante-cinq. Vrais remèdes d'empiriques ou de bonnes femmes, toute cette pharmacie n'a rien à voir avec la science. Les notions usuelles de la chimie ne se propageront par l'enseignement que vers la fin du XVIIᵉ siècle ou le commencement du XVIIIᵉ.

Si les produits pharmaceutiques n'ont pas grande valeur, ils se paient fort cher. Les apothicaires se sont fait une réputation de friponnerie trop méritée. Il n'est pas rare qu'ils vendent 5 sous ce qui n'en vaut qu'un : encore la marchandise est-elle souvent frelatée. En général, tout mémoire adressé au client doit être réduit de moitié. Une source abondante de bénéfices découle de certains remèdes que l'apothicaire porte en ville et dont il se réserve personnellement l'administration ; le moindre se paie 2 fr. 45. Cette effronterie explique l'impopularité de la corporation et justifierait la publication de ce *Médecin charitable* qui engage les malades à se contenter de quelques remèdes simples mais efficaces, *pauca sed bona.*

V

Le monde des intellectuels [1].

*Les gens de lettres ; dures conditions du métier ; l'entrée dans
la carrière ; les protecteurs. — Auteurs et éditeurs. — Où va
le goût du public.*

C'est comme professionnels que nous considérons ici
les gens de lettres. Sans donc nous laisser éblouir par
l'éclat dont ont brillé sous Louis XIV la littérature, la
poésie, le théâtre, l'éloquence religieuse, voyons quelle
a été à cette époque la situation de ceux qui faisaient
métier d'écrire.

De l'avis unanime, elle était déplorable. Le grand
tort du métier était de ne pas nourrir son homme. « Il
n'y a point, dit La Bruyère, d'art mécanique ou de
si vile condition où les avantages ne soient plus sûrs,
plus prompts et plus solides ». Et la chose se comprend
aisément. Dans la corporation la plus modeste, l'ouvrier
a une place assurée, un salaire garanti ; s'il est dans le
besoin, le patron, les camarades peuvent lui venir en
aide et le préserver de la misère noire. L'homme de
lettres est au contraire un être isolé, presqu'un déclassé,

---

1. Ouvrages et documents consultés : La Bruyère, *les Caractères*. Lettres de Jean Chapelain, *Anecdotes littéraires*.

vivant au jour le jour en dehors de la hiérarchie sociale.
Sa profession ne comporte pas l'organisation corporative qui donne un salaire contre un produit. Une société
de gens de lettres peut se prêter à la camaraderie, à
l'échange des idées ; elle ne procure ni bénéfice, ni même
le pain quotidien. Aussi La Bruyère ne comprend-il le
métier d'homme de lettres que doublé d'un office lucratif qui permette d'écrire par jeu ou par oisiveté. Evidemment, si on est trésorier de France comme Racine,
maître des eaux et forêts comme La Fontaine, si l'on
vit dans la maison des princes comme La Bruyère, ou,
mieux encore, si l'on est un bourgeois bien renté comme
Boileau, on peut mener la vie d'homme de lettres sans
souci du lendemain. Mais la plupart des hommes de
lettres ne possèdent pas ces avantages. Pour arriver,
sinon à la fortune, du moins à l'aisance, il faut qu'ils
se fassent connaître, et là précisément gît la difficulté.

Comparé au milieu social des siècles précédents, le
XVIIe siècle offrait aux auteurs des avantages que ceux-ci n'avaient pas connus. On tenait en plus grande estime les choses de l'esprit. Les somptueux hôtels de la
noblesse réservaient volontiers un emplacement de choix
à la bibliothèque. Sans parler des précieux dépôts que
les Mazarin, les Colbert et quelques financiers amassaient à beaux deniers comptants, des personnages de
moindre envergure, magistrats, gros bourgeois, se faisaient, eux aussi, un point d'honneur d'avoir leur bibliothèque. « Que dirait-on de moi, s'écriait Servien, si on
ne trouvait pas de bibliothèque sur mon inventaire » et
il se mettait en devoir de s'en procurer une. Par contre,

le goût de la lecture n'avait pas pénétré, comme de nos jours, dans les couches profondes de la nation. L'immense majorité du public ne lisant pas, la clientèle manquait aux auteurs. Si donc les hommes de génie imposaient leurs œuvres à l'admiration contemporaine, les talents secondaires risquaient fort de demeurer enfouis dans l'obscurité. Quels moyens pouvaient-ils mettre en œuvre pour en sortir ? Faire de la publicité ? La réclame, si perfectionnée de nos jours, n'avait encore qu'une organisation embryonnaire. L'annonce d'un livre nouveau dans le *Journal des Savants* ou dans le *Mercure Galant* n'éveillait que la curiosité d'un public spécial ou restreint. Il faut bien autre chose pour atteindre le double but que poursuit tout auteur débutant, la renommée et le profit. Force était donc de rechercher l'appui de gens assez bien placés pour cautionner l'œuvre nouvelle et surtout pour la récompenser. Heureux celui qui parvenait à pénétrer dans le petit cénacle où les arbitres du bon goût proclamaient l'excellence de sa prose ou de ses vers. Plus heureux encore ceux qui voyaient leur nom couché sur la liste des munificences royales. Mais comment s'y prendre pour jouir de cette faveur ? Quelques-uns, comme Scarron, s'adresseront directement à Sa Majesté. L'auteur de *Dom Japhet d'Arménie* entreprend dans sa dédicace de prouver au roi que son intérêt bien compris l'engage à accueillir favorablement sa requête. Ecoutez son beau raisonnement : « Je tâcherai de persuader à Votre Majesté qu'elle ne se ferait pas grand tort si elle me faisait un peu de bien ; je serais plus gai que je ne suis ; je ferais des comédies enjouées ;

si je faisais des comédies enjouées, Votre Majesté en serait divertie, son argent ne serait pas perdu ».

Dans le cas où le roi, directement pris à parti, resterait insensible à des arguments aussi décisifs, et ce cas sera le plus fréquent, on devra essayer de parvenir jusqu'à lui par des voies obliques. On recourra à Chapelain. Il a l'oreille de Sa Majesté; il est le grand ministre des faveurs réservées aux gens de lettres ; il jouit, en outre, d'un puissant crédit près de Colbert, mais son abord n'est pas facile; on en a même très peur. Ce petit homme mal vêtu, grincheux, rancunier, exécute, en un tour de main, qui n'a pas l'heur de lui plaire. Costar s'était donné le tort de critiquer ses vers. Il écrira de lui à Brébeuf : « Jamais homme n'a vécu plus déshonoré, ni n'est mort chargé de plus d'infâmies. La vanité, la folie, la friponnerie, l'ingratitude, la malignité, l'envie, l'injustice, la flatterie, la médisance, la sensualité, l'irréligion disputaient en lui à qui l'emportait ». Mais si vous avez la conscience tranquille, si vous ne pouvez pas être soupçonné de relations lointaines avec un adversaire littéraire, abordez Chapelain. Il est en mesure de vous faire obtenir une pension sur le fonds de 375.000 livres réservé aux gens de lettres ; peut-être même saura-t-il persuader le détenteur de la feuille des bénéfices de vous procurer une petite abbaye.

Battu de ce côté, vous aurez encore la ressource des épitres dédicatoires. Ici la carrière des compliments s'offre illimitée. Les militaires seront tous des héros, les magistrats des prodiges de science, les financiers auront toutes les perfections imaginables, même l'honnêteté ; on vous croira sur parole. La gratification sera peut-être modique, mais vous pouvez y compter ; il y a, dit-on, un tarif pour les épîtres dédicatoires.

De tous les obstacles à franchir pour arriver à la renommée, le moindre ne venait pas des imprimeurs ; et peut-être eussions-nous dû en parler tout d'abord, car avant de circuler, il faut naître. Or, pour remplir cette condition primordiale, les auteurs devaient déployer toutes les ressources d'une patiente ingéniosité. Les imprimeurs parisiens avaient une réputation de férocité bien établie. « Il n'y a pas de ville au monde, dit un voyageur sicilien, où la difficulté de faire imprimer soit plus grande ». Guy Patin, avec son franc-parler, que sert merveilleusement l'usage de la langue latine, apostrophe les libraires en termes violents : ce sont des vauriens, les derniers des bandi;s, ne songeant qu'au gain à faire. *Sunt pessimi nebulones et lucriones tenacissimi, vilissimi, mendacissimi.* Cette colère est vraiment amusante. Nous inclinons à croire que les libraires éditeurs du temps de Louis XIV étaient de braves gens, voire de fins connaisseurs, mais très près regardant. Comment pourrait-on leur en vouloir ? Quand ils ont à monnayer une production littéraire, il est tout naturel qu'ils deviennent calculateurs ; ils pèsent et sous-pèsent œuvres et chefs-d'œuvre, ils les examinent en eux-mêmes et dans leur rapport avec l'esprit du temps. Ils ne font en cela qu'exercer leur métier. Oh ! tout d'abord il y a une catégorie de travaux qu'ils n'acceptent plus au temps qui nous occupe. C'en est fait des belles éditions classiques, des commentaires savants et des traductions de l'antiquité. Le temps des Avence, des Estienne et des Turnèbe est bien passé. Depuis la déroute des financiers qui a fermé les grosses bourses, cette sorte de marchandise ne s'écoule plus, car le public n'y mord pas. Désormais, il lui faut des comédies, des romans, des nouvelles « parce que notre cour est ignorante et qu'elle n'achète que de ces bagatelles-la» Telles sont les doléances qu'en guise de consolation verse Chapelain dans le sein d'un certain M. Boeclérius, éminent professeur d'histoire à Strasbourg, qui n'a pu trouver en cette ville un libraire pour une savante édition de Polybe.

Chapelain a raison, la littérature légère est à la mode ; on ne se soucie plus des lectures sérieuses, on ne veut plus que « des comédies, des romans et des nouvelles » ; mais en ce genre même le goût du public est en voie de se transformer et les auteurs, comme les libraires, devront tenir compte de ses préférences, s'ils veulent écouler leurs produits. De Vigé, dans ses *Nouvelles nouvelles* parues en 1663, a bien marqué cette évolution du goût. Usant d'une ingénieuse fiction, il suppose qu'Apollon et les Muses, réunis en assemblée extraordinaire, ont tenu conseil et composé un nouveau règlement auquel devront se soumettre les auteurs. Les membres de la docte assemblée déclarent que le meilleur ouvrage sera celui qui dira ce qui n'aura jamais été dit auparavant. Et cette grande trouvaille consistera précisément à dire ce que tout le monde dit. Ecoutez Straton, l'un des Parnassiens : « Décrire ce qui se dit et ce qui se fait tous les jours et le bien représenter, c'est avoir trouvé l'unique et véritable moyen de plaire. Il n'y a maintenant que les tableaux qui seront non seulement de vente, mais même de grand prix… On n'aime plus que les choses communes, bien exprimées, et on ne veut plus que le naturel ». C'en est fait désormais du faux et du convenu ; il faut bannir l'un et l'autre de la conversation et des livres. On entre en pleine réaction contre le genre précieux à la suite de Molière qui avait donné le branle à l'opinion quatre ans plus tôt par son immortelle comédie.

Voilà donc formulés dans le petit cénacle des préceptes auxquels devront se conformer les écrivains de talent qui prétendent à la renommée. Pour les autres, c'est-à-dire pour ceux qui n'attendent le succès que d'applaudissements mendiés, ils s'attarderont dans les basses manœuvres auxquelles nous initie Clorante en les vouant au mépris de toutes les honnêtes gens.

Ce récit qu'il nous fait des tribulations réservées aux intellectuels a sans doute été pris sur le vif, mais gardons-nous d'en étendre la portée. A côté des fruits secs de la littérature il y a des écrivains consciencieux dont les efforts méritent mieux que le dédain.

Vue de haut, la collaboration des nobles seigneurs et de ces modestes artisans de l'œuvre littéraire ne sera pas sans porter d'heureux fruits. Un commerce inhabitué s'établira entre les gens de lettres et les gens de qualité ; tous en bénéficieront. Ces écrivains, épistoliers, poètes, simples rimeurs, auteurs de romans ou de tragédies, aux mérites si divers et si inégaux, portent en eux un certain idéal et le goût des choses de l'esprit. Ils apprendront aux nobles d'origine qu'il est d'autres supériorités que celles de la naissance. Ils apprendront d'eux la politesse, le ton de la bonne compagnie, la distinction du style et des idées. Les uns et les autres travailleront, sans en avoir conscience, à donner plus d'éclat aux lettres françaises par la fusion des meilleures qualités de la race.

APPENDICE

La ruée des ennemis sur Paris en 1636 [1].

Cet ouvrage était terminé quand il s'est produit un fait
important dans l'histoire de la Ville de Paris. La pioche
officielle a donné les premiers coups aux fortifications élevées autour de la capitale sous le règne du roi Louis-Phi-
lippe. Au moment où, vouées à la destruction, elles vont
disparaître, il n'est pas sans intérêt de rémémorer les souvenirs qu'évoque la vieille enceinte défendant la capitale
contre l'approche de l'ennemi en l'an 1636, et détruite par
Louis XIV. Un manuscrit du sieur de Marescot, conservé à
la Bibliothèque nationale et la correspondance de Grotius,
ambassadeur de Suède à la Cour de France, nous permettent
de faire revivre l'émotion ressentie par les Parisiens de cette
époque, l'élan de leur patriotisme, la générosité de leur concours et l'union de tous les partis en face de l'ennemi
menaçant.

Marescot adresse de Paris ses lettres au Comte de Béthune
qu'il tient au courant des évènements de la capitale. De son
aveu, ce dernier pourrait par ailleurs apprendre des choses
plus curieuses sur les dessous de la politique ; mais lui, bourgeois, il est en mesure de faire connaître au jour le jour à
son correspondant les impressions de la foule et les états
divers de l'opinion. De son côté Grotius, ambassadeur de

1. Documents consultés : *Lettres de Philippe de Marescot au comte de
Béthune*, Bibl. nat., n° 3.830. Grotius, *Correspondance avec sa Cour*.
Dissertation archéologique sur les fortifications de Paris.

Suède auprès du roi, transmet à sa Cour des documents recueillis avec un impartial sang-froid. Nos deux informateurs se complètent l'un l'autre.

Le 19 mars 1635, la France déclare la guerre à l'Espagne. Richelieu entame une lutte formidable avec la Maison d'Autriche. Cinq armées sont prêtes à entrer en campagne. L'une d'elles a pour objectif la conquête des Pays-Bas espagnols que la France et la Hollande se sont partagés d'avance. Les maréchaux de Brézé et de Chatillon, d'abord victorieux, sont contraints, après être parvenus jusqu'à Courtrai, de se replier sur la Meuse par suite des difficultés qu'ils éprouvent à faire vivre leurs troupes. L'ennemi les suit et envahit la Picardie. Le maréchal de Chatillon est envoyé dans cette province pour arrêter ses progrès. L'armée de Brézé restée en Hollande, mal nourrie, manquant de tout, s'en va à la débandade et rentre en France où elle doit se reformer en vue d'une diversion du côté d'Arras.

L'armée de Chatillon opérant en Picardie n'est pas mieux en point que celle de Brézé. Décimée par le froid, privée du nécessaire par suite de la mauvaise gestion des munitionnaires, elle bat en retraite devant l'ennemi dont l'armée, forte de 35.000 hommes, Allemands, Italiens, Espagnols, Hongrois, Polonais, Croates, sous les ordres de Jean de Werth, de Piccolomini, du duc François de Lorraine et du Prince Thomas, s'avance vers l'Oise. Avant de traverser ce cours d'eau, les chefs décident de faire le siège de La Capelle. A la première nouvelle qu'on en reçoit, l'émoi se manifeste à Paris. Marescot voit déjà l'ennemi aux portes de la capitale, s'il parvient à s'emparer de quelques petites places intermédiaires.

Les fortifications, en leur état actuel, n'offriront qu'une faible résistance. Plusieurs souverains parmi les prédécesseurs de Louis XIII, avaient apporté des améliorations notables au système de protection de la ville. Ce qui restait de l'enceinte de Philippe Auguste était depuis longtemps sans valeur. Charles V, reculant les limites de la défense, avait élevé sur la rive droite de la Seine un mur de clôture que fortifiaient des tours ou des bâtiments carrés flanqués en support d'une butte en terre. Ce mur s'étendait en un vaste demi-cercle de l'embouchure du fossé de la Bastille au quai du Louvre. Une nouvelle enceinte avec bastions fut commencée par les soins de François Iᵉʳ et de Louis XII. C'est cette dernière que Louis XIII voulut compléter par des bastions à deux faces en rapport avec les progrès de l'artillerie. Mais elle n'est pas encore terminée à l'époque où nous place notre récit, c'est-à-dire en 1636.

En conséquence, des mesures de préservation sont prises d'urgence. Tous les ponts sont rompus aux approches de Paris ; les bacs sont retirés de la rivière. Quatre cents hommes sont envoyés à Dammartin pour s'opposer aux coureurs qui déjà apparaissent à Creil. Les couvents, les corporations, les particuliers fournissent à l'envi des hommes et de l'argent. Le sentiment du péril commun produit une merveille à laquelle on ne se serait jamais attendu en d'autres temps, l'union de tous les Français dans la fraternité du patriotisme. Les généraux appartenant à la religion réformée qui jusque-là avaient été tenus à l'écart, sont rappelés. Le Duc de La Force est chargé de la défense de Paris. Le Duc de Rohan reçoit un commandement. D'autre part, un vent de liberté, presque de licence, souffle sur la population. Ouvriers et bourgeois tiennent des propos que Marescot n'ose pas répéter.

La Capelle est emportée en cinq jours. Après ce succès, l'ennemi hésite sur le parti qu'il doit prendre. Il s'attarde à fortifier la place. Tandis que tout semblait lui conseiller de marcher rapidement sur Paris, il tergiverse, il veut rassurer les populations ; il leur fait annoncer qu'il n'a pas de mauvais sentiments à leur endroit, qu'il leur apporte des exemptions d'impôt et la liberté, qu'il va faire des propositions de paix. Sans doute cette attitude peut cacher un piège ; mais l'accalmie qui en résulte permet à l'esprit public de se ressaisir. Marescot se félicite presque de la prise de La Capelle, comme d'un évènement qui a réveillé les cœurs endormis. Louis XIII s'est rapproché de Paris pour soutenir le moral de son peuple. Les Parisiens se montrent généreux. Ils s'offrent à équiper et à payer un corps de 12.000 hommes, mais ils veulent tenir les cordons de la bourse, être eux-mêmes les pourvoyeurs de la guerre, faire directement les recettes et les dépenses, sans passer par les mains des trésoriers et autres *mangeurs* d'où vient tout le mal, qui n'ont su ni rien prévoir ni pourvoir à rien, car les villes n'ont ni poudre ni canons pour se défendre, alors que les fonds avaient été remis à cet effet. De mauvais bruits circulent sur l'intention qu'on prête au gouvernement de tirer de nouvelles ressources des Parisiens. Le roi comprend qu'il faut calmer l'indignation publique. Les sept corps de métier sont réunis dans la salle du Châtelet pour s'entendre dire de la part de Sa Majesté et du cardinal de Richelieu que les habitants seront bientôt déchargés de divers impôts et que jamais il n'a été question d'en créer de nouveaux.

Cependant l'humeur pacifique de l'ennemi qui n'était peut-être qu'une feinte, s'est convertie soudain en ardeur belliqueuse. Il se dirige sur Guise, mais trouvant sans doute le morceau trop dur à dévorer, il néglige cette place et se rabat sur le Catelet, laissé à peu près sans moyens de résistance. Il s'en empare et pousse sa marche en direction de Paris. Le comte de Soissons, qui commande l'armée française, recule au delà de l'Oise et détruit les ponts sur la rivière, ce qui n'empêche pas les coureurs ennemis de la passer à gué et de répandre partout jusqu'aux environs de Compiègne, la terreur, le pillage, le meurtre et l'incendie. On parle de 1.600 villages brûlés. Les populations refluent en masse sur Paris. L'émotion grandit dans la capitale. On est résolu de résister au roi sur beaucoup de choses qu'on lui concédait autrefois. Louis XIII, voyant le péril, se rend au Louvre où il a convoqué toutes les compagnies. Il leur déclare qu'il ne les taxerait plus, mais qu'il veut tenir tout de leur bonne volonté. Ce langage retourne les esprits. On acclame le souverain, on l'entoure : « Voilà vos vrais serviteurs » lui crie-t-on en lui montrant les petites gens qui s'empressent autour de lui, savetiers, bourreliers, selliers. « Par là, dit Marescot, on a vu le peu de courage de nos milords glorieux qui ont quitté le timon et ont exposé le roi abandonné à son peuple ».

Selon notre narrateur, le 10 août, l'épouvante arrive à son comble. On descend dans la rue, on disserte à tort et à travers sur les évènements ; on invente des nouvelles, on murmure. Le roi juge qu'il faut encore payer de sa personne. Il monte à cheval, circule au milieu des groupes et cause familièrement avec son peuple. M. le Cardinal n'est plus le même. Il sort sans être accompagné de ses gardes. Il salue tout le monde honnêtement. Cela fait jaser. Les badauds disent à ce sujet tout ce qui leur vient à l'esprit. Les sages et les avisés, qui se méfient des retours de la politique, Marescot est de ce nombre, se réservent et estiment qu'il est plus prudent, avant de le juger, de voir l'ouvrier à l'œuvre. Cependant le désarroi continue. Les fuyards encombrent les routes. Les coches sont bondés ; les carrosses emportent des familles entières à Orléans et à Lyon. Hâtivement, on travaille à mettre la ville à l'abri d'un coup de main sur les points faibles des fortifications. Des ordres sont donnés pour construire des camps retranchés aux environs de Saint-Denis et de Pontoise.

Corbie, qui semblait devoir opposer une longue résistance, s'est rendu contre toute attente, dans la fin d'août. Cette fois encore, pourquoi l'ennemi ne tente-t-il pas une action décisive qui le rendrait maître de Paris ? La vraie raison de son inaction, c'est qu'il ne se sent plus en force. Le comte de Soissons a reconstitué son armée en adjoignant de

nouvelles recrues à ses anciennes troupes. Il a massé des
forces imposantes aux environs de Compiègne et de sa fo-
rêt, Compiègne, région prédestinée dans notre Histoire,
d'où l'armée française va s'élancer par un nouveau bond
vers la victoire décisive. Le roi est au milieu de ses troupes. Le comte de Soissons prend l'offensive, franchit l'Oise,
enlève Roy, marche sur Péronne et reprend Corbie. Deux
mois lui ont suffi pour procurer ce magnifique résultat. La
capitale de la France était désormais à l'abri de l'invasion.

ERRATA

Page 9, 25ᵉ ligne : au lieu de *commomérative*, lire : *commémorative*.
— 20, 19ᵉ ligne : au lieu de *répandues*, lire : *répandus*.
— 26, 6ᵉ ligne : au lieu de *du 27, 28*, etc., lire : *des 27, 28*, etc.
— 26, 10ᵉ ligne : au lieu de *des* 27 novembre, lire : *du* 27 novembre.
— 63, 24ᵉ ligne : au lieu de *ils* ne nous, lire : *il* ne nous.
— 72, 10ᵉ ligne : au lieu de *salubervimum*, lire : *saluberrimum*.
— 83, 28ᵉ ligne : au lieu de *La Bazincère*, lire : *La Bazinière*.
— 87, 20ᵉ ligne : au lieu de 120, lire : 200.
— 87, 24ᵉ ligne : au lieu de 50, lire : 60.
— 87, 25ᵉ ligne : au lieu de 3700, lire : 3300.
— 94, 25ᵉ ligne : au lieu de *elles*, lire : *ils*.
— 102, 16ᵉ ligne : au lieu de *est*, lire : *et*.
— 128, 5ᵉ ligne : au lieu de *marchands*, lire : *marchandes*.
— 128, 9ᵉ ligne (note) : au lieu de *Belleroy*, lire : *Balleroy*.
— 129, 2ᵉ ligne (note) : au lieu de *Compardon*, lire : *Campardon*.
— 137, 4ᵉ ligne : au lieu de *celles* : lire : *belles*.
— 179, dernière ligne : au lieu de *prud*, lire : *prude*.
— 215, 5ᵉ ligne : au lieu de *leurs*, lire : *leur*.
— 220, 27ᵉ ligne : au lieu de *qui lui impose*, lire : *que lui impose*.
— 263, 4ᵉ ligne : au lieu de *amenaient*, lire : *amenait*.
— 303, 15ᵉ ligne : au lieu de *infâmies*, lire : *infamies*.
— 305, 19ᵒ ligne : au lieu de *Vigé*, lire : *Vizé*.
— 307, 2ᵉ ligne : au lieu de *celles*, lire : *celle*.
— 315, IV, 1ʳᵒ ligne : au lieu de *par*, lire : *pour*.

TABLE DES MATIÈRES

CHAPITRE PREMIER

Paris, cadre de la vie parisienne.

I

Les grands travaux sous Louis XIV.

II

La physionomie de la capitale.

III

L'aspect de la rue.

IV

Le chiffre de la population parisienne
et ses moyens de subsistance.

CHAPITRE II

La vie privée dans la haute société.

I

Vie intérieure ou familiale.

II

Vie extérieure ou mondaine.

CHAPITRE III

La vie privée dans la classe ouvrière et bourgeoise.

I

Ouvriers et artisans.

II

Le chef d'atelier et le commerçant aisé.

CHAPITRE IV

La vie publique ou professionnelle.

I

Le Monde du travail.

II

Le Monde du Palais.

III

Le Monde de la Finance.

IV

Le Monde médical.

V

Le Monde intellectuel.

APPENDICE

La ruée des ennemis sur Paris en 1636.